러분께 권하는 이유

자신의 삶을 책임지고 진정한 잠재력에 도달하고자 하는 모든 사람을 위한 안내서. 이 멋진 책이 여러분의 삶을 바꿔줄 것이다.

– BJ 포그, 스탠퍼드대학교 교수이자 행동과학자

나즈 베헤시티는 최고의 잠재력을 일깨워주는 실용적인 방법을 제공함으로써 완전한 웰빙에 이르게 한다.

– 디팩 초프라, 《완전한 명상》 저자

이 책에는 일과 생활에서 더 큰 성취감을 느끼기 위한 모든 조건이 담겨 있다. 이 책은 뭔가를 잘하기 위해 웰빙을 포기할 필요가 없다는 사실을 다시 일깨운다. 더 많은 것을 이루고자 하는 사람들에게 큰 도움이 될 것이다.

– 에이미 C. 에드먼슨, 하버드 경영대학원 교수

일, 생활, 웰빙의 길을 선택하도록 영감을 주는 안내서!

– 마크 레서, 내면 검색 리더십 연구소 전 CEO

경영진과 리더를 비롯해 성공을 꿈꾸는 모두가 꼭 읽어야 할 책. 실천 가능한 실용적인 제안, 주옥같은 전략이 담겨 있다!

– 베남 타브리지, 트랜스포메이션 분야의 세계적 전문가

우리는 성공에 대한 엄청난 압박감 속에서 살아가고 있다. 이 책은 직장을 비롯한 삶의 전반에서 벽에 부딪히고 무력감을 느끼고 패배감에 휩싸이는 사람들을 위한 선물이다. 새로운 세대를 이끌어나갈 사람들에게 깨달음과 큰 힘을 실어줌으로써 힘차게 앞으로 나아가도록 도와줄 것이다.

– 켈리 누넌 고어스, 다큐멘터리 감독/작가

적절한 사례와 실용적인 방법을 제시하는 흥미로운 책이다. 이 책을 읽은 뒤, 나도 삶에서 가장 중요한 게 무엇인지 생각해볼 수 있었다. 나즈 베헤시티는 삶의 모든 측면에 긍정적인 에너지를 가져다줄 로드맵을 공유한다.

–아비드 모타바이, 웰스파고 전 부사장

이 책이 조직과 개인에게 풍부한 지식과 실천 방법을 제공하리라 확신한다. 이 책은 각자의 삶, 직원의 삶, 고객의 삶에 웰빙과 마음챙김을 가져다줄 것이다. 리더십이 필요한 위치에 있는 사람, 리더가 되길 갈망하는 사람을 포함하여 웰빙의 지침을 원하는 누구에게나 이 책을 강력히 추천한다.

–폴 시알라, 세계적인 웰니스 기술기업 델로스의 설립자 겸 CEO

우리의 행동과 선택에 책임을 지는 것이야말로 웰빙의 초석이다. 이 책은 타인을 향한 열정, 목적 있는 리더십, 우리 시대 가장 위대한 혁신가와의 긴밀한 협력에서 얻은 교훈을 제공한다. 이 책을 렌즈 삼는다면 성공으로 나아갈 청사진을 얻을 수 있다.

–조 크로스, 영화감독

많은 비즈니스 리더들이 자주 잊어버리는 중요한 사실이 하나 있다. 바로 머리와 가슴으로 이끌어야 한다는 것이다. 최고의 리더들을 연구한 나즈 베헤시티는 일과 생활의 모든 영역에서 최고가 되는 효율적인 방법을 자기만의 스타일로 정리해준다. 이 책을 읽으면 리더십에 자신감이 생기고 웰빙 수준이 치솟을 것이다!

–사리 파인버그, 미디어&엔터테인먼트 마케팅 중역

이 책은 모든 광기에 대처할 귀중한 도구를 제공한다. 우리는 정말로 무슨 일이 일어나고 있는지 생각지도 않은 채 트레드밀 위에서 무작정 달릴 때가 너무도 많다. 멈추고 의식하는 것이 모든 것의 열쇠다. '여정 자체가 보상'이라는 말을 실현하고 싶다면, 반드시 이 책을 읽어야 한다!

–마이크 슬레이드, 스티브 잡스의 전 전략 고문

멈추고
호흡하고
선택하라

Pause. Breathe. Choose. by Naz Beheshti

First Published in the United States of America by New World Library.
This Korean edition was published by Next Wave Media Co., Ltd. in 2022
by arrangement with New World Library, a division of Whatever Publishing Inc.,
a California Corporation through KCC(Korea Copyright Center Inc.), Seoul.

이 책은 (주)한국저작권센터(KCC)를 통한 저작권자와의 독점계약으로
흐름출판(주)에서 출간되었습니다.

멈추고 호흡하고 선택하라

내 삶에 **리셋**이 필요할 때

PAUSE.
BREATHE.
CHOOSE.

나즈 베헤시티 지음 | **김보람** 옮김

흐름출판

앞만 보면 흩어진 점을 연결할 수 없다.
뒤를 돌아봐야만 점을 연결할 수 있다.
그러므로 우리는 점들이 미래에
어떻게든 연결되리라고 믿어야 한다.
직감, 운명, 인생, 카르마…,
무엇이든 붙잡고 믿어야 한다.
이 접근 방식은 나를 실망시킨 적이 없으며,
내 삶의 모든 변화를 일구었다.

- 스티브 잡스

차례

3부 완성: 최고의 삶으로 이끄는 3가지 동력

서문

웰빙이 *전부*다!

실리콘밸리의 심장부인 팰로앨토에서 성장한 내 주변에는 *무엇이든 가능하다, 우리는 어마어마한 부자가 될 것이다*라는 마인드를 가진 테크 기업가가 정말 많았다. 그러나 안타깝게도 이러한 마인드에는 항상 만성 스트레스와 번아웃이라는 대가가 따른다. 누구라도, 돈이 아무리 많더라도 자기Self를 돌보지 않고 건강한 라이프스타일을 추구하지 않는다면, 조기 사망을 피하기 어렵다. 대단한 부와 명예를 지닌 사람이라도 마찬가지다.

모든 사람이 반드시 자기 자신을 돌봐야 하듯 기업도 직원을 돌봐야 한다. 한 회사의 CEO인 내 고객이 최근에 이런 말을 했다.

"우리 회사의 최고 상품은 바로 행복하고 건강한 직원들입니다."

그는 직원들이 행복하고 건강하면 생산성이 높아지고, 각자의 직업적·개인적 목표를 실현하겠다는 동기를 부여받게 되며, 이는 결국 기업의 성공으로 이어진다는 사실을 깨달은 것이다.

스티브 잡스는 행복과 웰빙이 성공과 긴밀하게 얽혀 있다는 사실을 아주 잘 알고 있었다. 한 회사의 CEO뿐만 아니라 *자기 웰빙의 CEO*가 된다는 것이 어떤 의미인지 내게 처음으로 가까이에서 개인적으로 보여준 사람도 스티브 잡스였다. 그는 두 마리의 토끼를 확실히 잡은 사람이었다. 당시는 내가 이 주제로 책을 쓰리라고 계획하기는커녕 내게 이런 개념조차 없던 때였다. 하지만 돌이켜보면 바로 그 무렵, 이러한 생각의 씨앗이 심긴 것 같다. 그때 나는 용감하게 그리고 타협 없이 자신의 운명을 통제하는 사람을 가까이에서 지켜보며 일하고 있었다. 스티브 잡스는 내가 닮고 싶은 롤모델이었다.

많은 사람이 스티브 잡스와 함께 일하기가 만만치 않았을 것 같다면서 내게 어땠느냐고 묻는다. 스티브 잡스에 대해 이런저런 말이 많다는 것은 안다. 하지만 최소한 내가 아는 스티브 잡스는 모든 것을 가질 수 있음을 내게 직접 보여준 대단한 사람이었다.

그는 자신이 열정을 가진 분야에서 사업을 성공시켰고, 사랑이 충만한 가정을 꾸렸으며, 끈끈한 인간관계를 맺었고, 건강한 라이프스타일을 추구했다. 이 모든 요소는 그의 꾸준한 성공에 필수적인 원동력이었다. 스티브 잡스는 일에 푹 빠져 살면서도 어느 한쪽으로 치우치지 않고 진정한 자기인식을 통해 가슴이 이끄는 삶을 살았다.

인피니티 루프 1[1 Infinite Loop](애플 본사 주소-옮긴이)에 있는 애플 본사의 회의실에서 스티브 잡스와 면접을 볼 때까지만 해도 나는 그 면접이 내 인생을 바꾸리라고는 상상도 하지 못했다. 그러나 얼마 뒤, 스티브 잡스는 내 인생 최고의 멘토가 되었다. 그는 나를 추진력·목적·열정·의식 있는 삶·(이 책과 내 비즈니스의 초점이자 필수 에너지인) 프라나prana가 흐르는 삶의 여정으로 이끌어주었다. 그리고 앞에 펼쳐진 최고의 여정에 집중하는 방법, 탐험을 멈추지 않는 방법을 몸소 보여주었다.

스티브 잡스에게서 수많은 교훈을 얻었지만, 그중 하나를 꼽자면 이렇다. *어떤 장애물에 부딪히더라도 결코 기대에 못 미치는 수준에 안주하지 말 것.*

이 말이 지금의 나를 만들어주었다. 이 말이 내가 품고 있던 열정을 직업으로 바꿀 수 있도록 원동력이 되었다. 덕분에 오늘날 나는 다른 사람의 삶을 변화시키고 회사의 성장을 돕는다는 사명감을 가지고 열정적인 리더 및 기업들과 함께 일하며 내가 받았던 은혜를 사회에 갚을 행운을 누리고 있다.

스티브 잡스가 내게 그랬던 것처럼 나도 많은 사람에게 더 나은 현재와 더 충만한 미래를 열어주고 싶어서 이 책을 썼다. 여러분도 더 큰 진정성, 목적, 열정, 프라나를 추구하기를 진심으로 바란다.

자기 웰빙의 CEO가 되는 단 하나의 방법은 존재하지 않는다. 단지 여러분이 능동적인 선택을 통해 더 나은 삶을 살아가도록 이 책이 통찰력을 주길 바라는 마음이다.

누구나 더 나은 집중력, 의식, 명료함, 활력, 목적을 추구함으로써 최고의 기량을 발휘할 수 있고 롤모델이 될 수 있다. 이 책에서는 전체론적 접근법을 적용할 것이다. 자기 내면에서 외부로 뻗어나가는 선택을 하려는 경우 이 책이 가이드가 되었으면 좋겠다. 더 의식적이고 의미 있는 미래를 향한 길을 걷기 시작한다면, 세상을 더욱 친근하고 현명하고 살기 좋은 곳으로 만들 수 있다는 힘과 자신감을 얻게 될 것이다.

여러분이 직장을 비롯한 삶의 모든 영역에서 번창할 거라고 나는 확신한다.

꿈

2014년 2월 14일 밤, 세상을 떠난 지 2년도 넘은 스티브 잡스가 꿈에 그토록 생생하게 나타나지 않았더라면 이 책은 나오지 않았을 것이다. 내 꿈에 찾아온 스티브 잡스는 생전 모습 그대로 간결하고 명료하게 내 첫 번째 직장과 자기 밑에서 일했던 경험이 내 인생에 미친 영향에 대해 책을 써보라고 말했다.

스티브 잡스의 예언 같은 그 말을 나는 진지하게 받아들였고, 곧 책을 쓰기 시작했다. 지난 몇 년을 돌아보니, 이미 이 책의 기반이 될 의미 있는 경험이 쌓여 있었다. 책을 쓰면서 나는 웰빙을 향한 열망으로 이어진 경험들을 처음으로 한데 연결할 수 있었다.

스티브 잡스가 내게 (말과 행동으로) 가르쳐준 수많은 인생의 교훈이 하나의 큰 아이디어가 되어 이 책에 담겼다. 그렇다고 이 책에 스티브 잡스의 이야기를 담은 것은 아니다. 물론 내 이야기도 아니다. 이 책의 내용은 여러분이 주인공이며, *최고의 비즈니스 성과와 개인적·사회적 잠재력을 실현하는 방법*에 관한 것이다.

먼저 *자신*에게 맞는 것을 찾아 집중하는 것부터 시작한다.

집과 직장에서 자신을 완전히 몰입하게 만드는 일에 집중한다.

어디에서든 몰입하고 열정을 다한다. 이것이 인생을 잘 사는 비결이다.

우리는 대부분 가슴으로만 또는 머리로만 산다. 스티브 잡스는 머리로 사는 삶, 가슴으로 사는 삶 중 어느 하나에도 소홀하지 않았고, 내게도 그렇게 살아야 한다는 영감을 주었다.

이제 내가 여러분을 머리와 가슴을 연결하는 삶으로 초대하겠다.

이 책에 대한 짧은 안내

우리도 최고의 삶을 살 수 있다. 어떻게?

우리는 오로지 성과 중심의 삶을 살고 있다. 끊임없이 압력을 가하는 문화 속에서 살고 있다. 이런 환경은 우리에게 만성 스트레스를 줄 뿐만 아니라 심한 경우 조기 사망까지 일으킨다. 이토록 고압적인 환경 속에서 우리는 출세를 위해서라면 다음과 같은 희생도 서슴지 않는다.

- 얼마나 오랫동안 잠을 안 잘 수 있는지 측정이라도 하려는 것처럼 이를 악물고 버틴다.
- 가족과 친구들을 소홀히 대한다.
- 인생을 가치 있게 만드는 소중한 것들을 포기하거나 하찮게 여긴다.

우리는 *잘 사는 것*being well보다 *잘하는 것*doing well을 우선시한다.

그러나 우리는 성공과 웰빙이라는 두 마리 토끼를 모두 잡을 수 있다! 그리고 내 경험으로 미루어보건대, 성공과 웰빙은 결국 동의어다.

우리는 대부분 평생 행복과 성공을 추구한다. 더 나은 *자기*, 더 나은 직업, 더 나은 관계, 더 나은 인생을 위한 방법을 찾아가는 학생인 셈이다. 그러나 *자기* 내면을 벗어나 (사람이든 장소든 물건이든) 외부에서 행복을 찾으려 한다면, 결국 불가능한 목표를 잡기 위해 평생 헤매게 될 뿐이다.

진정한 행복은 진정한 *자기*로부터 나온다. 그러나 진정한 *자기*는 스트레스, 혼란스러운 마음, 헛바퀴처럼 돌아가는 일상 속에 깊숙이 파묻힌 경우가 많아서 여기에 접근하기는 매우 까다롭다.

무엇보다 자기를 돌보는 일을 그만두는 것, 사랑하는 사람들과의 관계를 포기하는 것만큼은 반드시 멈춰야 한다. 평일을 잘 보낸다면 굳이 주말을 바라보며 살 필요가 없다. 진정한 성공이란 우리의 열정을 다하고, 즐거움을 만끽하고, 세상을 이롭게 하는 것이다. 세상과 깊고 의미 있는 관계를 맺는 것이 곧 성공이다. 성공은 죽어라 일한다고 얻을 수 있는 것이 아니며, 돈이나 명예로 얻을 수 있는 것도 아니다.

어떤 직업을 갖고 있든 모두 *자기 웰빙의 CEO*가 될 수 있다. 자신의 웰빙을 지금 운영하거나 다니는 회사처럼 여기면 된다. 웰빙의 핵심은 행복하고 활기차고 건강하고 번영하는 것이다. 이는 건강한 정신과 감정적·신체적·사회적·재정적·직업적·환경적 건강의 촉진을 의미한다. 나아가 스트레스 관리와 회복탄력성 구축을 의미한다.

한마디로, 웰빙이란 삶의 모든 영역에서 잘 지내는 것을 의미한다.

우리는 자기 웰빙의 CEO로서 최고의 의사결정권을 가지고 있다. CEO라면 회사의 전반적인 운영과 성과를 책임져야 한다. 자기 자신이라는 회사가 어떻게 돌아가고 있는지 자문해보자. 나라는 회사가 지금 최고의 기량을 발휘하고 있는가? 행복한가? 사회적 유대를 형성하고 있는가? 목적의식을 갖고 있는가? 커리어, 인간관계, 직장생활과 가정생활, 자기 돌봄, 건강, 개인의 성장과 직업적 성장을 포함한 모든 분야가 원활히 운영되고 있는가? 나라는 회사의 단기 목표와 장기 목표는 무엇인가? 자기 웰빙의 사명과 비전은 무엇인가? 자기 웰빙의 조직 문화, 즉 자신의 태도, 마인드, 가치관, 신념은 어떠한가? 자신에게 투자하고 있는가? CEO는 회사의 번창을 바란다. 그리고 우리에게는 자기 웰빙이라는 회사를 성공으로 이끌 능력, 최고의 CEO가 될 능력이 있다.

대학 졸업 후 나는 스티브 잡스가 이끌던 내 첫 직장, 애플을 시작으로 여러 스타트업과 〈포천〉지 선정 500대 기업에서 10년 이상 일했다. 당시 번아웃 직전이었던 나는 오토파일럿(항공기, 자동차 등의 자동 조종 장치-옮긴이) 모드로 겨우겨우 살아가고 있었다. 내 경험을 바탕으로 확신하건대, 번아웃을 이겨내고 의미 있는 삶으로 향하는 첫걸음은 (자신의 현재 상태를 인식하는) 마음챙김에서 시작된다.

내 고객들은 주로 상당한 위치에 오른 임원이나 리더들이다. 그들은 무엇보다도 번아웃과 정서 지능 때문에 어려움을 겪는다. 나는 그들이 마인드와 행동을 개선하여 더 나은 선택을 함으로써 더 나은 삶을 만들도록 돕는다. 내 직업, 내 인생, 이 책을 통한 내 사명은 리더십 웰빙, 즉 사람들이 일터와 가정에서 좋은 성과를 내는 동시에 잘 지낼 수 있도록 돕는 것이다. *멈추고 호흡하고 선택하기.* 이 방법은 진정한 자기 발견, 더 나은 선택, 의미 있는 성장을 위한 길을 안내하며, 완전한 의미에서의 웰빙, 즉 정신, 몸, (필수 생명력을 뜻하는) 프라나의 웰빙을 탐구한다.

선택하기만 한다면, 삶의 어느 영역에서든 리더가 될 수 있다. 이 책이 최대한의 잠재력을 발휘하는 방법과 진정한 *자기*가 지닌 최고의 모습을 찾는 방법을 안내할 것이다. 자신의 잠재력을 향해 손을 뻗는 것은 능동적이고 깨어 있는 선택을 하는 것이다. 이는 자기 운명을 책임지는 사람이 선택하는 길이다.

스트레스와 번아웃이 과거 어느 때보다 거세게 몰려오는 요즘 같은 시대에는 머리가 시키는 것과 가슴이 시키는 것의 간격을 좁힘으로써 진정한 *자기*에 다가가야 한다. 삶의 모든 영역을 통합하고 생태계 전체에 활기를 불어넣으면 우리는 *잘 지내*는 동시에 *잘해낼* 수 있다. 이러한 전체론적 접근법을 활용하면 과거와 미래의 흩어진 점들을 하나로 연결하여 더 큰 에너지, 명료함, 창의력, 자신감, 성공을 부르는 일관된 서사를 써 내려갈 수 있고, 유용한 로드맵을 만들 수 있다.

오늘날의 문화에서 성공하려면 깊이 있는 자기 인식과 강한 정서 지능이 필요하다. 이 두 가지는 우리가 삶을 변화시킬 탄탄한 기반이 되어준다. 하나의 의식적인 선택이 또 다른 의식적 선택을 낳는 법이다.

의식적인 선택을 할 때 우리는 불필요하고 위험한 스트레스를 피하고 좋은 스트레스가 주는 생산적인 에너지를 활용한다(그렇다, 좋은 스트레스라는 것도 있다). 더 큰 에너지를 생산하고 온종일 집중할 수 있도록 건강한 습관과 루틴을 만든다. 그중 가장 중요한 습관은 우리 머릿속에 있는 정신의 습관이다. 스트레스를 관리하는 능력과 최대한의 잠재력을 발휘하는 능력은 결국 마인드에 달려 있다. 이 책이 마인드를 개선할 다양한 방법과 전략을 제시할 것이다.

깨어 있는 선택을 하면, 우리에게는 고통을 스승으로 받아들이고, 어떤 어려운 상황도 이겨낼 힘이 생긴다. 그러면 우리는 인생의 폭풍에 부딪혀도 살아남을 수 있을 뿐만 아니라 그 안에서 번성할 수 있게 된다. 또 내가 *프라나의 흐름*이라고 부르는 몰입 상태를 유지할 수 있게 된다. 직장에서든 가정에서든 필수적인 생명력에 다가간다면 우리는 더욱 번성하여 최고의 모습으로 발전할 수 있다.

마지막으로, 깨어 있는 선택은 목적이 충만한 삶을 창조하는 기본 요소다. 자신의 목적을 찾아 거기 부합하는 삶을 설계하는 것은 하나의 과정이다. 매일 그리고 매 순간 목적과 존재를 의식하며 살아간다면, 완전한 몰입을 통해 충만한 삶을 만들어줄 인생의 목적을 발견하게 될 것이다.

여러분은 지금,

- 더욱 충만하고 목적 있는 삶을 원하며, 자신감 있는 성장과 변화를 이끌 계획이 필요한가?
- 삶의 모든 영역에서 최고의 기량을 발휘할 지침, 방법, 전략을 알고 싶은 CEO, 기업가, 리더인가?

- 직장에서 지루해하거나 이전만큼 또는 바라는 만큼 성과를 내지 못하는 자신의 모습이 보이는가?
- 지금보다 더 큰 명료함과 집중력이 필요한가?
- 다음번 인사 이동에서 승진 대상자가 되길 희망하는가?
- 마음챙김, 스트레스 관리, 회복탄력성을 통해 더 효율적이고 건강하고 성공적인 삶을 살고 싶은가?
- 지금 힘든 시기 또는 삶의 전환기를 견디고 있으며 다시 일어날 힘을 얻고 싶은가?
- 사랑하는 모든 일과 그 이상을 해내기 위해 지금보다 더 큰 에너지가 필요한가?
- 단절된 느낌을 받고 있으며, 자기 자신, 타인, 세상과 연결되고 싶은가?
- 작은 변화라도 만들어 발전하고 싶은데 첫걸음을 어떻게 내디뎌야 할지 모르겠는가?

살다 보면 나이, 직업, 명예, 지위와 관계없이 모든 사람이 곤경, 불확실성, 두려움, 불안을 마주하며 벽에 부딪히게 된다. 그러다 보면 낭떠러지에 서 있는 것 같은 한계에 도달할 때도 있다. 이미 절벽 아래로 떨어져 곤두박질쳤다고 느낄 때도 있다. 때로는 더 나은 모습으로 발전해야 목표에 도달할 수 있다는 사실을 별다른 노력 없이 깨닫기도 한다. 지금 당장 어떤 처지에 놓여 있고 무엇이 필요하든 간에, 여러분에게 이 책은 분명 도움이 될 것이다.

이 책에는 내가 애플을 포함한 〈포천〉지 선정 500대 기업에서 일했던 이야기, 내 고객들의 이야기, 이란계 미국인 가정에서 성장한 이야기, 나 자신의 웰빙을 얻기 위해 고투한 이야기가 모두 담겨 있다. 조직으로서, 개인으로서 웰빙을 누릴 수 있는, 간단하면서 실행 가능한 전략도 담았다. 내가 리더들을 코칭하고 스타트업에 컨설팅을 하고 글로벌 조직을 이끌면서 얻은 소중한 통찰을 이 책을 통해 공유하려 한다. 이 책은 깨어 있는 리더십을 실천하고 이를 가정과 직장에서 전략적으로 활용하는 방법에 초점을 맞추고 있다. 여러분이 능동적이고 건강한 라이프스타일을 추구함으로써 삶의 모든 영역에서 최고의 기량을 발휘하길 바란다. 그러면 이 세상은 지금보다 더 살기 좋은 곳이 될 것이다.

이 책의 핵심 개념은 다음과 같다.

- *멈추고 호흡하고 선택하기*란 (마음이 혼란스러울 때 또는 어느 상황에서든) 잠시 멈추고, 주의를 기울이고, 현재에 집중하고, 리셋 버튼을 누름으로써 새로운 시각을 얻는 연습이다. 잠시 멈추어 의식적으로 호흡하는 것만으로도 깨어 있는 선택을 하고 그에 걸맞은 행동을 할 수 있다.
- *프라나*는 호흡, 생명력, 생명 에너지를 의미하는 산스크리트어다. 생명 에너지는 모든 사물과 사람 안에 흐르며 치유를 촉진한다. 프라나는 우리의 호흡과 존재를 상징한다. 프라나는 인간의 삶과 웰빙을 규정하며, 우리를 살아 숨 쉬고 번창하게 만드는 핵심 본질이다.
- *마음챙김*은 현재를 능동적으로 인식하는 상태다. 아무런 판단

없이 그저 떠오르는 생각과 감정을 관찰하는 수련이다. 깨어 있는 상태를 유지하면 의식적이고 신중한 선택을 할 수 있으며, 결국 최고선과 웰빙이라는 궁극의 목적지에 도달할 수 있다. 이러한 맥락에서 의식적인 호흡(프라나)이 곧 마음챙김이라고 할 수 있다.

- *자기 웰빙의 CEO가 된다는 것*은 최고의 삶을 위해 주도적으로 자기 삶을 책임진다는 의미다. 자신의 최대 관심사가 무엇인지 알아볼 때, 웰빙 수준을 최대치로 끌어올릴 중요한 결정을 내릴 때 *멈추고 호흡하고 선택하기*를 활용하면 자기 웰빙의 CEO가 되는 것이 삶의 모든 영역을 얼마나 향상시키는지를 직접 경험하게 될 것이다.
- *깨어 있는 지도MAP를 만든다는 것*은 자기만의 나침반(직관)을 사용하여 능동적으로 판단하면서 그에 걸맞게 행동할 때 변화와 성장을 향해 나아갈 수 있으며 원하는 경험과 결과를 얻는다는 의미다. 삶이라는 여정에서 우리는 승객이 아니라 운전자다. 어떤 사람이 되고 싶은지, 또 어디로 가고 싶은지 스스로 선택해야 한다는 말이다. *MAP*은 내가 제안하는 전체론적 접근 방식이자 이 책에서 소개하는 세 가지 지침의 머리글자를 딴 것이다. *M*은 *마음챙김에 숙달하기Master*, *A*는 *스트레스 관리와 회복탄력성 구축을 위한 7A 적용하기Apply*, *P*는 *3P를 통해 자신을 자기 웰빙의 CEO로 승진시키기Promote*를 의미한다. 영어 단어 MAP에 지도라는 의미가 있는 것처럼 MAP 방법은 우리가 어떤 경험을 하고 어떤 의미를 부여하느냐에 따라 실제 지도같이

앞길을 제시하는 역할을 한다. 어떤 면에서는 사업 계획서와 비슷하다.

각 장의 끝부분에 전략 단계와 실천 단계를 실어, 즉시 실천할 수 있게 했다. 전략 단계인 *비즈니스 실천 전략*은 임원과 인사 담당자를 비롯한 고위 결정권자의 입장에 중점을 두었고, 실천 단계는 모두가 참고할 수 있는 내용으로 구성했다. 이 책은 더 나은 선택을 통해 더 나은 삶으로 안내하는 전체론적 지침서다.

1부에서는 진정한 *자기*를 발견하는 방법을 배우게 될 것이다. 고요할 때나 활동할 때나 깨어 있는 상태를 유지하는 것이 얼마나 가치 있는지를 살펴보고 마음챙김을 수련하는 아주 단순하고 강력한 방법을 알아볼 것이다.

2부에서는 일곱 가지 A를 살펴볼 것이다. 7A는 다음과 같다.

- 건강한 라이프스타일 추구하기Adopt
- 놀이와 회복을 위한 시간 갖기Allocate
- 불필요한 스트레스 피하기Avoid
- 상황 바꾸기Alter
- 스트레스 요인에 적응하기Adapt
- 바꿀 수 없다면 받아들이기Accept
- 자기 · 타인 · 세계 · 우주와 연결하기Attend

이 일곱 가지 전략은 내면의 평화를 향상시켜 더 건강하고 행복한 라이프스타일을 추구하게 하고, 매일 더 나은 선택을 하도록 도움을 주고, 마인드와 행동을 개선하도록 실행 가능한 방법을 제시할 것이다.

3부에서는 고통Pain, 프라나Prana, 목적Purpose을 탐구한다. 고통을 위대한 스승 삼아 성장하는 방법, 프라나를 통해 직장과 가정에서 완전히 몰입하는 방법, 열정과 목적이 이끄는 삶을 사는 방법을 살펴볼 것이다.

이 책은 우리를 웰빙의 여정으로 안내한다. 자기 발견, 더 나은 선택, 목적 있는 성장이 포함된 우리만의 지도를 펼치고 항해에 나서도록 돕는 것이다. 결국 우리는 어떤 사람이 되고 싶은지, 어디로 가고 싶은지 스스로 선택해야 한다. 이때 잘 그려진 지도가 있으면 삶의 전반적인 계획 속에서 우리가 지금 어디쯤 와 있는지, 어디로 가고 싶은지 정확히 짚어낼 수 있다. *깨어 있는 지도MAP 제작자가 되는 것*은 이 책의 마지막 장에서 다룰 주제다. 마지막 장에서는 흩어진 모든 점을 하나로 연결할 것이다.

최고의 삶을 선택할 것인지는 우리 각자에게 달려 있다. 나는 여러분이 이 책을 읽고 탐구적으로 행동하기를, 깨어나 목적 있고 건강하고 충만한 삶을 계획하기를 바란다. 이 책에 소개하는 원칙과 연습을 실천하면 나와 내 고객들처럼 여러분의 에너지, 명료함, 창의력, 자신감도 높아질 것이다. 그러면 분명히 자기 자신, 타인, 세상, 우주와 더욱 강하게 연결된 느낌을 받게 될 것이다.

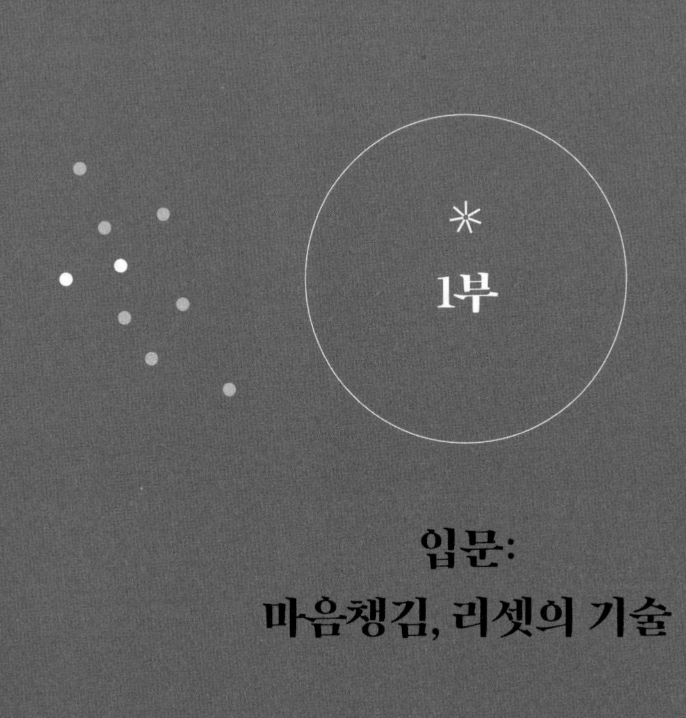

1부

입문:
마음챙김, 리셋의 기술

• • •

어둠이 있기에 빛이 있다. 약점이 있기에 장점이 더욱 빛난다. 두려움이 없을 때 사랑을 느낀다. 고통을 겪어봤기에 평화를 느낀다. 다시 말해 우리는 반대의 상황을 겪음으로써 무언가를 알아간다. 마찬가지로 마음챙김을 제대로 알고 이해하려면 그 반대를 경험해야 한다. 의식적이고 의도적으로 연결된 삶을 추구하기 위해서는 단절된 삶을 이해해야 한다.

1부의 주제인 마음챙김은 진정한 자기 발견을 위한 초석이며, 더 나은 삶을 위한 기반이다. 마음챙김을 통해 우리는 삶의 개선으로 이어지는 실질적인 이득을 얻을 수 있다. 그중 하나가 웰니스 격차의 해소다. 웰니스 격차는 우리가 웰빙을 소홀히 할 때 또는 자기 돌봄을 희생해야 성공할 수 있다고 믿을 때 발생한다. 마음챙김을 수련하면 스트레스를 알아차릴 수 있고, 자기와 타인에 대한 인식이 높아진다. 그리고 이는 에너지, 효율성, 의사결정 능력, 리더십의 향상으로 이어진다.

현재에 머무르지 못하면 과거나 미래를 생각하게 된다. 이때 우리가 멈추면 정신의 방황도 멈춘다. 의식적으로 호흡하면, 현재에 집중하게 되어 더 나은 선택을 할 수 있다. *멈추고 호흡하고 선택하기*는 우리의 머리와 가슴을 한데 연결함으로써 우리의 무한한 잠재력을 깨우는 방법이다.

1장

변화를 이끄는 힘

아침에 활기차게 일어나 하루를 시작하는 사람이 있는가 하면, 알람시계의 스누즈 버튼을 누르고 계속 잠자리에 머무는 사람도 있다. 나는 두 가지 상황을 모두 겪으면서 마음챙김의 힘을 더욱 실감하게 되었다. 마음챙김은 행동과 인식을 결합하여 우리에게 에너지를 준다. 한때 나는 깨어 있는 것과는 정반대의 삶을 살았다. 오토파일럿 모드를 켜놓은 기계처럼 비몽사몽. 그러나 시간이 흘러 다시 목적과 몰입, 그리고 활기를 얻는 방법을 찾았고, 결국엔 이 책까지 쓰게 되었다. 이 여정을 걸어오며 내가 얻은 교훈을 여러분과 함께 나누고 싶다. 깨어 있는 리더, 조직, 문화는 우리 삶에 매우 중요하다. 우리는 과거 어느 때보다 깨어 있는 마인드를 필요로 하는 시대에 살고 있다. 이 시대에 잘 살기 위해서는 행동·존재·실천과 인식 사이를 가로막는 담장을 허무는 연습을 해야 한다.

서른한 살 때였다. 남들이 보기에 내 커리어는 순풍에 돛 단 듯 순항 중이었을 것이다. 당시 〈포천〉지 선정 500대 기업이었던 아스트라제네카AstraZeneca의 영업사원으로 이직했던 나는 의욕이 넘쳤고 일도 재미있었다. 이전 회사 (당시 '구글'이었던) 야후Yahoo!에서 내가 맡았던 영업직과는 완전히 다른 분야인 외부 영업직이었다. 나는 능력의 한계를 시험하는 것을 즐기는 사람이었고, 변화의 시기를 새로운 기술과 능력을 습득할 기회로 받아들이는 성격이었다. 새 직장은 연봉이 높았고, 복지제도도 훌륭했으며, 굉장한 자율성을 보장해주었다. 그야말로 탄탄대로가 열려 있었다.

그러나 금세 시들해지고 진부함이 스며들었다. 필요한 기술을 모두 익히고 나니, 처음에는 새로웠던 일들이 이제는 내게 활력을 주는 도전이 아니라 나를 무감각하게 만드는 일상으로 전락했던 것이다. 아침이면 15분만 더 자야겠다고 생각하며 스누즈 버튼을 눌러댔다. 15분을 더 자면 아침 식사를 걸러야 했는데도 말이다. 무엇 때문에 활기찬 아침을 맞이하지 못하는 걸까? 나도 알람시계가 필요하지 않은 그런 사람이 되고 싶었다.

변화가 필요했다. 그래서 시작한 게 명상이었다. 명상을 하면서 자연스럽게 다시 요가 수련을 하게 되었고, 결국엔 학교로 돌아가 내 오랜 관심사였던 홀리스틱 헬스holistic health(몸과 마음의 전체적인 건강을 중요시하는 관점으로 전인 건강, 전일적 건강, 완전한 건강으로도 불린다-옮긴이)를 공부했다. 그렇게 새로 얻은 지식을 행동으로 옮기자 에너지가 향상되었다. 그래도 어딘가 허전했다. 분명 이전보다 건강해졌지만 여전히 활기가 없었다. 계속해서 내 일상은 다람쥐 쳇바퀴 돌듯 반복되었다. 어디서부터 잘못된 걸까?

'나' 없는 삶

그보다 10년 전, 나는 애플에서 스티브 잡스의 비서로서 커리어(어떤 의미에서는 성인으로서의 삶)를 시작했다. 갓 대학을 졸업한 이에게는 아주 신나는 경험이었다. 졸업을 앞두고 이력서를 쓰고 있던 내게, 당시 룸메이트였던 서맨사가 채용 담당자로 일하는 지인이 있다면서 내 이력서를 보내보자고 했다. 나는 피드백이나 받아볼 요량으로 알겠다고 했다. 우리 시대의 가장 위대한 공상가 밑에서 일하는 것은 꿈에도 바라지 않았다.

이력서를 보내고 얼마 동안은 감감무소식이었다. 서맨사의 지인에게서는 아무런 연락이 오지 않았고, 나도 곧 이 일을 까맣게 잊었다. 졸업 후 두 달간 해외여행을 떠났기 때문이다. 처음 한 달은 가족과 함께 그리스의 섬에서, 다음 한 달은 내가 태어난 이란에서 보냈다. 여행에서 돌아온 지 얼마 지나지 않아 앤드리아라는 여자에게서 전화가 걸려 왔다. 스티브 잡스의 비서라고 했다. 어안이 벙벙했다. 애플에는 이력서를 보내지도 않았는데? 나중에야 서맨사의 지인이 애플의 채용 담당자이고, 그 사람이 내 이력서를 앤드리아에게 보냈다는 사실을 알게 되었다. 면접을 보러 가겠다고는 했지만, 합격 가능성이 있다고는 전혀 생각하지 않았다. 게다가 나는 애플이 있는 쿠퍼티노가 아니라 샌프란시스코에서 취직해 정착하기로 이미 마음먹은 상태였다. 나는 아무런 기대도 부담도 없이 그저 면접 경험이나 쌓자는 생각에 면접 장소로 향했다.

앤드리아와는 아주 잘 통했다. 그녀는 고상하고 침착하고 합리적이고 똑똑했다. 혹시라도 앤드리아와 함께 일하게 되면 아주 많은 걸 배울 수 있겠다는 생각이 들었다. 앤드리아와 한 시간 가까이 대화를 나눈 뒤에 2차 면접을 제안받았다. 2차 면접을 보기 위해 애플 본사로 들어섰을 때도 긴장이 되기는커녕 호기심 가득했던 학생 시절로 돌아간 기분이었다. 나는 안내를 받아 경영진 전용층에 위치한 유리 회의실로 들어갔다. 스티브 잡스의 직속 부하인 임원 비서들이 한 사람씩 돌아가며 내게 질문을 던졌다. 앤드리아가 물었던 것과 똑같은 질문이 대부분이었다. 그렇게 세 시간이 지난 뒤 마침내 나는 앤드리아의 사무실로 다시 안내받았다. 앤드리아는 스티브 잡스에게 나를 면접할 시간이 있는지 물었다.

정신을 차려보니, 어느새 나는 아까보다 더 작은 회의실에서 테이블 하나를 사이에 두고 스티브 잡스와 마주 앉아 있었다. 스티브 잡스는 자신의 시그니처 의상인 리바이스 청바지에 검은색 이세이 미야케Issey Miyake 터틀넥, 회색 뉴밸런스 운동화 차림이었다. 그는 몸을 뒤로 젖히며 오른다리를 꼬아 왼다리 위에 포개어 올렸다. 그러고는 양손의 끝을 맞대어 첨탑을 만들면서 내게 물었다.

"왜 애플이죠?"

나는 애플이라는 회사의 브랜드와 혁신에 매우 감탄했기 때문이라고 대답했다.

"왜 UCSCUniversity of California, Santa Cru(캘리포니아대학교 산타크루스 캠

퍼스)를 선택했나요?"

나는 캠퍼스가 산타크루스 산맥에 있어서 아름답고, 심리학과가 우수하며, 가족이 살고 있는 샌프란시스코와 가까웠기 때문이라고 대답했다. 스티브 잡스는 사람을 꿰뚫어보는 듯한 특유의 강렬한 눈빛으로 나를 사로잡은 채 수많은 질문을 던졌다. 여전히 긴장보다는 호기심에 차 있었던 나는 자신만만하게 그의 시선을 맞받았다. 우리는 강렬하지만 자연스럽게 소통하고 있었다. 스티브 잡스는 직감을 믿는 사람이었고 이는 향후 몇 개월간 내가 배우게 될 일이기도 했다. 그는 자리에서 일어나 내게 악수를 청하며 이렇게 말했다.

"좋습니다. 같이 일해봅시다!"

나답게, 더 높은 *자기*에 충실하게 살라는 부모님의 지속적인 조언이 없었더라면 불가능했을 일이다. 부모님의 이러한 가르침이 내게 큰 자신감을 심어주었기 때문이다.

그 직장이 아니었더라면 나는 지금과 무척 다른 모습으로 살았을 것이다. 스티브 잡스는 첫 번째 멘토이자 내게 가장 큰 영향을 준 멘토였다. 나는 지금도 스티브 잡스에게 배운 인생의 교훈을 따른다. 이때는 애플에도 중요한 시기였다. 자신이 창업한 회사에서 해고당해 12년간 물러나 있던 스티브 잡스가 위기를 겪던 애플의 구조조정을 돕기 위해 임시 CEO로 복귀한 지 얼마 지나지 않은 때였다. 복귀 2년이 지난 그는 내가 애플에 고용된 날, 직함에서 '임시'라는 말을 떼어내고 (2011년 8월, 건강 문제로 사임하기 전까지) 다시 정식 CEO가 되었다.

애플에서 일하는 동안 내 삶은 큰 변화를 겪었다. 시야가 넓어진 반면, 잃은 것도 있었다. 시간이 흘러 그때를 돌이켜보고서야 비로소 내가 '나' 자신을 놓치고 잃어버렸다는 사실을 깨달았다. 스티브 잡스의 초현실적인 카리스마에 사로잡힌 나머지, 스트레스가 많고 변화가 심한 환경에서 그의 비서로 일한다는 흥분에 사로잡힌 나머지 내 삶과 욕구는 시야에서 멀어지고 말았다. 스티브 잡스는 자신의 웰빙에 굉장히 깨어 있는 사람이었다. 그가 최고의 기량을 발휘할 수 있도록 자신의 일상에 주의를 기울이고 있는지 확인하는 것 또한 내 업무였다. 스티브 잡스가 엄격한 채식 식단을 따르고 있는지 하루도 거르지 않고 꼬박꼬박 확인하면서도 정작 나 자신의 웰빙에는 소홀했다. 나는 간식으로 초콜릿을 먹었고 업무 시간이 지나고도 한참 동안 일을 손에서 놓지 못한 채 스트레스를 받았다. 언젠가 깜짝 선물로 스티브 잡스의 식사에 오트밀 쿠키를 넣은 적이 있다. 내 딴에는 건강한 디저트라고 생각해서였다. 나중에 보니 쿠키는 쓰레기통에 버려져 있었다. 내 기준에는 건강한 간식이었던 오트밀 쿠키가 그의 기준에는 쓰레기였던 것이다.

10년이 흘러 그날을 되돌아보니, 그건 내가 웰빙에 충분히 주의를 기울이지 않고 있었다는 신호였다. 겉보기에 나는 승승장구하고 있었다. 그러나 사실은 이리저리 휩쓸려 다니며 진정한 자기와의 접촉을 잃어버린 상태였다. 웰빙을 명확하게, 그리고 전체적으로 이해하며, 매 순간 깨어 있는 선택을 해야 했는데, 그러지 못했고 그 대가를 치르고 있었다.

나는 이러한 패턴이 내 고객은 물론, 그들이 운영하는 회사, 나아가 사회 전반에 영향을 미친다는 걸 알게 되었다. 우리는 잘 사는 것being well보다 잘하는 것doing well을 우선시한다. 훗날 어떤 대가를 치르든 지금 당장은 그저 앞만 보고 달려서 정상에 우뚝 서기를 강요하는 치열한 경쟁 사회에 살고 있다. 이러한 환경은 건강에 해로운 선택, 깨어 있지 않은 선택을 하도록 우리를 부추기고, 우리의 웰빙을 서서히 해치는 악순환으로 우리를 내몬다. 그렇게 우리는 성공과 웰빙이 서로 경쟁하는, 양립 불가능한 가치인 것처럼 행동한다.

웰니스 격차, 열망과 습관 사이의 거리

당시 내가 경험한 것이 웰니스 격차임을 나중에야 깨달았다. 웰니스 격차란 활기차고 왕성한 삶을 살고 싶다는 열망과 그러한 삶에 밑거름이 되고 활력이 되어줄 일상의 습관 사이에 일어난 단절을 말한다. 현대 사회에는 웰니스 격차가 뿌리 깊게 박혀 있다. 부와 명예, 성취를 추구하면서 우리는 깨어 있는 모든 순간에 생산성을 끌어내야 한다는 압박을 느낀다. 점점 더 많은 사람이 번아웃을 겪는다. 실제로 일본어에는 '죽을 때까지 일하다'라는 뜻의 *과로사*라는 말이 있을 정도다.

애플에서 일하면서 번아웃에 빠져들기 시작했지만, 내가 문제를 제대로 인지하고 진정한 변화를 만들기 시작한 것은 그로부터 10년이 흐른 뒤였다. 사회에 퍼져 있는 웰니스 격차에 대해 알게 된 것은 제약회사에서 영업직으로 일할 때였다. 나는 동네 의원에서 의원으로, 종합병원에서 종합병원으로 외근을 다니며 하루에 대략 여덟 명의 의사를 만났다. 병원에서 빽빽한 환자 목록을 힐긋 쳐다볼 때면 의사가 환자 한 명에게 할애하는 시간이 아주 적을 수밖에 없겠다는 생각이 들었다. 환자들은 땜질식 처방을 받고 있었다. 진찰할 때 스트레스, 라이프스타일과 같은 근본 원인은 언급되지 않았다. 웰니스 격차는 우리 사회의 의료체계에도 내재되어 있었다. 이제는 기업 내의 웰니스 프로그램이 아주 보편화됐지만 여전히 웰빙보다는 주로 질병 예방에 초점을 두고 있는 걸 보면 아직 갈 길이 멀다. 리더로서 우리는 삶과 조직 내에 팽배한 웰니스 격차를 정면으로 마주해야 한다.

내가 오랜 습관을 완전히 버리고 새로운 길에 들어서기까지는 꽤 시간이 걸렸다. 아스트라제네카에서는 4년 동안 일했다. 마음을 비우기 위해 남극 여행을 다녀오고, 가슴 아픈 이별을 겪고, 내 삶을 바꿔놓은 인도 여행까지 다녀온 후에야 비로소 홀로 서기를 선언할 준비가 되었다.

인도에서 돌아온 다음 날 회사를 그만두고 내 사업을 설계하기 시작했다. 나는 미지의 세계로 뛰어들 참이었다. 주변 사람들 대부분이 내 결정에 깜짝 놀랐다. 그러나 내 마음은 이미 확고했다. 그때는 아직 이런 개념을 생각해내기 전이었지만, 나는 내 회사와 내 웰빙의 CEO가 되기로 선택했던 것이다.

내 사명은 바로 *리더십 웰빙*을 구축하고 회복하고 강화하는 것이다. 내 고객층은 인생을 최대한 즐기지 못하는 사람들, 제자리로 돌아가기 위해서는 도움이 필요한 CEO와 창업가, 그리고 비즈니스 리더들이다. 그들은 목적이 뚜렷한 즐거운 삶을 꿈꾸지만, 그러한 열망과 충돌하는 마인드나 습관을 지니고 있는 경우가 많다. 그들은 이미 번아웃되었거나 오토파일럿 모드로 살고 있거나, 아니면 번아웃 상태에서 오토파일럿 모드로 살고 있다. 이들에게는 추진력을 실어 줄 주변의 도움, 정신이 번쩍 들게 할 충격, 그리고 재조정이 필요하다. 그리고 이들이 운영하는 기업은 문화 쇄신이 필요한 경우가 다반사다.

내가 생각하는 리더십과 리더십 웰빙은 CEO나 최고경영진에게만 해당되는 것이 아니다. 리더십이란 자기 웰빙의 CEO가 되는 것, 자기 운명을 스스로 통제하는 것, 인생에 어떤 일이 일어나든 방관하지 않고 의도적으로, 계획적으로, 깨어 있는 마인드로 삶을 만들어 나가는 것이다. 직함이나 지위와는 무관하게 인생의 방향을 정하는 중요한 결정을 우리는 용감하고 당당하게 내려야 한다. 자기 웰빙의 CEO가 되는 방법, 자기 삶의 소유권을 거머쥘 방법과 전략이 이 책에 담겨 있다.

리더십 웰빙의 핵심은 잘 사는 것과 잘하는 것 사이의 격차를 해소하는 것, 이 둘 사이에 존재하는 그릇된 이분법을 거부하는 것이다. 잘하는 것과 잘 사는 것은 정신과 육체처럼 반드시 함께 가야 한다. 행동과 인식을 따로 떼어놓을 수는 없다. 인식하지 못한 상태에서 생산적으로 일하고 성과를 내기 위해 노력하는 것은 비즈니스 세계와 사회 전반에 만연한 웰니스 격차를 부추기는 것이다. 개인의 차원에서 웰니스 격차는 번아웃과 단절된 삶을 초래한다. 조직의 차원에서는 높은 이직률, 낮은 몰입도와 만족감을 초래하여 결국 비즈니스를 좀먹는다.

어떤 직업을 갖든 반드시 선을 그을 줄 알아야 한다. 단절, 산만함,

번아웃, 오토파일럿 모드로 살아가는 일상을 거부해야 한다. 대신 목적이 이끄는 삶, 자기와 타인은 물론 세상과의 깊은 교감으로 일구어진 삶을 받아들여야 한다. 우리는 일상, 업무, 조직, 심지어 사회의 에너지와 몰입을 복원할 힘을 지니고 있다. 마음챙김의 여정은 변화의 힘을 지니고 있다.

그리고 이 여정은 잠시 멈추는 것에서 시작한다.

일시 정지, 그리고 리셋

인도 여행을 하는 동안, 그리고 여행 이후 몇 달 동안 나는 마음챙김을 얻는 방법뿐만 아니라 마음챙김을 실천하는 방법도 고민하기 시작했다. 요가수련원, 명상 수업 등 마음챙김을 위한 환경에서 자신에게 맞는 방법을 찾아 명료함과 인식의 상태를 찾아가는 것이 좋은 출발점이다. 앞으로 살아갈 날들, 특히 가장 힘든 순간에 명료함과 인식의 상태를 갖추는 것이 우리의 궁극적인 목표다.

그러면 마음챙김을 우리 존재의 일부처럼 언제 어디서든 지닐 수 있게 된다. 어디든 함께 갈 수 있게 된다. 크고 작은 인생의 선택에 마음챙김이 영향을 미친다면 비로소 마음챙김의 실천이 가능해진다. 우리가 강인한 선택을 하는 습관을 들이면, 그 파급효과는 대단할 것이다. 하나의 깨어 있는 선택은 또 다른 깨어 있는 선택으로 이어진다. 비즈니스에서 능동적인 선택은 건강한 전략과 비전, 그리고 문화를 만들어낸다.

그러려면 먼저 단절과 산만함이라는 악순환의 고리부터 끊어야 한다. 세상의 소음으로부터, 머릿속의 소음으로부터 멀어져야 한다. 스트레스 상태, 자기 파괴 상태, 멍한 상태 등 진정한 자기로부터 단절시키는 상태로 빠져든다 싶으면 반드시 멈춰야 한다.

여기서 멈춤이란, 말 그대로 잠시 멈추라는 의미일 때도 있다. 중요한 회의나 발표에 앞서 잠시 마음을 가다듬는 것처럼 말이다. 또 산책, 주말의 휴식, 안식 휴가를 의미할 때도 있다. 내가 6주 동안 다녀온 인도 여행은 긴 멈춤이었다. 그때 내게는 물러섬, 재평가, 새 출발이 필요했다. 더 행복하고 건강해지기 위해 용기 내어 한 걸음 내디뎠으나 그걸로는 충분하지 않았다. 내가 갈망했던 해방을 얻으려면 삶에 의도적인 충격을 주어야 했다. 나는 번민에 빠진 채 현실에 안주하며 커리어에 갇혀 있었다. 나는 마음챙김을 더 깊이 수련하고 싶었고, 더 높은 자기에 도달하길 바랐으며, 새로운 삶을 시작하길 원했다. 내 여행은 멈춤인 동시에 변화의 기폭제였다. 삶을 뒤흔들려는 의식적 노력이었다. 내게 반드시 필요한 리셋 버튼이었다.

길든 짧든 멈춤은 다음 단계를 위한 포석이 되어준다. 우리에게 숨 쉴 수 있는 공간과 시간을 만들어준다. 의식적 호흡은 의식을 깨우고 현재에 집중하는 가장 좋은 방법이다. 지금 한번 해보길 바란다. 숨을 깊고 고르게 들이마신 다음 모든 숨을 천천히 끝까지 내쉰다. 어떤가?

깨어 있는 호흡을 하는 것은 리셋 버튼을 누르는 것과 같다. 의식적으로 호흡하면 육체와 정신이 진정되고, 판단력과 균형감이 생긴다. 물론 의식적 호흡은 몸으로 하는 것이지만, 그 이상의 의미를 지닌다. 의식적 호흡은 우리의 생각과 감정이 숨 쉬게, 우리의 머리와 가슴이 재결합하게 한다. 의식적 호흡을 하면 우리는 몸을 인식하게 되고 우리의 생각과 감정이 신체에 어떻게 반영되는지 알 수 있게 된다.

이제 우리는 깨어 있는 선택을 할 준비가 되었다. 의식적인 선택을 하는 방법은 단순하지만 쉽지는 않다. 인도에서 보낸 첫날 밤, 받아들이고 싶지 않은 그 진실이 내게 뼈저리게 다가왔다.

내 목적지인 리시케시는 히말라야 기슭의 작은 마을로, '세계의 요가 수도'로 이름난 곳이었다. 거기까지 가려면 우선 허구한 날 스모그가 짙게 깔리고 사람이 바글거리는, 인도의 수도 뉴델리까지 비행기로 가야 했다. 새벽 3시에 뉴델리에 도착한 나는 긴 비행에 진이 빠져 있었다. 나는 한 줄로 길게 늘어선 택시들을 향해 걸어가 맨 앞의 택시 안을 들여다보았다. 운전기사가 운전대에 엎드려 있었다. 나는 창문을 두드려서 그를 깨웠다. 운전기사는 비몽사몽 창문을 내렸다. 이 차에 타면 안 될 것 같다는 직감이 강하게 들었지만, 조금이라도 빨리 호텔에 가고 싶었다.

차에 타자마자 후회가 밀려왔다. 기사는 운전대를 손에 쥔 채 정말로 자는 것 같았다. 자동차 사이를 이리저리 비집고 달리던 중에 어슴푸레한 도로에 세워진 중앙분리대를 살짝 스치기까지 했다. 나는 오늘밤이 내 마지막 밤이 되리라고 확신하며 자동차 시트를 손톱으로 힘껏 꼬집었다. 물론 뉴욕에서도, 택시가 인도로 달리는 게 일상인 중동에서도 택시를 타본 적이 있었다. 그러나 이건 차원이 달랐다.

얼마 후 기사가 후미진 골목에 차를 세웠다. 내 심장이 요동치기 시작했다. 나는 최악의 상황을 상상하면서 과연 도망치는 게 나을지 대항하는 게 나을지 고민했다. 때마침 두 사람이 우리 쪽으로 걸어오기에 서둘러 창문을 내리고 호텔의 위치를 물었다. 지도를 쥐고 있던 내 손이 덜덜 떨렸다. 알고 보니, 모퉁이만 돌면 바로 호텔이었다. 기사가 한 블록 일찍 방향을 틀었던 것이다. 나는 떨리는 손으로 여행가방을 챙겨 호텔에 도착했고, 칙칙한 객실 안의 침대에 그대로 풀썩 쓰러지듯 누웠다.

아무리 진정하려고 해도 계속 마음이 어수선했다. 스트레스를 받거나 두려운 상황에 놓이면 누구나 그렇듯이 말이다. 더 현명한 판단을 하지 못하고 그 차에 올라탄 나 자신을 꾸짖고 싶었다. 피해망상에 사로잡힌 채 기사를 의심한 나 자신을 꾸짖고 싶었다. 이건 나쁜 징조인 것만 같았다. 지금 다니는 직장을 감사히 여기라는, 더 많은 것을 바라지 말라는 신호인 것 같았다. 토끼굴 속으로 빨려 들어가기 직전이었던 나는 가까스로 정신을 붙잡았다('토끼굴 속으로 빨려 들어간다'는 말은 《이상한 나라의 앨리스》에서 앨리스가 토끼굴로 뛰어들어 모험을 시작한 것에서 유래한 표현으로, 복잡하고 혼란한 상황에 빠져드는 것을 의미한다-옮긴이). 내가 여기까지 온 데에는 이유가 있었다. 생각해보니 내가 해야 할 일은 그저 현재로 돌아가는 것뿐이었다.

나는 멈추기로 했다. 방 안에서, 내 머릿속에서, 그리고 내 마음속에서 일어나는 일들을 이러쿵저러쿵 판단하지 않고 있는 그대로 바라보았다. *나는 얼룩진 침대에 앉아 있다. 방 안에서는 곰팡내가 난다. 나는 지구 반대편에 와 있다. 너무 지쳤고 외롭고 두렵다. 하지만 아무런 해를 입지 않았다. 조금만 더 가면 리시케시다. 곧 그곳에 도*

착할 것이다. 나는 괜찮을 것이다.

그때의 멈춤은 작지만 꼭 필요한 첫걸음이었다. 아주 간단해 보이지만, 매우 어려울 수도 있는 일이었다. 토끼굴이 끌어당기는 힘에 저항하기란 생각보다 매우 어렵기 때문이다. 머릿속이 빙글빙글 돌다가 그 속도가 빨라지면, 우리는 어느새 토끼굴로 빨려 들어가고 만다. 그럴 때 잠시 멈추면 숨 쉴 틈이 생기고, 현재의 순간으로 돌아갈 틈이 생기며, 자신의 존재와 의도를 되새길 여지가 생긴다.

마음챙김을 더없는 행복으로 혼동하기 쉽다. 눈을 감고 만족스러운 표정을 지은 채 전혀 힘들이지 않고 가부좌를 트는 사람들이 있다. 물론 마음챙김의 실제 모습이 이럴 때도 있다. 그러나 정말로 마음챙김이 필요한 순간은 계획이 엉망이 되고 앞길이 막막할 때다. 뉴델리에 도착해 끔찍한 택시를 타고 도착한 칙칙한 호텔 방에서도 마음챙김을 실천할 수 있다. 티끌 하나 없는 중역 회의실에서 격론이 벌어지는 중에도 마음챙김을 실천할 수 있다. 마음챙김은 명상실 또는 요가 매트 위에만 두고 다니기에는 너무나도 귀중하다. 리더로서 우리는 개인으로나 조직으로나 반드시 깨어 있는 선택을 바탕으로 행동해야 한다.

멈춰야 할 때 멈추지 못하는 경우가 얼마나 많은가? 악순환의 고리를 끊어내지 못하는 경우는 얼마나 많은가?

자, 직장에서 난관에 부딪혔다고 하자. 일이 원하는 대로 진행되지 않는다. 이럴 때라면 자신을 나무라기보다는 잠시 멈추어 상황을 다시 평가하고 리셋하는 편이 낫다. 마음이 조급해지고 인내심이 없어지는 것 같을 수 있다. 이는 그동안 비축해둔 회복탄력성이 고갈되었다는 신호다. 회복탄력성이라는 우물을 채울 시간을 충분히 주지 않았다는 신호이기도 하다. 지금은 멈추고 리셋하고 회복해야 할 시간이다.

아니면, 내가 그랬듯 오토파일럿 모드에 빠져드는 자신의 모습이 보일 수도 있다. 필요할 때마다 에너지를 끌어다 쓰며 비몽사몽 하루를 보내고 있을지도 모른다. 그렇다면 잠시 멈추고, 한 걸음 물러나 자신의 목적을 되짚어본 뒤, 원래의 계획으로 돌아가야 한다.

회사도 마찬가지다. 이따금 걸음을 멈추고 목적과 계획을 재정비하는 시간을 가져야 한다. 실망스러운 실적, 혼란스러운 시장 상황 등 예기치 못한 난관에 맞닥뜨리면 조직 전체가 긴장 상태에 빠질 수 있다. 현명한 리더라면 이럴 때 팀원들에게 한숨 돌릴 기회를 줌으로써 상황을 차분하고 명석하게 헤쳐 나가게 할 것이다.

리셋은 멈춤에서 시작된다. 그 첫걸음이 휘청거리는 듯 보일지라도 말이다.

변화와 성장을 향한 피벗

*멈추고 호흡하고 선택하기*라는 개념은 내가 리시케시에 있는 아슈람ashram(힌두교도들이 수행하며 거주하는 공동체-옮긴이)에 머물 때 구체화한 것이다. 열흘 동안 나는 엄격한 식이요법을 따르며 명상, 요가, 내관법(자신의 심리 상태를 내면적으로 고찰하는 것-옮긴이)을 수행했다. 그곳에서는 두 시간의 좌선 명상으로 하루를 시작했다. 그러면서 소음과 혼란으로부터 한 걸음 물러나 존재와 자각에 깊이 다가갈 수

있게 해주는 일상 수련의 힘을 경험했다. 물론 모든 사람에게 인도를 여행할 여유가 있는 것은 아니다. 두 시간의 명상으로 하루를 시작하는 게 쉬운 일도 아니다. 다만 저마다의 목적과 상황에 맞는 방식으로 어떻게든 정지 버튼을 누르는 것이 중요하다.

아침 명상이 끝나면 아사나asana라고 부르는 자세를 수행하며 요가 수련을 했다. 내게 요가는 일종의 움직이는 명상이다. 아슈람에서 요가 수련을 할 때면 마치 물 흐르듯 자연스럽게 좌선 명상이 이어지는 것 같았다. 요가는 마음챙김, 그 자체였다. 즉 움직이는 마음챙김이었다. 요가와 명상 모두 내게 잠시 멈추어 나 자신을 더욱 깊이 들여다볼 여유를 주었고, 덕분에 나는 앞으로 무엇을 하고 싶은지 명확하게 알게 되었다.

인도 여행을 떠나기 훨씬 전부터 제약 영업을 그만둬야겠다고 생각하고 있었다. 그동안의 인생 경험, 그리고 당시 공부 중이던 심리 훈련과 홀리스틱 헬스 프로그램에서 얻은 지식을 활용해 새로운 진로를 계획하고 싶었다. 그러나 마음의 준비가 되지 않았던 나는 적당한 때를 기다린다는 핑계로 계속 미루고만 있었다.

그런데 인도가 모든 것을 바꾸어놓았다. 안개 낀 듯 뿌옇던 시야가 맑아지며 모든 게 명확해졌다. 이제는 단 하루도 내 진정한 자기에게 진실하지 않은 삶을 살 수 없었다. 변화의 과정도 뚜렷해졌다. 멈춤이 어떻게 호흡을 만들어내는지, 그 호흡이 어떻게 깨어 있는 선택을 일구어내는지도 분명히 알게 되었다. 멈추고 호흡하고 선택하기. 움직이는 마음챙김. 나는 이제 준비돼 있었다.

내 인생에서 가장 강렬했던 경험, 이후 수년간 내게 힘이 되어준 경험은 인도에서 침묵의 수도승*을 만난 일이었다. 아슈람의 한 스와미swami(힌두교 종교 지도자-옮긴이)에게서 19년째 묵언 수행 중인 사람이 있다는 얘기를 듣고, 침묵의 수도승이라는 존재를 알게 되었다. 어느 날, 몇몇 사람들과 함께 히말라야 산맥의 어느 기슭을 오르다가 신비한 분위기를 풍기는 수척한 남자와 마주쳤다. 빛바랜 흰 천 하나만 허리에 두르고 있던 남자의 표정은 평온하고 상냥했다. 우리를 발견한 그는 자신을 따라오라는 듯 손짓했다.

우리는 다 함께 몸을 웅크리고 갠지스강 기슭의 절벽에 있는 작은 동굴로 걸어갔다. 그 수도승의 거처로 보이는 동굴 안에는 자신의 구루들을 기리는 수수한 성물함 하나와 촛불 하나, 그리고 낡은 요가 매트뿐이었다. 우리는 수도승을 따라 안으로 들어갔고, 그는 내게 자기 옆에 앉으라고 손짓했다. 그렇게 우리는 모두 맨땅에 가부좌를 틀고 앉아 눈을 감고 명상을 시작했다.

나는 현재에 온전히 집중하며 그 어느 때보다도 깊이 명상했다. 수도승의 에너지와 숨소리 외에는 그 무엇도 느껴지거나 들리지 않았다. 마침내 눈을 떴을 때는 시간이 얼마나 흘렀는지도 알 수 없었다. 동굴의 자그마한 입구를 슬쩍 내다보니, 시간을 짐작할 유일한 단서인 황금빛 태양이 이미 히말라야 산맥에 걸려 있었다.

해가 지기 전에 산에서 내려가야 했던 우리는 서둘러 자리에서 일

---

* 인도에서 만났던 그분은 19년째 묵언 수행 중이었기 때문에 수도승인지, 요기인지, 스와미인지 확실히 알 수 없었다. 책에서는 그를 수도승이라고 지칭하겠다.

어났다. 그리고 수도승의 안내를 받으며 길을 되돌아갔다. 헤어지기 전, 수도승이 내 발 앞에 무릎을 꿇고 앉아 내 손을 잡더니 드레드록(여러 가닥으로 땋은 머리 모양-옮긴이) 스타일로 땋은 자기 머리 위에 힘주어 얹어놓았다.

도대체 무슨 일인지 나는 고개를 돌려 일행을 쳐다보았다. *내가 뭘 어떻게 해야 하지?* 나는 이내 주저하는 마음을 떨쳐버리고 수도승과의 연결에 집중했다. 다른 건 몰라도 완전히 온전하게 그 순간에 집중해야 할 것 같았다.

그의 정수리에서 강렬한 열기가 뿜어져 나왔다. 열기는 내 손을 타고 들어와 팔과 척추를 타고 온몸으로 퍼져나갔다. 열과 에너지가 온몸을 덮더니, 동시에 오한이 들었다. 그 순간, 마치 내 DNA가 바뀐 것처럼 심오하고 직관적인 방식으로 내 안의 무언가가 달라졌다. 그 후로 나는 다른 사람이 되었다.

나중에 알고 보니, 그건 축복을 주는 행동이었다. 정말로 그렇게 나는 축복을 받았다. 그날 있었던 비언어적 만남은 그동안의 어떤 대화보다도, 어떤 독서보다도 심오하고 의미 있었다. 분석적 사고에 익숙했던 나는 그동안 주로 머리에 의지해 세상을 살았다. 그런데 수년간 수행해온 명상과 요가가 드디어 내 가슴을 깨우고 있었다. 여전히 머리로만 살았더라면 나는 이토록 심오한 경험을, 이 같은 고요를 경험하지 못했을 것이다. 묵언 수행 중이던 수도승은 내가 더 깊은 깨우침에 이르도록 이끌어주었고, 머리와 가슴이 완전히 일치하는 경험을 맛보게 해주었다. 이제 인도에서만이 아니라 일상으로 돌아간 뒤에도 더 멀리, 더 높이 나아갈 준비가 되어 있었다. 나는 결코 이 경험을 평생 잊지 못할 것이다.

일행 한 명이 내가 동굴 앞에서 수도승과 함께 서 있을 때 사진을 찍어주었고, 나는 그 사진을 매일 볼 수 있도록 책상에 올려두었다. 사진을 볼 때마다 나는 내 중심을 머리에서 가슴으로 옮길 수 있다는 사실을, 혼돈 속에서 침묵을 만들어낼 수 있다는 사실을 다시금 떠올린다. 그러나 이런 경험을 하기 위해 굳이 정글 한가운데 있는 동굴로 들어갈 필요는 없다. 일상에서도 마음챙김 수련으로 이어지는 강렬한 경험을 만들어낼 수 있고, 누구나 이를 배울 수 있다. 물리적으로 얼마나 멀리 여행을 떠나느냐의 문제가 아니다. 우리의 머리와 가슴속에서 얼마나 멀리, 얼마나 깊이 들어갈 수 있느냐가 중요하다.

마음챙김을 내적 평화와 같은 의미로 보는 사람들이 있다. 그러나 우리에게 안전지대를 벗어날 힘과 용기를 주는 것이 움직이는 마음챙김의 진정한 목적인 경우도 있다. 인도에서 돌아온 나는 탐험 활동이라고 이름 붙인 단계, 즉 자신의 한계를 시험하고 새로운 기준을 만들기 위해 확실하지도 보장되지도 않은 선택을 하는 단계에 들어설 준비가 되어 있었다.

탐험 활동을 하면 (내가 그랬듯) 진정한 자기의 계획을 재정비할 수 있게 된다. 멈추고 호흡하고 강인하게 깨어 있는 선택을 하는 것은 주변 상황에 흔들리지 않겠다는 선택을 하는 것이다. 목적을 돌이켜보고 처음으로 돌아가 그동안 걸어왔던 길을 다시 걸어야겠다고 선택할 수도 있다. 아니면, 목적이 달라졌으니 이제 새로운 길을 걸어야 한다는 사실을 깨달을 수도 있다.

자신의 길을 탐색하고 돌아보는 능력이 과거 어느 때보다도 중요해졌다. 이제 한 가지 일만 하면서 평생을 보내는 사람은 거의 없다. 상황 때문에 새로운 이미지를 만들어야 하는 경우도 생긴다. 또는 그런 상황이 생기기 전에 선제적으로 이미지 변화를 시도할 수도 있다. 오늘날의 비즈니스 세계에서 민첩함을 유지하려면 기업은 피벗pivot(사업의 중심축은 유지하면서 시장의 반응에 맞추어 비즈니스 모델을 빠르게 수정하는 경영 전략-옮긴이) 전략을 배워야 하며 때에 따라 변혁을 시도해야 한다. 이는 인생의 큼지막한 리셋으로, 변화를 성공시키려면 반드시 마음챙김으로 시작해야 한다. 물론 우리를 샛길로 빠뜨리려는 일상의 문제들을 극복해나가며 인생의 자그마한 리셋에도 능숙해져야 한다. 이것이 민첩성과 융통성을 갖춘 리더들이 시대를 앞서나가며 사람들에게 영감을 주는 롤모델이 되는 법이다.

변화는 피할 수 없다. *멈추고 호흡하고 선택하기*는 변화와 성장을 향한 도구다.

길을 잃었다가 다시 돌아오다

명확한 삶의 목적을 찾더라도 금세 놓쳐버리기 쉽다. 길을 잃었다가 다시 돌아오는 것은 삶에 녹아 있는 자연스러운 흐름이다. 그리고 이것은 마음챙김 수련에도 동일하게 적용된다.

명상 수련을 시작하는 사람들은 공통적으로 실패를 두려워한다. *조용히 앉아서 머리를 비우고 호흡에 집중해야 한다는 건 알아. 하지만 혹시 다른 생각이 들면 어떡하지?*

'혹시' 하고 떠오르는 생각 또한 명상의 일부다. 주의가 흐트러지지 않는다면 그건 수련이 아닐 것이다(또 깨달음의 경지에 오른 사람이나 시체가 아니고서는 머릿속이 완전히 비워질 수 없다). 실패는 없다. 우리가 길을 잃는 건 당연하다. 불교에서 말하는 *원숭이 마음*monkey mind(마음은 원숭이처럼 제멋대로이고 생각은 말처럼 날뛴다는 의미의 심원의마心猿意馬에서 유래-옮긴이)이 갈피를 잡지 못해 여기저기 날뛸 것이다. 중요한 건 방황하는 그 마음을 주목하는 것이다. 불안해하지도 판단하지도 않고 그저 어찌할 수 없는 현실로 바라본 뒤, 다시 호흡으로, 현재로 돌아오면 된다.

길을 잃었다가 다시 호흡으로, 목적으로, 마음챙김으로 돌아올 때마다 마음 근육이 단단해진다. 자신을 돌아보는 능력이 강해진다. 길을 잃었다가 돌아오기. 이는 마음챙김을 실천하고 더 나은 선택을 하는 능력을 기르는 방법이다. 자신을 돌아볼 줄 아는 조직은 민첩성과 회복탄력성이 높아진다.

인도 여행 막바지에 나는 겸손의 교훈을 얻었다. 아슈람에서 지내는 동안 나는 진정한 자기를 마주하게 되었다. 침묵의 수도승과 우연히 만난 뒤 내 머리와 가슴은 어느 때보다도 단단히 연결되어 있었다. 그러나 이게 내가 더는 길을 잃거나 휘청거리지 않을 만큼 강해졌다는 의미였을까? 전혀 그렇지 않았다.

여행이 끝날 무렵, 다람살라에서 친구를 만나기로 했다. 사흘 동안 다람살라에서 러시아 승려들을 대상으로 달라이라마의 설법이 진행될 예정이었다. 누구나 참석할 수 있는 법회라서 우리는 일찌감치 만나 입장권을 사고 워크맨처럼 생긴 통역기를 받았다. 곧 우리 뒤로 적갈색 승복을 걸친 승려들이 가득한 버스가 줄줄이 멈추기 시작했다.

얼마 지나지 않아 현장에 승려들이 점점 더 많이 모여들면서 달라이라마가 머무는 사원의 입구는 적갈색의 바다를 이루었다. 앞다투어 줄을 서려는 혼란한 인파 속에서 내가 자리를 지키는 동안 친구가 커피를 사러 갔다. 수천 명에 이르는 거대한 남자 승려들의 틈바구니에서 키가 160센티미터밖에 안 되는 나를 다시 찾아올 수 있을까 싶었다. 친구가 커피를 사러 떠난 뒤, 폐소공포증이 밀려오기 시작했다. 누군가의 날숨이 내 목덜미에 닿았고, 바로 코앞에는 다른 누군가의 승복이 보였다. 시야에 적갈색 말고는 거의 아무것도 들어오지 않았다.

거의 한 시간째 친구를 기다리는데, 느닷없이 승려들이 나를 앞으로 밀치기 시작했다. 하나의 거대한 덩어리처럼 움직이기 시작한 그들은 더는 나아갈 공간이 없는데도 계속해서 나를 떠밀었다. 몸이 으스러지는 것 같았다. 물결을 이룬 승려 무리는 절벽에 부딪히는 무자비한 파도처럼 나에게 부딪히며 나를 앞질러 갔다.

갈비뼈가 눌리니 너무 아팠다. 나는 간신히 소리쳤다.

"그만! 제발요, 멈춰요!"

고개를 돌릴 틈조차 없어서 무슨 일이 일어나고 있는지 알 수도 없었다. 나를 에워싼 거구의 러시아 사내들의 눈은 내 고통 따위는 보지 못한 채 오로지 입구를 향하고 있었다. 숨도 간신히 쉬고 있던 나는 눈물이 흐르는 얼굴을 들고 하늘을 향해 외쳤다.

"비폭력! 비폭력! 이봐요, 살려주세요!"

투명인간이 된 것 같았다. 사원에 들어가야겠다는 생각도 더는 들지 않았다. 그저 살아서 이 인파를 벗어나고 싶었다.

마치 영겁의 시간이 지난 것 같았다. 그때 앞쪽에서 쿵 하는 격한 소리가 들렸다. 순간 적갈색 바다의 물결이 멈추었고, 그 틈에 나는 사람들 사이를 헤집고 가장자리로 나갈 수 있었다. 무슨 일인가 했더니, 덩치 큰 승려가 입구로 이어진 경사로를 지나다가 콘크리트 바닥으로 거세게 떨어진 것이었다. 그가 크게 다쳤을까 봐 걱정하며 아래를 살짝 내려다봤더니 놀랍게도 그는 얼른 몸을 일으켜 인파 속으로 돌아가고 있었다.

어쩌다 보니 나는 경사로까지 올라가 담장 안으로 들어갔고 결국 사원에 들어가는 데도 성공했다. 마침내 숨통이 트인 나는 정신을 가다듬으려 애썼다. 그러나 여전히 내 마음은 분노로 부옇게 변해 있었다. (그날 달라이라마가 가르쳐준 용어인) 마음속 원숭이가 사방팔방 날뛰고 있었다. *이 승려들은 다 사기꾼들이야.* 나는 생각했다. 경건해야 할 승려의 인파 속에서 나는 죽음의 공포를 느끼며 달라이라마의 설법을 기다렸다. 콘서트장을 방불케 하는 이곳은 마음챙김이나 연민과는 거리가 멀었다. *이건 달라이라마 성하의 가르침이 아니야. 내게 필요한 게 아니라고.* 내 마음속의 원숭이가 크게 소리쳤다.

바로 그때 달라이라마의 웃음소리가 들렸다. 껄껄대는 아름다운 웃음소리를 들으니 긴장이 풀리며 현재로 다시 돌아올 수 있었다. 내 안에 일었던 분노, 혼란, 비판은 구멍 난 풍선에서 새어나오는 공기처럼 몸을 빠져나갔다. 나는 내 목적, 내가 그곳에 있는 까닭을 되새겼다.

그건 아주 귀중한 교훈이었다. 동굴에서 인생이 달라지는 경험을 했다고 해서 마음챙김과 열린 마음이 저절로 따라오는 게 아니었다. 나는 한낱 인간일 뿐이었다. 여전히 나는 목적에서 멀어져 길을 잃었고 그럴 때면 다시 제자리로 돌아와야 했다. 승려들도 그저 인간일 뿐이었다. 술 취한 십대들이 그룹 메탈리카의 콘서트에서 격렬히 몸을 흔드는 것처럼 적갈색 승복을 걸친 승려 팬들도 달라이라마를 만난다는 흥분에 휩쓸렸던 것이다. 그들은 사기꾼이 아니었다. 그저 우리는 이 순간을 함께하고 있을 뿐이었다.

달라이라마의 아름다운 웃음소리에 나는 잠시 멈추어 머릿속의 모든 소음으로부터 한 걸음 물러났다. 그러고는 심호흡을 했다. 나는 열린 마음으로 호기심을 품고 순간에 집중하기로 선택했다. 내 판단을 내려놓고 좀 더 긴장을 풀어보았다. 잠시 후 친구가 나를 찾았고 우리는 남은 하루를 달라이라마에 심취한 채 보냈다.

뉴델리의 호텔 방에서 그랬듯 두려움 같은 부정적인 감정이 나를 지배하려는 순간에 마음챙김의 힘이 가장 크게 발휘된다는 것을 깨달았다. 그날 남은 시간 동안, 그리고 그날 이후 매일 나는 내 경험을 새로운 시각으로 바라보고 긍정적인 것에 집중하기로 다짐했다. 매 순간을 부정적으로 보기보다는 호기심 어린 눈으로 바라보고, 판단이나 비판보다는 마음챙김을 통해 상황을 새롭게 보겠다고 의식적인 결정을 내린 것이다.

멈추고 호흡하고 선택하기. 앞에서도 얘기했듯이 이 방법은 아주 단순하지만 필요한 순간에 곧장 실천하기가 쉽지는 않다. 지금은 우스갯소리처럼 말할 수 있지만, 승려들에게 깔려 죽을 뻔했던 그때 상

황을 이따금 돌이켜볼 때면, 항상 겸손해야 한다는 생각이 들기도 하고 다른 한편으로는 살다 보면 숨 쉴 틈조차 없이 긴박한 순간이 또 생길 거라는 생각도 든다. 한여름 사람들로 북적거리는 지하철을 타고 있을 때도 있고, 줄줄이 불어나는 할 일 목록 때문에 숨통이 조여올 때도 있다. 그럴 때면 나는 달라이라마의 웃음소리를 떠올리며 의식적인 선택을 통해 비판의 자리에 호기심을 채우려고 노력한다. 주변이 아무리 어지럽고 혼란스러울지라도 나는 그 현실과 연결되어 있다. 나는 나 자신과 연결되어 있다. 나는 리셋한다.

모든 사람은 주변의 상황 또는 인생이 숨통을 짓누르는 듯한 시기를 겪는다. 그럴 때는 잠시 멈추고, 악순환의 고리를 끊어내고, 패닉과 공포의 싹을 없애버릴 수 있도록 의식적으로 선택해야 한다. 인생이 우리의 등을 떠미는 그 순간에도 우리는 숨을 쉴 수 있도록 공간을 확보해야 한다. 그러한 상황에서는 호흡이 생명선이다. 호흡을 통해 우리는 자신에게로, 현재의 순간으로, 나아가 건강하고 깨어 있는 선택으로 돌아갈 수 있다.

깨어 있지 않아서 치르게 되는 대가는 만만치 않다. 우리가 자기 자신 및 주위 환경과 연결되어 있지 않으면, 자신과 타인에게 발생하는 스트레스의 조기 경고 신호를 무시하기 쉽다. 우리의 의사결정 과정이 깨어 있지 않으면, 현명하지 못한 선택과 임시변통의 해결책으로 빠져들기 십상이다. 마음챙김을 실천하지 않는 것은 원숭이들이 머릿속에 들어와 깊이 있는 집중을 방해하며 우리의 생각을 마음껏 헤집고 다니도록 문을 활짝 열어주는 일이다. 무엇보다 깨어 있지 않으면, 우리는 개인으로서 그리고 조직으로서 길을 잃기 쉽다. 그러면 최고가 될 기회를 놓치게 된다.

내가 만드는 변화의 신호

살다 보면 길을 잃었다가 돌아오기를 반복할 수밖에 없다. 따라서 우리가 잘못된 점을 돌아보고 원위치를 크게 벗어나지 않으려면 적절한 개입이 필요하다. 어떨 때는 따뜻한 경고의 말이면 충분하다. 때로는 제대로 된 충격이 필요하다. 이런 충격은 알아서 찾아오기도 한다. 건강에 대한 염려나 사랑하는 사람의 죽음으로 느닷없이 정신이 번쩍 드는 상황이 그렇다. 그렇지 않으면 의도적으로 기폭제를 주입할 수도 있다. 내가 인도로 여행을 떠났던 것처럼 말이다.

*멈추고 호흡하고 선택하기*는 의식적으로 기폭제를 만들어 깨어 있는 선택을 이끌도록 큐cue사인을 주는 방법이다. 이를 의도된 리셋이라고 부르자. 머릿속에 불안 또는 불만의 소리가 떠나지 않고 맴돈다면, 역으로 이를 활용해 의도된 리셋을 실행할 수 있다. 이제 행동을 바꿔보자. 지금까지는 중요한 일이 생기면 그 일을 우선순위에 두고 시간을 쏟았을 것이다. 그러나 내가 고객들에게 자기 돌봄의 중요성을 강조하며 늘 하는 말마따나 중요한 회의 일정을 잡듯이 건강과 웰빙도 중요한 일정으로 다루어야 한다. 반드시.

이러한 주장에 대한 근거는 습관 형성을 연구하는 과학 분야에서 쉽게 찾아볼 수 있다. 리더십 코치로 활동하는 마셜 골드스미스Marshall Goldsmith는 깨어 있는 선택을 이끌어내는 신호를 *트리거*라고 부른다. 캐스 선스타인Cass Sunstein과 같은 행동경제학자들은 *넛지nudge*

라고 부른다. 트리거, 넛지, 큐…… 어떤 이름으로 부르든 이것은 우리의 의도와 무관하게 우리 삶에 (그리고 세상에) 존재한다. 중요한 건 이러한 신호에 우리가 계획적으로 접근해야 한다는 사실이다.

나는 고객들에게 '깨어 있기 위한 셀프 체크인(5장 참고)'이라는 유용한 방법을 소개하며, 이를 규칙적으로 실천해보길 권한다. 특히 급변하는 고압적인 환경에서 일하는 사람들은 스트레스와 같은 불균형 상태가 보내는 조기 경고 신호를 알아차리지 못하거나 무시하기 쉽다. 으레 그러려니 하며 증상을 방관한다. 그리고 멈추어 다시 생각하기보다는 현실을 부정한 채 그저 견디기 일쑤다. 주기적으로 자신의 내면을 들여다보는 일은 마음챙김 수련에 빠지지 않는 중요한 과제다. 일과 중에 의도적으로 멈추어 한 걸음 물러나 호흡한 다음, 머릿속에 남아 있는 생각과 감정을 찬찬히 들여다보고서 필요에 따라 상황을 받아들일지, 또는 자신의 잘못을 바로잡을지 선택하는 연습을 하는 것이다.

'깨어 있기 위한 셀프 체크인'을 실천하는 사람들은 자신을 찬찬히 들여다보는 긍정적 습관을 갖게 되며, 이를 통해 *정서 지능*도 향상시킨다. 정서 지능은 자신과 타인의 생각 및 감정을 읽고, 그에 맞는 적절한 선택을 하는 능력이다. 대인 관계, 협업, 조직 문화가 곧 성과 및 행복의 핵심 동력인 현대에 여러 전문가가 가장 중요한 리더십 스킬로 꼽는 것이 정서 지능이다.

따라서 정서 지능은 리더십 웰빙으로 직결된다. 우리가 정기적으로 우리 자신, 우리가 처한 상황을 들여다본다면 집이나 직장에서 더욱 건강한 선택을 할 수 있게 된다. 실용적이면서 충분히 해볼 만한 마음챙김 수련이다. 멈추고 호흡하고 선택하기는 자기 웰빙의 소유권을 거머쥘 좋은 방법이다.

앞에서 말했듯, 인생이 우리 앞에 기폭제를 던져줄 때도 있으므로 그런 기회가 찾아온다면 반드시 알아차리고 붙잡아야 한다. 달라이 라마의 웃음소리가 내게 그랬던 것처럼, 인생은 우리에게 삶을 리셋할 때임을 알려주기 위해 선물을 주기도 한다. 그러나 이보다는 우리가 주도적으로 기폭제를 만들고 일상에 큐 사인을 던질 때 긍정적 변화가 일어나는 경우가 훨씬 더 많다.

이를 계획된 마음챙김이라고 생각하라. 리더십 웰빙이란 한 걸음 물러나 내면을 들여다보고 평가하고 재평가할 수 있도록 우리의 일상, 가슴, 머리, 또는 조직 내에 여유를 만드는 일이다. 이렇게 하면 성장과 회복이 순환하는 고리를 만들 수 있다. 깨어 있는 자의 성공 마인드를 활성화하는 것이다.

마음챙김은 작은 걸음에서 시작되지만 큰 변화를 이끌어낸다.

마음속 원숭이 길들이기

원숭이 마음이란 지나치게 활동적인 마음이다. 이러한 상태가 되면, 원숭이가 나무 위를 뛰어다니듯 생각이 꼬리의 꼬리를 물면서 머릿속을 헤집고 다니기 때문에 집중할 수 없다.

중요한 회의를 앞두고 있을 때나 상사와 마찰을 겪은 뒤에 마음속 원숭이가 날뛰기 시작한다면, 간단한 명상을 통해 마음속에 싹튼 부정과 불안, 의심을 길들인다.

지금이 바로 멈추고 호흡할 때다.

마음속 원숭이가 주의를 끌려고 하거나 심호흡 또는 만트라를 방해한다면, 아무런 판단도 하지 말고 그 생각을 있는 그대로 바라본다.

눈앞에 풍선이 하나 있다고 상상한다. 그 풍선에 모든 생각을 담아 하늘로 띄워 보낸다. 풍선이 멀리 떠나가도록 손에서 놓은 뒤 호흡 또는 만트라로 돌아온다.

(교육적인 경험과 연관되었다면 무엇이든 좋다) 정말 중요한 것을 상기시키고, 우리를 붙잡아주고, 현재에 집중할 수 있게 해주는 닻과 같은 경험을 떠올려도 된다. 내게 닻이 되어 준 경험은, 수많은 승려 사이로 들려왔던 달라이 라마의 웃음소리다.

아니면, 그 원숭이와 대화를 나누는 것도 방법이다. 그러려면 먼저, 원숭이의 목소리나 모습을 스쿠비 두, 미키 마우스, 도날드덕처럼 만만한 캐릭터로 바꾸어 원숭이가 가진 힘을 없앤 다음에 뭐라고 하는지 들어본다.

이런 질문을 하면 된다. 무엇 때문에 이토록 불안한가? 할 일 목록을 무시해서 그런가? 아니면 다가올 일 때문에 스트레스를 받는가? 지난날의 행동에 대해 마음속 원숭이가 후회나 수치심을 느끼게 하는가?

질문에 대한 대답이 '그렇다'라면, 이는 이런 생각을 잠재울 계획을 세우라는 신호를 받은 것일 수도 있다는 사실을 명심하라. 잠시 시간을 내어, 우스운 목소리로 말하는 마음속 원숭이의 걱정이 무엇인지 알아본다. 다 잘될 거라고, 마음속 원숭이를 안심시킨다. 때로는 그저 이야기를 들어주고 공감해주는 것만으로도 마음속 원숭이를 진정시킬 수 있다.

전송 버튼을 누르기 전, 멈추고 호흡하기

감정이 고조될 때는 이메일에 곧장 답신을 보내지 말고 우선 마음챙김을 수련한다. 화가 날 때나 혼란스러울 때, 스트레스를 받을 때, 괴로울 때 이메일을 보내는 등의 의사소통을 하면 자신과 상대방 모두에게 해가 될 뿐이다. 특히 부정적인 감정을 느끼는 원인이 그 상대방일 경우에는 더욱 유의해야 한다.

글을 쓰거나 전송하기 전에 잠시 멈춘다. 크게 심호흡한 뒤, 자신의 분노 이면에 무엇이 숨어 있는지 곰곰이 생각한다. 자신을 위한 시간을 갖는다. 지금 당장 회신하지 않아도 괜찮다. 답장하기 전에 긴장을 풀 수 있도록 속에 있는 고민을 모두 털어놓는다. 빈 문서를 연 뒤, 실제로는 절대 보내지 않을 답장을 작성하면서 그 안에 모든 분노를 쏟아낸다. 그런 다음 잠시 쉬고, 호흡하고, 그러고 나서 가능한 최선의 선택을 한다.

시간에 민감한 사안이 아니라면, 한숨 자고 푹 쉬고 난 다음에 새로운 시각으로 돌아오는 것도 좋은 방법이다. 지금 느끼는 분노나 불안의 원인이 무엇인지 시간을 들여 정확히 파악한 다음, 이를 개선하기 위해 어떤 방안을 마련할 수 있는지 파악하면 침착하게 대응할 수 있다. "참 터무니없는 소리군요"처럼 노골적으로 반응하거나 비판적으로 발언하지 않는다. 대신, 반대 견해를 드러내되 이런 식으로 부드럽게 표현하거나 해결책을 제시한다. "그렇게 말씀하셔서 놀랐습니다. 저는 이렇게 하는 게 낫다고 생각합니다."

확신하지 못할 때는 간결한 게 낫다. 다시 한번 호흡을 가다듬고 이전에 써 둔 글을 고친다. 일단 전송 버튼을 누르고 나면, 그 답장은 당신의 손을 떠나 주워 담을 수 없다는 사실을 명심한다. 쓴 글을 마지막으로 한 번 더 읽으면서 어느 누가 읽더라도 괜찮겠는지 다시 한번 살핀다.

매일 명상하라

초보자라면 작은 것부터 시작한다. 편안한 자세로 2분간 가만히 앉아 있는다. 처음 한 달 동안은 앉아 있는 시간을 10분으로, 20분으로 또는 자신에게 적당하다고 느끼는 시간으로 조금씩 늘려간다. 한편 명상을 해본 적이 있으나 아직 명상에 완전히 빠져들지 못한 사람이라면, 온라인 검색 또는 입문 수업을 통해 다른 유형의 명상을 찾아본다. 입문자에게 효과적인 명상의 유형을 몇 가지 소개한다.

- 집중 또는 집중 명상은 대개 꽃이나 초 같은 물건, 자신의 호흡과 같은 감각, 주변의 소리에 집중하는 것에서 시작한다. 그다음에는 모든 사소한 것에 신경을 집중하는 방식으로 진행된다.
- 마음챙김 명상과 같은 통찰 명상open monitoring meditation은 현재의 생각과 감정을 어떤 판단도 없이, 하늘에 떠다니는 구름처럼 그저 흘러가는 대로 관찰하는 수행이다.
- 초월 명상과 같은 자기 초월 명상self-transcending meditation은 각각의 수행자가 받은 고유의 만트라를 속으로 계속 읊조리는 수행이다.

초월 명상은 내가 개인적으로 좋아하는 유형이다(9장 참고). 많은 연구로 검

증된 이 단순한 방식의 명상에는 건강상의 이점이 수없이 많다.

한두 번의 수행으로는 모든 이점을 얻을 수 없다. 꾸준히 수행해야 명상이 깊어질 수 있다. 깊은 명상이 가능해지면, 하루 중 현재에 집중하는 명상의 상태가 얼마나 지속되는지 살핀다. 궁극적 목표는 명상 수행 중일 때만이 아니라 온종일 현재에 충실히 집중하는 것이다. 이것이 바로 진정으로 깨어 있는 삶을 사는 기술이다.

현재에 집중하라

짧게라도 반드시 마음챙김으로 하루를 시작한다. 5분이나 10분 정도 무리하지 않는 선에서 적극적으로 현재에 집중할 수 있는 시간을 낸다. 걷고 있을 때, 앉아 있을 때, 양치할 때, 손 씻을 때, 샤워할 때 등 어떤 활동을 하고 있을 때든 괜찮다. 이 순간만큼은 몸에 느껴지는 감각에 주의를 기울인다. 단순히 하는 척만 해서는 안 된다. 어떤 생각과 감정이 드나드는지 알아차릴 수 있도록 시간과 정성을 들인다. 정신이 흐트러지면, 판단 없이 그 생각을 그대로 바라본 뒤 다시 현재로 돌아온다. 다른 감각을 활용하면 도움이 된다. 어떤 감정이 느껴지고, 무엇이 보이고, 어떤 촉감, 냄새, 맛이 나는가?

손을 씻고 있다면, 손에 닿는 물의 온도를 *느껴본다.*

비누 향을 *맡아본다.*

비누로 손을 비벼 어떻게 거품을 내는지 *생각해본다.*

문을 열기 위해 문고리를 잡고 돌릴 때 그 문고리를 *바라본다.*

깨어 있어야 한다.

모든 순간, 일상의 모든 면에 충실해져라. 그것이 목적이 되게 한다.

2장

언제 어디서나 마음챙김

요즘에는 따로 공간을 만들지 않는 한 마음챙김을 실천하기가 쉽지 않다. 우리는 안일함, 무감각, 스트레스, 산만함에 매우 쉽게 빠져든다. 이런 악순환이 시작되면 끊어내기가 무척 어렵다. 시간을 내어 멈추고 호흡하는 것은 대수롭지 않아 보이지만 대단한 힘을 지닌 실천법이다. 이 작은 실천은 마음챙김이 우리 안에 자리잡도록, 깨어 있는 의식이 깨어 있는 움직임이 되도록 문을 열어준다.

마법의 매트

우리에게 강한 홈베이스, 즉 깨어 있는 인식을 위한 기반이 있으면 제 위치로 돌아가기가 한결 쉬워진다. 식물이 땅에 뿌리를 내리고 성장하듯, 이러한 기반은 우리의 뿌리가 되어 우리를 더 크고 강하게 만들어준다.

내 경우에는 항상 요가가 기반이었고 내 마법 매트가 곧 홈베이스였다. 모두 저마다의 홈베이스를 가지고 있다. 누군가에게는 좌선 명상, 사이클, 조깅이 홈베이스가 될 수 있다. 중요한 건 반드시 자신에게 가장 적합한 기반을 찾아 이를 함양하고 연마하고 지켜내야 한다는 사실이다.

나는 열여덟 살 때 처음으로 엄마를 따라 요가 수업에 갔다. 당시만 해도 나는 요가를 순전히 신체적 영역을 탐구하는 일이라고 생각했다. 아사나라고 불리는 다양한 동작을 익히는 도전이 즐거웠다. 내 요가 매트는 그저 운동 매트, 그러니까 신체적 단련을 위한 공간일 뿐이었다. 처음에는 이렇게 겉핥기식으로 수련하는 게 전부였다.

어머니는 여러 차례 내게 좌선 명상을 권했지만, 그때마다 나는 싫다고 했다. 그로부터 몇 년 뒤, 제약 영업이라는 쳇바퀴 같은 세상에 갇히자 부모님을 자주 만날 수 없게 되었다. 오랜만에 만날 때마다 엄마는 한눈에 내 얼굴에서 스트레스와 피로를 읽어냈다. 엄마는 내게 스트레스 완화에 도움이 되니 한번 해보라며 또다시 명상을 권했다. 20년 넘게 명상을 해오고 있었던 엄마는 포기하지 않고 나를 설득하려 애썼다.

"명상을 하면 시간을 더 알차게 보낼 수 있고, 에너지도 더 많이 생길 거야."

그러나 나는 '명상이라니, 귀중한 시간을 40분이나 버리라는 소리잖아'라고 생각했다.

명상을 시작할 준비는 되지 않았지만, 꾸준히 요가를 수련한 덕분에 마음챙김의 씨앗이 싹텄다. 내가 처음 접했던 요가는 실내 온도를 높인 공간에서 스물여섯 가지의 아사나를 수행하는 비크람 요가였다. 근력과 유연성을 기르기 위해 시작한 운동이었다. 나중에는 빈야사라는 요가를 알게 되었는데, 빈야사는 한 동작에서 다음 동작으로 넘어가는 흐름이 더욱 역동적이었다. 그리고 모든 동작에서 호흡과 움직임에 훨씬 더 집중해야 했다. 빈야사 요가를 접한 뒤로 요가가 단순한 운동 이상으로 다가왔고, 나는 금세 요가에 푹 빠졌다. 내게 요가는 움직이는 명상이었다. 명상은 마음챙김을 수련하고, 생명력을 의미하는 프라나를 막힘없이 흐르게 해주는 강력한 도구다. 나는 요가 덕분에 마음챙김과 프라나를 접하게 되었다.

요가를 통해 그저 신체에만 집중하는 것이 아니라 부산한 정신을 진정시키고 의식적 호흡에 집중하면서 내면 깊숙이 들어가는 법을 배웠다. 그러면서 내가 찾던 대답을 외부가 아니라 내 내면에서 찾을 수 있다는 사실을 알게 되었다. 그렇게 나는 이전보다 더 현명하고 강인하고 평화로운 모습의 나를 만나게 되었다. 요가는 내 머리와 가슴, 그리고 이 둘의 관계를 더욱 강하고 끈끈하게 해주었다.

매일 하는 요가 수련은 곧 내 홈베이스이자 나침반이 되었다. 또 요가 덕분에 나중에는 초월 명상을 추구하게 되었다. 요가와 초월 명상 모두 내면의 평화와 명료함을 얻는 데 효과적이었다. 몇 년간 꾸준히 요가 수련을 하니 마법 매트에 오르지 않아도 이 명료함을 (그리고 대개는 평화까지도) 종일 유지할 수 있게 되었다. 특별한 거라고는 전혀 없는 직사각형의 끈적거리는 고무 매트가 내 삶에 언제나 함께하는 것이나 마찬가지였다. 그리고 나는 20년 이상 이 요가 매트 덕분에 절망과 슬픔, 스트레스를 헤쳐 나갈 수 있었다.

역설적이게도 이 홈베이스가 강할수록, 즉 우리가 기반을 깊게 심을수록 이를 빼앗기기 쉬워진다. 마음챙김 수련을 시작할 때는 요가 매트 또는 명상 방석의 도움을 받을 수 있지만, 반드시 자리가 깔려 있어야만 하는 것은 아니다. 우리는 마음챙김의 지혜와 힘, 평화를 삶의 모든 영역, 특히 가장 힘든 순간에 활용할 수 있다.

몰입은 에너지다

마음챙김을 일상의 틀 안으로 가져오는 방법을 익히면, 강력한 파급효과가 나타난다. 마음챙김은 우리의 선택, 존재, 에너지를 변화시킨다. 매사에 깨어 있는 선택을 하면, 건강과 웰빙이 증진되고 머리와 가슴이 하나가 되며 존재와 목적이 일치되어, 큰 에너지를 얻을 수 있다.

나 또한 홀리스틱 헬스를 공부하고 나 자신을 더 잘 보살피기 시작하면서 점진적으로 에너지가 향상되었다. 인도에서 돌아와 직장을 그만두고 내 운명을 온전히 통제하게 되자 에너지가 하늘 높은 줄 모르고 치솟았다.

에너지라고 하면 애매한 개념으로 보거나 뉴에이지의 개념으로 받아들일지 모르겠다. 그러나 사실은 전혀 그렇지 않다. 비즈니스 리더들도 에너지에 대해 점점 더 깊이 파고들고 있다. 〈하버드 비즈니스 리뷰Harvard Business Review〉에 시간 관리보다는 에너지 관리에 중점을 둬야 한다고 주장하는 글이 실린 적 있다. 이 글의 공동 기고자인 토니 슈워츠Tony Schwartz는 에너지 프로젝트Energy Project를 만들어 새로운 각도에서 직원의 몰입도에 접근했다. 전반적인 직원 경험Employee Experience, EE 개선에 초점을 맞춘 것이다. 에너지를 언급하지 않고 무슨 수로 직원의 몰입도를 설명할 수 있겠는가? 직원 몰입도, 즉 직원의 동기나 목적의식은 모든 조직의 생명력이다.

많은 기업이 실행 중인 웰니스 프로그램의 한계는 이른바 '일과 생활의 균형work-life balance'을 잘못된 방식으로 강조한다는 것이다. 이 용어는 일과 생활이 서로 별개의 개념이라면서 사생활을 통해 어떻게든 직장 생활의 스트레스를 완화하거나 균형을 이뤄야 한다고 넌지시 말하고 있다.

일과 생활은 상상 속 스펙트럼의 양끝에 있는 개념이 아니다. 일과 놀이도 마찬가지다. 스티브 잡스는 놀이를 일의 필수 요소로 여겼다. 우리도 삶 전체를 의미와 목적으로 가득 채우는 걸 목표로 삼아야 한다. 나는 이를 *일과 생활의 몰입*work-life engagement이라고 부른다. 우리는 삶의 모든 면에서 몰입하고 에너지를 느껴야 하며, 삶의 모든 면은 서로 상호 보완적인 관계여야 한다. 몰입은 곧 에너지다.

혼란과 과잉의 시대에 산다는 것

다양한 문화와 시대에 걸쳐서 마음챙김은 인류의 주요 관심사였다. 명상이라고 하면 동양의 종교적·영적 전통과 연관 지어 생각하기 쉽지만 사실 기독교, 이슬람교, 유대교에도 유사한 수련의 역사가 있다. 소크라테스 철학의 중심 사상인 "너 자신을 알라"는 마음챙김과 정서 지능의 목적을 다른 방법으로 묘사한다고 볼 수 있다.

그러나 요즘처럼 마음챙김이 절실한 때가 없었다. 인류의 마음챙김을 무너뜨리도록 현대 사회가 프로그래밍되어 있는 것처럼 말이다. 우리는 넘쳐나는 정보의 시대, 혼란의 시대, 단절의 시대에 살고 있다. 미국인은 50년 전보다 다섯 배나 많은 양의 정보를 접한다. 우리는 한 가지에 꾸준히 집중하지 못한 채 끊임없이 디지털 기기의 방해를 받는다. 그렇지 않다는 증거가 아무리 나와도 멀티태스킹이 생산적이라고 홀로 확신하며 살아간다. 소셜 미디어는 우리를 연결해주겠다고 장담하지만 오히려 사람들이 진정으로 뭉치는 일을 더 어렵게 만드는 것 같다.

이처럼 자극과 혼란이 끊이지 않는 세상에서 어떻게 깨어 있는 선택을 하여 개인적·직업적 성과를 이끌어낼 수 있을까? 어떻게 시끄러운 마음을 가라앉히고, 현재에 더욱 집중하며, 마음속에서 원숭이를 내쫓을 수 있을까?

마음챙김이 마법의 총알은 아니다. 그렇지만 호흡을 통해 우리 자신에게 다시 집중할 수 있듯이 마음챙김을 실천하면 현재의 순간으로 돌아올 수 있다. 마음챙김은 자기 인식과 상황 인식을 가능하게 한다. 깨어 있는 상태를 유지하면 더 나은 선택을 할 수 있는 단단한 기반이 마련된다. 나아가 더 높은 삶의 목적을 추구할 수 있게 된다. 연구 결과 마음챙김은 어려움을 회복하는 능력인 회복탄력성과 상당한 관련이 있다. 마음챙김은 성공 마인드를 심어줌으로써 나쁜 스트레스를 줄이고 스트레스의 긍정적인 면을 활용할 수 있게 한다.

명상이나 요가처럼 형식을 갖춘 수련으로 마음챙김을 시작해도 좋다. 이 장의 실천 단계에 마음챙김에 도달하는 방법, 이를 깊게 수련하는 방법을 몇 가지 제시해두었다. 산 정상에 오르는 등산로가 여럿이듯 마음챙김에 도달하는 길도 다양하지만, 궁극적인 목표는 한 가지다. 자신에게 가장 적합한 수련 방법, 즉 자신의 홈베이스가 되어줄 수련 방법을 찾아야 한다. 온종일 유지할 수 있는, 형식이나 강제성이 없는 인식의 상태에 이르는 것을 목표로 삼아야 한다. 이러한 인식의 상태에 이르면, 삶의 모든 영역에서 집중력과 성취감, 최고의 기량을 발휘하도록 도와주는 에너지인 프라나를 활용할 수 있게 된다. 마음챙김이 라이프스타일로 자리 잡으면, 정신과 존재가 능동적으로 활성화되면서 모든 일이 선택의 영역이 된다.

마음챙김을 실천하면 머리와 가슴이 오토파일럿 모드에서 깨어나 지금 이 순간에 펼쳐지는 삶을 경험할 수 있게 된다. 그러면 직관과 창의력을 활용할 수 있는 능력이 깨어나면서 초심자의 마음으로 새로운 정보를 받아들이고 새로운 관점을 발전시킬 수 있게 된다.

마음챙김, 뇌를 재구성하는 힘

최근 수십 년간 마음챙김에 관한 연구가 활발하게 진행되고 있다. 마음챙김이라는 말을 들으면 심리적 이점만 있으리라고 생각하는 사람이 많다. 하지만 연구 결과는 육체적 건강에 더욱 집중되어 있다. 이런 맥락에서 보면, 용어 자체가 오해를 불러일으키는 면이 있다. 마음챙김은 정신에만 국한된 것이 아니라 신체와 가슴, 그리고 이 둘의 관계에 관한 것이기 때문이다.

여러 연구에서 마음챙김이 혈압을 낮추는 효과가 있다는 결과를 내놓았다. 스트레스가 심한 사람이라면 마음챙김을 통해 호흡수와 심장 박동을 개선하고 면역 체계를 강화할 수 있다. 또 다른 연구에서는 마음챙김 수련이 염증이나 심장 질환과 관련하여 C 반응성 단백C-reactive proteins, CRP 수치를 낮춘다는 사실이 드러났다. 이외에도 만성통증, 관절염, 다발성경화증, 섬유근육통, 건선, HIV 등 다양한 질환에서 증상 발현이 감소했다는 보고가 있다. 최근 진행된 연구 결과에 따르면 마음챙김 수련은 만성 스트레스의 영향을 유전자 수준에서 바꿔줄지 모른다.

몸과 마음은 서로 깊이 연결되어 있다. 스트레스가 우리 몸에 미치는 영향은 대부분 스트레스 및 잠재적인 스트레스 상황을 바라보는 우리의 인식에서 비롯된다. 스스로 스트레스를 많이 받는다고 생각하는 사람들, 스트레스가 자신의 건강에 악영향을 끼친다고 생각하는 사람들은 조기 사망할 확률이 43퍼센트 높다. 반대로, 어려운 상황을 위협이 아니라 기회로 바라보려는 노력(나는 마인드 개선이라 부른다)을 기울인다면 우리는 스트레스의 긍정적인 면을 활용할 수 있다.

깨어 있는 상태를 유지하면 스트레스와 불안을 바라보는 관점이 달라지고, 신체적·감정적 문제를 일으키는 디스트레스distress에 대한 대응도 달라진다. 마음챙김을 수련하면 불안, 감정 기복, 우울증 증상이 줄어든다. 일부 연구는 장기간의 우울증을 비롯한 여러 형태의 정신 질환을 감소시키는 데 약물보다 마음챙김이 더욱 효과적일 수 있다고 주장한다.

기술의 발전 덕분에 이러한 변화가 우리 뇌에서 어떻게 나타나는지를 눈으로 확인할 수 있게 되었다. 매사추세츠 종합병원Massachusetts General Hospital 연구진은 명상이 뇌 회백질에 초래한 변화를 최초로 기록했다. 8주 명상 프로그램에 참여한 참가자들의 뇌를 연구한 결과, 비교적 짧은 프로그램이었는데도 학습과 기억의 중심인 해마 및 자기 인식과 관련된 영역에서 참가자들의 회백질 밀도가 증가한 반면, 불안과 스트레스를 관장하는 편도체의 회백질 밀도는 감소했다. 마음챙김에는 말 그대로 뇌를 재구성하는 힘이 있다. 이것이 새로운 습관이 신경 연결을 재편성하는, 신경가소성이라고 불리는 과정이다.

마음챙김은 다양한 상황에서 성취 능력을 향상시킨다. 직장 내에서 마음챙김 프로그램을 시행해보면, 감정 소모가 눈에 띄게 줄고 직업 만족도가 향상되는 등 직원들의 정서 조절에도 도움이 된다. 학술지 〈뇌 연구의 발전Progress in Brain Research〉에 게재된 한 논문에 따르면, 한 달간 마음챙김 수련을 한 미군 병사들은 혼란스러운 상황에서 더 나은 의사결정 능력을 보여주었고, 작업 기억 능력도 향상되었다. 월터 피아트Walter Piatt 소장은 병사들 사이에서 '온화한 달빛 장군'이라고 불리는 것에 관해 이렇게 받아쳤다.

"마음챙김을 하면 부드러워진다는 고정관념이 있습니다. 하지만 틀렸습니다. 마음챙김 수련은 핵심을 꿰뚫어 볼 수 있게 합니다."

연구 결과, 명상은 회복탄력성을 구축하고, 정서 지능을 높이고, 창의력을 향상시키고, 인간관계를 개선하고, 집중력을 높여준다. 명상을 하면 자기 내면의 나침반을 따르게 되므로 인식이 확장되고 내면의 가이드(13장 참고)와 연결된다. 진정한 자기와 깊이 연결되면, 우리는 외부의 영향에 쉽게 흔들리지 않는다. 결과적으로 목적과 의도에 더 깊이 집중할 수 있게 된다.

이 모두를 종합해보면, 〈포천〉지 선정 500대 기업에 속하는 혁신 기업들이 직장 내에서 정기적으로 명상 수업을 진행한다는 사실이 별로 놀랍지 않다. 명상 수업을 통해 직원들은 집중력·창의력·웰빙 수준이 향상되고 동료들과의 관계 대처 능력 및 스트레스 대처 능력이 개선되는 등의 이점을 얻는다. 나아가 마음챙김 프로그램은 직장 내 프라나 혹은 생명력의 척도인 개인과 조직의 몰입도를 높인다. 루퍼트 머독Rupert Murdoch(뉴스 코퍼레이션 회장-옮긴이), 빌 포드Bill Ford, 마크 베니오프Marc Benioff(세일즈포스 창업자-옮긴이), 오프라 윈프리Oprah Winfrey, 제프 와이너Jeff Weiner(링크드인 CEO 출신 기업인-옮긴이), 레이 달리오Ray Dalio(브리지워터 어소시에이츠 CEO-옮긴이), 스티브 잡스 등 성공한 CEO들은 성공과 웰빙에 명상 수련이 도움이 되었다고 입을 모은다.

마음챙김 분야에서 아직 광범위하게 연구되지 않은 문제는 마음챙김 수련이 직장 내에서 정확히 어떻게 이루어지느냐 하는 것이다. 논문에서도 중대한 문제로 지적하듯, 그동안 마음챙김은 직장 또는 조직심리학이 아니라 주로 개인심리학 차원에서 연구되었다. 게다가 가장 널리, 가장 많이 연구된 형태의 직장 내 마음챙김 수련은 매사추세츠대학교 메모리얼 메디컬 센터UMass Memorial Center for Mindfulness의 존 카밧진Jon Kabat-Zinn 교수가 고안한 마음챙김 기반의 스트레스 감소 프로그램Mindfulness-Based Stress Reduction, MBSR이다(1970년대 후반에 고안된 프로그램-옮긴이). 직장에서의 효율적인 마음챙김과 관련해서는 여전히 많은 문제가 남아 있다.

이것이 여러분에게, 나에게, 이 책에 무슨 의미를 지닐까? 우리는 마음챙김이 직장을 비롯한 조직과 단체, 나아가 사회 전체를 변화시키는 방법에 대해 이제야 조금 파악하기 시작했다. 직장 내 마음챙김은 흥미로운 미지의 영역이다. 앞으로 몇 년 안에 우리는 조직적 차원, 개인적 차원에서 삶을 변화시키는 리더십 웰빙의 새로운 비전으로서 마음챙김을 더 깊이 이해하고 받아들일 수 있게 될 것이다.

마음챙김을 특별한 혜택이나 호사로 간주하면 안 된다. 마음챙김을 요가 매트 위나 명상실 안에만 두고 다니는 것은 넘쳐나는 잠재력을 버리는 행동이다. 이자 한 푼 붙지 않는 계좌에 돈을 묶혀두는 것이나 다름없다. 이 소중한 자원을 반드시 우리 자신에게 유용하게 써야 한다.

어떻게 하면 매일 마음챙김 수련을 할 수 있을까?

최고의 삶을 향한 도약

돌이켜보면 내가 스티브 잡스와의 면접을 잘 볼 수 있었던 것은 차분하고 자연스럽게 내 진정한 자기를 드러낸 덕분이었다. 현재에 집중했기 때문에 결과를 미리 걱정하지 않을 수 있었고, 앞날을 걱정했더라면 느꼈을 불안이 사그라졌다. 그저 호기심이 가득한, 열린 마음으로 자유롭게 내 최고의 모습을 드러냈던 것이다.

그러나 마음챙김 수련이 부족했던 나는 진정한 자기와의 꾸준한 연결에 실패했다. 나는 '나'를 놓치고 내 건강과 웰빙을 주도적으로 책임지는 것을 그만두고 말았다. 그렇게 조금씩 번아웃 상태에 빠져 오토파일럿 모드로 살아간 나는 훗날 무엇을 잃어버렸는지 깨닫고 되찾아오기까지 10년의 세월이 걸렸다.

웰니스 기업인 프라나나즈Prananaz를 설립한 후에야 비로소 스티브 잡스에게 얻은 가르침을 실행할 수 있는 위치에 서게 되었다. 그의 가르침 중에서도 내가 자주 떠올리는 말이 있다. 기대치를 높이고 그 아래에서는 절대 안주하지 마라. 우리는 우주에 흔적을 남기기 위해 존재한다. 가슴과 직관을 따르라. 자기만의 현실을 창조하라. 고정관념을 깨라.

"다르게 생각하라."

스티브 잡스도 마음챙김과 불교를 탐구하기 위해 인도 여행을 떠난 적이 있다. 나는 인도에서 돌아오는 길에 새로운 여정을 시작해야겠다고 결심했다. 더는 확신이 필요하지 않았다. 미래에 대한 두려움과 불안은 마음속 원숭이가 만들어내는 것이었다. 머리와 가슴이 새로운 방식으로 하나가 되자 나는 자유로운 탐험을 시작할 수 있었다. 즉 아무런 보장 없이 안전지대를 벗어나 인생의 선택을 할 수 있었다는 말이다.

탐험이란 미래를 그리며 앞으로 나아가는 것뿐만 아니라 지나온 날들을 새로운 시각과 방식으로 바라보는 것도 포함한다. *멈추고 호흡하고 선택하기*를 실천해 목적을 다시 찾고 나면, 그동안 걸어왔던 발자취를 새로운 눈으로 바라볼 수 있게 된다. 마음챙김 수련은 나아갈 길을 찾고 지난날을 재해석하는 나침반이다. 이 나침반이 있으면 우리가 그동안 어디에 있었는지, 이제 어디로 가야 할지를 명확히 알게 된다. 이처럼 계획적이고 깨어 있는 지도 제작 작업은 *멈추고 호흡하고 선택하기*의 궁극적 목표다.

여러분도 자신의 운명을 주도적으로 책임지는 자기 웰빙의 CEO가 되길 바라는 마음에서 내가 걸어온 마음챙김의 여정을 소개하고 여기서 얻은 통찰을 이 책에 담았다.

살다 보면 내가 동굴에서 보낸 날과 같은 때가 있고, 또 택시를 탔던 날과 같은 때도 있을 것이다. 거의 잠든 채로 운전하는 기사가 모는 택시를 타고 있었던 시간이 내 인생에서는 최악의 순간이었다. 그리고 그로부터 불과 며칠 뒤, 침묵의 수도승과 함께 동굴에서 보낸 시간은 내 인생에서 최고의 순간이었다. 멈추고 호흡하고 깨어 있는 선택을 할 수 있게 되면, 두 가지 경험 모두가 우리 인생에서 의미 있는 역할을 하기 시작한다.

모든 사람은 자각, 돌파구, 에피파니epiphany(신적이거나 초자연적인 것의 등장을 의미한다-옮긴이), 깨달음의 순간을 겪게 되며, 또 위기와 바닥을 경험하게 된다. 그러면서 우리는 그동안 어디에 서 있었는지 알게 되고, 하나의 일이 끝나면 다른 하나가 시작된다는 사실을 깨닫게 된다. 내가 그 택시를 탔던 끔찍한 날을 평생 잊지 못하듯이, 동굴에서 보냈던 뜻깊은 하루도 영원히 내 안에 남을 것이다. 두 경험 모두 내가 혁신적인 내적 대화를 하도록 이끌었다.

정신 차려라! 기운을 내라!
정신을 일깨워라!

마음을 일깨워라!

지금 무얼 하고 있는가?

기분이 어떤가?

지금 상황에서 비교적 긍정적인 면은 무엇인가?

지금 할 수 있는 깨어 있는 선택은 무엇인가?

자신에게 이런 질문을 던진다. 머리와 가슴을 연결한다. 두려움을 떨쳐내고 그 자리에 사랑을 채워 넣는다.

어떤 상황에 처하더라도 마음챙김 수련은 힘이 된다. *멈추고 호흡하고 선택하기*는 마음챙김을 실행으로 옮기는 확실한 방법이다. 이를 실천하면 크고 작은 모든 순간에 나 자신을 리셋하여 더 나은 선택을 할 수 있다.

내가 인도에서 그랬던 것처럼 여러분도 의미 있는 도약을 할 준비가 되길 바란다. 최고의 삶을 살지 못하게 방해하는 걸림돌이 있다면 그게 무엇이든 극복해내기를, 마음속 원숭이의 두려움이 아니라 가슴이 하는 소리에 귀 기울일 준비가 되어 있기를. 우리 모두에게는 도전과 어려움의 순간이 다가온다. 그러나 우리 안에는 깊이를 헤아릴 수 없는 잠재력이 숨어 있다. 우리에게는 선택의 힘, 인생을 바꿀 힘이 있다. 그리고 그 강력한 힘에 가장 잘 접근하는 방법은 마음챙김을 수련하는 것이다.

침묵 속에 가만히 앉아 있어라

회의 과정에 마음챙김을 도입하면 모두가 현재에 더욱 집중하게 된다. 더불어 각자 회의의 목표를 설정할 수 있고, 또 모든 가능성에 열린 마음을 갖게 된다. 방법은 간단하다. 모두가 자리에 앉고 나면, 회의 시작 전에 종을 울리거나 물잔의 가장자리를 펜으로 톡톡 때려 신호를 준 뒤, 1, 2분간 조용히 앉아 있으면 된다.

처음에는 불편해하는 사람이 있을 것이다. 시간이 너무 느리게 간다고 불평하는 사람도 있을 것이고, 엉덩이를 들썩거리는 사람도 있을 것이다. 그러나 꾸준히 하다 보면 모두가 이점을 누릴 것이고, 회의 결과도 이전보다 훨씬 향상될 것이다.

팀원들이 마음챙김 수련에 마음을 열지 않는다면 개인적으로 실천해도 된다. 이런 경우에는 회의에 들어가기 전에 잠시 조용히 앉아서 시간을 보낸다. 이렇게만 해도 여러분과 팀원 모두에게 이득이 될 것이다.

뇌가 투명하다고 상상하라

뇌가 투명하다고, 당신의 모든 생각이 모든 사람에게 보인다고 상상해보자. 그러면 다른 사람들에 대한 부정적인 생각이 사그라질 것이다. 이제 자기 자신을 다른 사람의 눈으로 바라보고, 다른 사람의 머리로 생각하고, 다른 사람의 가슴으로 느끼는 연습을 해보자. 다른 사람의 시각을 더 잘 이해할 수 있는 유용한 방법이다.

어떤 일에 실망하거나 화가 난다면, 자신에게 묻는다. *이것이 끔찍한 비극인가, 그냥 불편한 일인가?* 대부분 후자일 가능성이 크다.

마음챙김을 수련하면 긍정적인 결과도 부정적인 결과도 없다는 사실을 깨달을 수 있다. 결과를 A, B, C, D로 나누어 생각할 것이 아니라 각기 다른 도전과 기회로 받아들인다.

마음챙김 수련으로 하루를 시작하라

마음챙김 수련으로 하루를 시작한다. 나는 '일어나서Rise 쉬하고Pee 명상하기Meditate'의 첫글자를 딴 RPM이라는 단순한 방법을 사용한다(9장 참고). 나는 매일 아침 20분씩 명상하며 하루를 시작한다. 각자의 선호에 따라 다른 유형의 마음챙김 수련을 해도 좋다. 이를테면, 호흡 요법(11장 참고)이나 감사 연습(7장 참고), 깨어 있는 움직임, 최고의 자기 모습을 시각화하기와 같은 것들을 통합할 수 있다. 각자의 라이프스타일에 적합한 의식을 만들고, 이를 한 달 동안 꾸준히 실천하겠다고 다짐한다. 마음챙김 수련이 습관화되면, 인생이 달라진다!

목표부터 세워라

요가를 통해 마음챙김 수련을 하고 싶다면, 요가 수업 전이나 매트에 오르자마자 목표를 설정한다. 이 수련을 자기 자신이나 타인 또는 의미 있는 대상에게 바치겠다고 생각한다. 각각의 동작과 동시에 이루어지는 호흡에 집중한다. 호흡에 세심하게 주의를 기울인다. 나는 요가 수련을 할 때나 안 할 때나 호흡을 스트레스의 바로미터로 활용한다. 어려운 자세를 취할 때 호흡이 끊기거나 얕아지지 않는지 주의한다. 반면, 동작을 수월하게 이어갈 때는 호흡이 깊고 길어질 것이다. 그렇게 계속 깊고 리듬감 있게 호흡한다.

날을 정해 디지털 기기에서 탈출하라

나 자신과 가족이 전자 기기에 일절 손대지 않기에 가장 적절한 날을 고른다. 디지털 디톡스를 실천하면 산만함이 눈에 띄게 줄어들 뿐만 아니라 가족끼리 눈을 맞추고 마음을 나누는 시간이 늘어날 것이다. 관계가 질적으로 향상되고 더 의미 있게 성장하여 삶의 질에도 긍정적인 영향을 미칠 것이다.

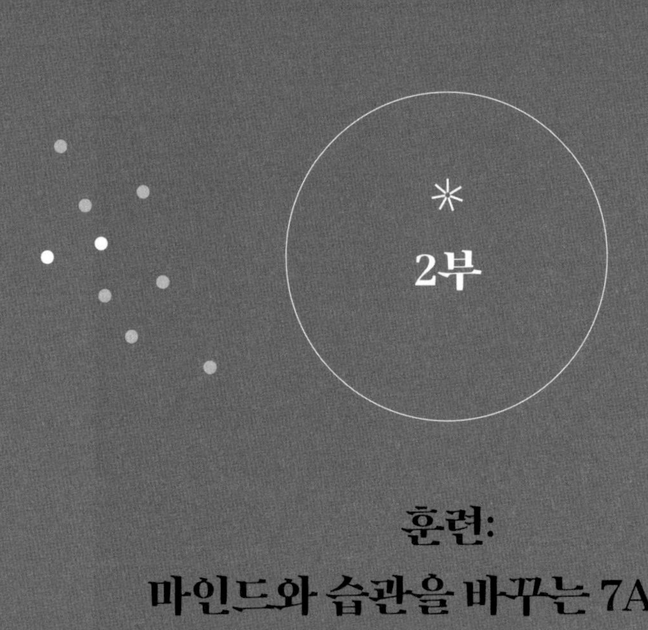

2부

훈련:
마인드와 습관을 바꾸는 7A 전략

• • •

• 7A •

건강한 라이프스타일 추구ADOPT

최고의 잠재력, 최고의 기량

놀이와 회복을 위한 시간 갖기ALLOCATE

머리 · 몸 · 창의력 재부팅하기

불필요한 스트레스 피하기AVOID

만성 스트레스 예방

상황 바꾸기ALTER

더 나은 결과를 얻기 위한 변화

스트레스 요인에 적응하기ADAPT

큰 그림을 통해 균형 있게 바라보기

바꿀 수 없다면 받아들이기ACCEPT

더 큰 내면의 평화

자기 · 타인 · 세계 · 우주와 연결하기ATTEND

의미 있는 관계와 무한한 가능성 구축하기

*깨어 있는 상태를 유지하는 것*은 7A와 3P의 핵심이며, 2부의 주제인 깨어 있는 선택을 위한 밑거름이다.

7A는 마인드와 습관을 개선하여 더 나은 선택을 하게 함으로써 더 건강하고, 몰입하고, 연결된 삶을 살게 하는 전략이다. 이를 위해서는 두 개의 A부터 실천해야 한다. 먼저 건강한 라이프스타일을 추구하고 놀이 시간과 회복 시간을 가져야만 뒤따라 나오는 다섯 가지 전략을 효율적으로 실천하고 지속 가능한 성공을 이룰 수 있다.

7A의 개념은 내가 회사에 다니며 스트레스와 번아웃을 경험할 때부터 조금씩 만든 것이다. 우리가 더 나은 선택을 할 수 있도록, 스트레스를 적절히 관리할 수 있도록, 힘든 상황에 부딪혔을 때 다시 일어나 그저 살아남는 것만이 아니라 더욱 발전하여 번영하게 만드는 회복탄력성을 구축할 수 있도록 그 방법을 고안했다.

선택의 질이 삶의 질을 결정한다.

안타깝게도 좋은 결정을 내리는 능력을 타고나는 사람은 없다. 그러므로 고생스럽더라도 의사결정을 위한 필수적인 기술을 배워야 한다. 인생에서 어떤 선택을 하느냐에 따라 자신을 자기 웰빙의 CEO로 승진시킬 것인지가 결정된다.

여기 소개하는 일곱 가지 전략을 꾸준히, 의식적으로 실천한다면, 뇌의 배선이 달라질 수 있다. 현재의 사고와 행동 패턴은 영구적인 것이 아니다. 습관 형성과 관련된 풍부한 연구 결과가 이 주장을 뒷받침한다.

더 건강하게 생활하기 위해 의식적으로 노력하지 않는다는 것은 조기 사망을 기꺼이 받아들인다는 것이나 다름없다. 자신, 타인, 세상과 완전하게 연결되지 않는다면, 곧 오토파일럿 모드에 빠진 채 살아가는 자신을 보게 될 것이다. 최고의 자기 모습에 훨씬 못 미치는 모습에 안주하게 될 것이다.

그렇다면 어떻게 해야 할까? 깨어 있으면 된다. 어떤 선택을 하기 전에 멈추고 호흡하면 된다. 오토파일럿 모드의 삶을 피하겠다고 마인드를 바꾸면 된다. 자기 인식으로 무장하고 몰입하며 살아가기로, 스트레스를 인식하고 해결하기로, 필요하다면 조정하고 적응하기로, 목표에 맞게 행동하기로 선택하면 된다.

마음챙김을 수련하고 7A를 실천한다는 것은 결국 더 행복하고 건강한 삶을 추구한다는 것이다. 선택은 자기 몫이다. 그러나 행복을 택하지 않을 이유가 무엇인가?

3장

추구: '열심히'가 아니라 '똑똑하게'

젊은 나이에 죽어도 괜찮은가?

스카이다이빙이나 번지점프처럼 아드레날린을 솟구치게 하는 스포츠에 관한 이야기가 아니다. 오히려 이러한 익스트림 스포츠는 예측된 위험이므로 스릴을 즐기는 것이라고 할 수 있다. 내 질문은, 매일 지나친 업무와 과도한 스트레스 탓에 조기 사망할 가능성이 커져도 괜찮겠느냐는 것이다. 한번 생각해보자. 비행기에서 뛰어내리는 것과 매일의 스트레스 중에 무엇이 우리의 생명을 앗아갈 가능성이 더 클까?

하루하루 몰입 없이 일하고, 지나치게 스트레스를 받고, 과로하고, 잠을 포기하고, 자기 돌봄을 소홀히 한 채 오토파일럿 모드로 살아가는 것은 질병을 부르는 행위이며, 조기 사망을 받아들이는 선택이다. 변화를 대신 만들어줄 사람, 우리를 변화시켜줄 사람은 아무도 없다.

그러므로 7A 가운데 첫 번째 A인 건강한 라이프스타일 추구는 사느냐 죽느냐의 문제라고 할 수 있다.

최고의 잠재력과 기량을 발휘하기 위해 변화를 만들겠다고, 더 나은 생활 습관을 기르겠다고 선택할 수 있는 사람은 오로지 자신뿐이다. 자신을 자기 웰빙의 CEO로 만드는 방법은 결국 이것 하나뿐이다.

과로사: 합법적 살인마

1960년대 후반, 일본에서 스물아홉 살의 건강한 청년이 과로사했다. 과로사란 말 그대로 '과로로 죽다'라는 의미다. 좀 더 자세히 설명하자면, 건강했던 청년이 휴식 없이 지나치게 오랜 시간 일한 탓에 심혈관 질환으로 사망한 사건이었다. 청년은 일본 최대 신문사의 발송부에서 혹독한 교대 근무를 끝마친 뒤 뇌졸중으로 쓰러졌다. 이후 과로사에 반대하는 운동이 활발해지고 이에 따른 파업이 여전히 주기적으로 일어날 만큼 일본은 과로사 문제가 심각하다.

이 청년의 사례가 극단적이라고 생각할 수도 있지만, 안타깝게도 과로사는 드문 일이 아니다. 일본 노동부는 매년 과로사하는 노동자의 수를 2,310명으로 추정했다. 하지만 겉으로 드러난 수치는 빙산의 일각일 뿐이다. 과로사피해자대책위원회의 발표에 따르면, 실제 사망자 수는 연간 1만 명에 달한다. 교통사고 사망자 수와 맞먹는 수치다.

최근 일본 정부가 발표한 보고서에 따르면 일부 직원이 매달 80시간 이상 초과 근무를 한다고 응답한 기업이 조사 대상 기업의 4분의 1에 달했다. 2017년 〈뉴욕타임스New York Times〉에 실린 한 기사의 제목은 또 다른 극단적 사례를 단적으로 드러낸다.

"한 달간 159시간 초과 근무한 젊은 노동자, 사망."

놀라운 점은 과도한 업무 습관이 일본만의 문제가 아니라는 사실이다. 미국인은 다른 나라 국민에 비해 평균적으로 연간 9주 더 일하며, 유급 휴가는 더 적게 받는다. 많은 미국인이 자신의 휴가 일수를 모두 사용하지 않으며, 그중 30퍼센트는 휴가 중에도 상당량의 일을 한다.

매년 비전염성 질병으로 조기 사망하는 사람이 약 4,000만 명이다. 비전염성 질병으로 사망한다는 것은 급성 전염 과정이 없고 전염도 되지 않는 만성 질환으로 사망한다는 의미다. 이는 전 세계 사망자 수의 70퍼센트를 차지하는 수치다. 그중 90퍼센트 이상이 예방 가능한 죽음이었다. 건강하지 않은 식단, 흡연, 운동 부족, 음주와 같은 라이프스타일이 죽음에 큰 영향을 미쳤기 때문이다.

듀크대학교의 랠프 L. 키니Ralph L. Keeney 교수는 "사망의 주된 원인은 개인의 의사결정에서 기인한다. 개개인이 더 나은 결정을 내린다면 10년 주기로 수백만 명의 조기 사망을 예방할 수 있다"라고 주장한다.

텍사스주 오스틴에 사는 조나스 코플러Jonas Koffler는 대학을 졸업하고 취업에 성공하여 주당 70시간 이상 근무하면서 빠르게 승진했다. 그러나 수면 부족과 과로에 시달리던 그는 승진하고 얼마 지나지 않아 프레젠테이션 도중에 뇌졸중으로 쓰러졌다. 그의 나이는 겨우

스물여섯이었다.

병원에서 의식을 되찾은 코플러에게 누군가 무슨 일이 있었는지 기억하느냐고 물었다. 질문을 듣는 순간, 코플러는 변화가 필요하다는 사실을 깨달았다. 살아 있는 게 행운이었다.

2013년, 모리츠 에어하트Moritz Erhardt라는 이름의 스물한 살 청년이 욕실에서 숨진 채 발견되었다. 뱅크오브아메리카메릴린치Bank of America Merrill Lynch 런던 지사에서 일하던 모리츠의 사망 원인은 72시간 연속 근무 이후 발생한 뇌전증이었다. 이후 은행은 인턴의 근무 시간을 하루 17시간으로 제한했다.

과로사는 어디에서나 발생한다. 그것도 생각보다 훨씬 더 자주. 그러나 일본 외에는 과로로 인한 사망을 정의하는 의학 용어가 없다. 이것 역시 문제다.

더 큰 문제는 과로를 자랑으로 여기는 분위기가 만연하다는 것이다. 많은 사람이 일찍 출근해서 늦게 퇴근하고, 몸속에 엄청난 양의 카페인을 들이부으며 끼니를 거른다. 이런 것들을 성공적인 사회생활을 위해 마땅히 치러야 할 대가로 생각한다. 죽도록 일하는 것이 마치 높은 지위를 상징하기라도 하는 것처럼 말이다.

몇 가지 충격적인 통계를 살펴보자.

- 일주일 중 자살률이 가장 높은 날은 수요일이며, 주요 원인은 직장 내의 압박감과 스트레스 상승이다.
- 주요 신체 기관들은 만성 스트레스의 영향을 받으며, 이는 주로 면역 체계를 억제하여 심각한 질병을 유발한다.

- 병원을 찾는 사람의 75~90퍼센트가 스트레스와 관련된 불편 또는 통증을 호소한다.
- 암, 심장 질환, 폐 질환, 사고, 간경변, 자살. 이 여섯 가지 주요 사망 원인에 공통적으로 가장 큰 영향을 미치는 요인이 만성 스트레스다.

내 고객들도 과로사의 위험을 피해 가지 못했다. 내게 코칭을 받는 한 임원은 직장 동료를 잃은 뒤 나를 찾아왔다. 건강에 전혀 문제가 없었던 30대 초반의 동료였다. 이런 비극은 매일 일어난다. 이 젊은이의 비극은 뉴스에나 등장하는 드문 사례가 아니다. 우리의 일이 될 수도 있었다.

우리는 모두 절망을 느껴봤다. 앞날이 캄캄한데 빠져나갈 구멍이 도무지 안 보이는 시기를 모두 겪어봤을 것이다. 바로 그게 만성 스트레스 또는 우울증일 수 있다. 그렇다면 어떻게 해야 전염병처럼 번지는 감정을 떨쳐내고, 습관을 바꾸고, 우리의 삶을 변화시킬 수 있을까?

생산성의 함정

더 많은 시간을 할애하고 더 효율적으로 시간을 관리하며 끊임없이 생산성을 추구하는, 생산성의 함정에 빠지지 않으려면 어떤 선택을 해야 할까? 더 열심히 일하는 것은 답이 아니다. 정답은 더 똑똑하게 일하는 것이다. 실제로, 일에 쏟아붓는 시간의 총량보다는 질을 높이는 것, 그러니까 우리에게 주어진 시간이 아니라 에너지를 관리하는 것이 더 효율적이라는 증거가 쏟아져 나오고 있다.

시간은 제한된 자원이지만, 우리의 에너지는 보충할 수 있다. 내가 '*막힘없이 흐르는* 프라나'라고 부르는, 지속 가능한 에너지와 집중력은 깨어 있는 정신으로 건강한 라이프스타일을 추구할 때 생겨난다. 건강한 라이프스타일을 추구하면 에너지, 동기, 영감으로 가득한 하루를 시작할 수 있다. 프라나가 물처럼 흐르면 우리는 지치지 않고 스트레스 없이 즐겁게 일하면서 더 좋은 성과를 올릴 수 있게 된다.

일과 생활이 요구하는 것들, CEO라는 위치가 요구하는 것들을 이어줄 다리를 놓아야 한다. 어느 하나를 포기하면 생산성의 함정에 빠지고 웰니스 격차가 벌어지기 쉽다. 어느 하나를 포기한다는 것은 곧 과로사를 불러들인다는 의미다.

최근 하버드 의과대학에서 고위 경영진을 대상으로 진행한 연구에서 96퍼센트가 어느 정도의 번아웃을 경험하고 있는 것으로 나타났다. 그리고 이들 가운데 3분의 1은 번아웃의 정도가 "극심하다"라고 표현했다. 생산성을 향한 집착이 파괴적으로 변하는 시점은 언제일까? 이러한 파괴는 건강뿐만 아니라 업무에도 악영향을 미친다. 또 스스로 불러온 부담과 피로를 이기려 할수록 역효과만 커진다.

이 문제를 기업의 관점에서 바라보자. 직원의 웰빙에 무관심한 회사는 성공할 수 없다. 일상의 즐거움이 없는 직원은 성공할 수 없다. 그러므로 건강한 직원들이 곧 훌륭한 경영 성과다.

요점은 다음과 같다.

- 건강한 사람은 열정이 넘치고 행복하다.
- 건강한 사람은 열심히가 아니라 똑똑하게 일하면서 목표를 성취한다.
- 건강한 사람은 다른 이들을 돕는 동시에 더욱 효율적으로 일한다.
- 건강하지 않은 사람은 보통 피로와 불행을 느끼며, 높은 성과를 내지 못한다.

직장 안팎에서 한때 생산성의 함정에 빠졌던 나는 웰니스 격차의 양면을 모두 경험해봤다. 이럴 때는 마음챙김을 해야만 제자리로 돌아와 바른 방향으로 뻗어나갈 수 있다. 마음챙김을 수련하면 자신에게 필요한 것을 인지하여 적절히 제공할 수 있게 되고, 깨어 있는 선택을 함으로써 건강한 라이프스타일을 유지할 수 있기 때문이다.

그러나 의식 없는 생산성은 웰니스 격차를 낳는다. 마음챙김을 수련하지 않으면, 생산성에 가려진 번아웃의 초기 징후를 알아채지 못할 것이다. 그러면 기업문화 개선을 통해 해결책이 생길 때까지 회사 전체에 웰니스 격차가 계속 벌어질 것이다. 오로지 생산성만을 추구하다가는 자신과 직원들을 정말 말 그대로 망가뜨려버릴 수도 있다.

양이 아닌, 질적 패러다임으로 생산성에 접근해야 한다. 열심히 일하는 것이 전부가 아니다. 우리는 질적 향상, 몰입, 일의 효율성을 우선순위로 삼아야 한다.

핵심은 개인의 웰빙이 결국 집단의 수익성으로 전환된다는 것이다. 양이 아닌 질을 중시하면 직원과 경영자 모두 이익을 얻는다. 기업의 웰빙 문화를 조성하는 방법은 이 장의 비즈니스 실천 전략에서 자세히 살펴볼 것이다.

오후 3시의 좀비

내 책이 과로사에 관한 것이 아니라서 참 다행이고 감사하다. 내가 무덤 속에 있었다면 어떻게 이 책을 쓸 수 있었겠는가? 그러나 한때는 나도 오토파일럿 모드로 하루하루 연명하듯 살아가며 생산성을 위해 건강을 희생했고, 결국 위축증까지 얻은 경험이 있다.

야후!에서 일을 시작했을 때, 나는 영업 분야에서 새로 맡을 일을 생각하며 잔뜩 들떠 있었다. 회사로 향하는 발걸음이 그렇게 가벼울 수 없었다. 그러나 얼마 지나지 않아 나는 아침마다 스누즈 버튼을 눌러댔고, 전날 실컷 먹은 당분에 취해 머릿속이 뿌연 상태로 아침을 맞이했다.

매일매일 나는 열정 가득한, 생산적인 사람들과 함께 '영업판'이라고 불리는 널찍한 테이블에 둘러앉아 업무를 시작했다. 그러고는 수화기를 들었다 놓기를 끊임없이 반복했다. 쉴 새 없이 들리는 콜라 캔 따는 소리, 허공을 가득 메우는 도리토스와 치토스 냄새가 내 일상적인 근무 환경이었다.

아침에 출근하자마자 나는 줄곧 다음 쉬는 시간을 목 빠지게 기다렸다. 설탕 중독에서 오는 헛헛함을 달래기 위해서였다. 1분 1분 가는 시곗바늘을 쳐다보며 초침의 움직임에 집착했다. 오전의 휴식 시간, 점심시간, 마지막으로 오후 3시. 점심을 먹고 식곤증이 몰려오면 어김없이 중독 습관이 튀어나왔다. 시곗바늘이 3시를 가리키면 나도 모르게 하던 일을 멈추고 좀비처럼 자판기로 걸어가 쿠키, 치토스, 트윅스 초코바 따위를 뽑아 먹었다. 그러나 무분별하게 정크푸드를 먹어대는 습관으로는 에너지를 유지할 수 없었다. 얼마 지나지 않아 에너지는 다시 곤두박질쳤고, 그러면 늘 나는 한계에 부딪히고 말았다.

내 습관의 문제를 어느 정도 인식한 뒤, 나는 설탕 범벅의 값싼 정크 푸드를 끊고 설탕 범벅의 비싼 정크 푸드로 군것질거리를 업그레이드했다. 건강을 위해 자판기 간식 대신 '스페셜티'라는 카페에서 직접 구워 파는 간식을 먹는 나름의 노력을 기울였다. 그리고 그곳에서 갓 구워낸, 따뜻하고 기름지고 꾸덕꾸덕한 초콜릿칩 쿠키에 나는 금세 중독되었다. 그때는 건강을 위해 엄청난 노력을 하고 있다고 생각했다. 웰니스 코치가 된 지금 돌이켜보면, 건강한 라이프스타일 따위는 안중에도 없는 생활이었다. 오직 커리어가 중요할 뿐이었다. 그때는 몰랐다. 그렇게 나는 수년간 오토파일럿 모드로 살아갔다. 정크푸드는 편리하고 쉽게 즐길 수 있는 단비 같은 존재였지만, 반드시 버려야 할 나쁜 습관이었다.

그러던 어느 날, *이토록 아프고 피곤한 일상에 진절머리가 났다.*

이렇게 되면 둘 중 하나의 상황에 맞닥뜨리게 된다. 어리석은 선택의 결과를 견딜 수 없게 되거나 좀비 같은 자신의 모습에 엄청난 충격을 받고 극단적인 변화의 필요성을 느끼는 것. 어떨 때는 이 두 가지가 동시에 일어나기도 한다.

언제부터인가 무기력하고 의욕이 없고 머릿속이 뿌연 채로 일어나는 나 자신을 감당할 수 없었다. 거울에 비친 내 모습을 더는 마주하기 힘들었다. 흐리멍덩하게 부은 눈두덩이, 유령처럼 창백한 내 얼굴을. 내 삶에는 변화가 필요했다. 그때부터 일주일에 한 번씩, 점심시간이 되면 체육관으로 향했다. 차츰 일주일에 두 번, 세 번까지 횟수를 늘렸다. 동시에 자판기로 향하는 횟수를 줄였다. 또 몸속에 쌓인 독소를 제거하기 위해 레모네이드 다이어트라고도 불리는 '마스터 클렌즈Master Cleanse' 다이어트를 시작했다. 처음에는 주변에서 나를 보고 미쳤다고들 했다. 그러나 내 새로운 에너지와 빛나는 피부를 바로 옆에서 목격하자 나를 따라 해보겠다는 사람들이 하나둘 생겨났다.

나는 더 나은 선택이 필요하다는 깨달음 덕분에 건강한 라이프스타일을 추구하게 되었지만, 이게 하루아침에 일어날 수 있는 일은 아니다. 나는 건강한 라이프스타일을 유지하려면 삶의 어느 한 영역에서 시작하여 거기서부터 꾸준히 좋은 습관을 쌓아나가야 한다는 것을 알고 있었다. 모든 것을 단번에 바꾸려는 마음으로 만든 습관은 결코 지속 가능하지 않다.

내가 오토파일럿 모드에서 진정으로 벗어나게 된 계기는 가족에게 찾아온 비극이었다. 사랑하는 할아버지가 교통사고로 돌아가셨다. 할아버지와 무척 가까웠던 나는 큰 충격을 받았다. 그때의 슬픔이 내 건강하지 못한 일상을 바꾸는 데 도움이 되었다. 나는 할아버지의 명예를 걸고 쿠키 중독에서 벗어나기로 다짐했고, 할아버지가 돌아가신 2006년부터 쿠키를 일절 입에 대지 않았다. 대신 특별한 날에는 할아버지가 가장 좋아했던 간식인 아이스크림을 허용한다.

모두에게 건강한 라이프스타일

질병의 진단이나 심장 마비, 또는 교통사고를 겪은 적이 있는가? 아니면 나처럼 어느 날 갑자기 아프고 피곤한 일상에 진절머리가 난 적이 있는가? 그렇지 않다면, 나쁜 습관을 버리고 좋은 습관을 채워 넣을 만한 계기가 있었는가? 오토파일럿 모드로 살고 있다면, 어떻게 거기서 벗어나 과로사를 예방할 수 있을까? 자신을 자기 웰빙의 CEO로 승진시키려면 어떻게 해야 할까?

우선 건강한 라이프스타일을 추구하기로 선택한다. 커리어보다 내 삶이 더 중요하다고 확실히 말한다. 그렇게 해도 두 마리 토끼를 모두 잡을 수 있다. 일단 이렇게 선택하고 나면 정말로 최고의 삶을 살 수 있게 된다. 만족스러운 인간관계를 구축할 수 있게 되고 육체적으로나 정신적으로나 상쾌해질 것이다. 직장에서나 집에서나 최고의 기량을 발휘할 수 있게 될 것이다. 발걸음이 한결 가벼워질 것이다. 스누즈 버튼을 닳도록 누르던 습관이 사라질 것이다. 건강한 라이프스타일을 선택하는 것은 자신에게만 도움이 되는 것이 아니다. 이 선택을 하면 자연히 남들에게도 더욱 잘하게 된다.

변화를 부르는 긍정의 힘

우리는 우리가 얼마나 심각하게 지쳐 있는지, 얼마나 스트레스를 받았는지, 나쁜 습관에 얼마나 빠져 있는지 잘 모를 때가 많다. 그럴 때 우리는 예상치 못한 비극을 통해 경고를 받기도 하지만, 마음챙김 수련을 통해서도 경고 신호를 받을 수 있다.

긍정적인 상황을 통해 나쁜 습관을 버리고 좋은 습관을 길러야겠다는 동기를 부여받기도 한다. 내 경우에는 쿠키를 끊지 못했던 나쁜 습관을 버리는 데 할아버지를 사랑하는 마음이 큰 도움이 되었다. 또 큰 포부가 있을 때에도 수월하게 건강한 습관을 받아들일 수 있다. 우리가 무엇을 남기고 떠나느냐보다는 앞으로 어떤 긍정적인 것들을 만들어내느냐가 더 중요하다.

반대로, 우리가 부정적인 것에 집착하고 있다면 이는 잘못된 길을 걷고 있다는 신호일 수 있다. 내 고객인 마크는 내가 "혹시 좋은 소식은 없나요?"라고 묻자 쉽게 대답하지 못하고 곤란해했다. 그러다 잠시 후 마크는 승진 이야기를 꺼냈다. 나는 왜 진작 얘기하지 않았느냐고 되물었다. 마크는 그런 식이었다. 최근에 따낸 계약이나 오랜 친구와의 즐거운 만남 같은 이야기를 늘 어물쩍거리며 넘어가려 했다. 그런 일에서 좋은 점을 보지 못했기 때문이었다. 마크는 오토파일럿 모드로 살아가며 오직 나쁜 점만 집중적으로 바라보고 있었다. 마크의 이야기가 자신의 이야기처럼 들린다고 해도 크게 걱정할 것 없다. 자기도 모르게 이런 습관을 지닌 사람들이 꽤 많기 때문이다.

마크에게 새로운 실천 단계를 실행해보라고 했다. 매일 일어난 *새*

*로운 일과 좋은 일*을 기록할 것. 잠자리에 들기 전, 양치한 직후에 적어보라고 시간까지 정해주었다. 시간이 흐를수록 마크는 삶의 긍정적인 발전에 집중했고, 그 내용을 나와 공유할 순간을 기다리게 되었다.

마크의 경우 의도와 행동에 대한 반복과 집중을, 외부 인식과 지속적으로 결합시킨 것이 뇌 배선을 바꿨다. 마크가 좋은 점을 인정하는 새로운 습관을 받아들이자 그의 일상도 긍정적으로 달라졌고, 사업 수익에도 긍정적인 변화가 있었다.

눈덩이 효과: 작은 습관이 만드는 기적

현재 마음챙김의 스펙트럼에서 어디에 서 있든, 또는 어디로 가고 싶든, 건강한 라이프스타일을 추구하는 첫 단계는 개선해야 할 항목을 확인하는 것이다. 무엇을 바꾸고 싶은지 결정하고, 이를 실천할 작은 발걸음을 내딛는다. 작은 변화를 만들고, 깨어 있으려 노력하고, 크든 작든 자신의 성공을 인정한다.

작은 변화를 꾸준히 만들어가는 것은 의지가 아니라 습관의 문제다. 습관은 건강한 라이프스타일이라는 집을 짓기 위한 벽돌이라고 생각하자. 스탠퍼드대학교의 행동심리학자인 BJ 포그BJ Fogg가 고안한 포그 방법Fogg Method을 추천한다. 포그 방법은 체계적인 3단계 접근법이다.

1. *구체화하기:* 어떤 행동을 하고 싶은가? 목표로 삼는 결과와 목

적을 구체적인 행동으로 정의한다.

2. *쉽게 만들기:* 어떻게 하면 그 행동을 쉽게 할 수 있는가? 쉽고 단순해야 행동을 바꿀 수 있다.
3. *트리거 당기기:* 어떻게 하면 그 행동을 촉발할 수 있을까? 자연스럽게 당겨지는 트리거가 있는가 하면 반드시 계획해 당겨야 하는 트리거도 있다. 트리거를 당기지 않으면 어떤 행동도 일어나지 않는다.

마크는 일상의 새롭고 좋은 일을 깨어 있는 마음으로 받아들이기로 결정한 다음, 자기 삶에 일어나는 좋은 일을 인정하는 새로운 습관을 만들었다. 그리고 우리는 이 일이 쉬워지도록 새롭고 좋은 일을 하루에 한 가지만 찾아내기로 했다. 그의 일상에서 이 행동을 유발하는 트리거는 양치질이었다. 매일 이를 닦은 후에 마크는 그날 있었던 좋은 일을 글로 적어 내려갔다.

물론, 유독 강력한 습관들이 있다. 찰스 두히그Charles Duhigg는 그의 저서 《습관의 힘》에서 '핵심 습관keystone habits'에 대해 얘기한다. 이러한 핵심 습관들은 "다른 좋은 습관들을 유지하는 데 도움이 되는 연쇄 반응"을 일으킨다.

삶의 모든 영역은 서로 연결되어 있다. 핵심 습관을 하나 선택하여 한 영역에서 변화를 일으키면 파급효과가 일어나 삶의 다른 영역에서도 긍정적인 결과를 만들어낸다. 예를 들어, 한 고객은 수면 습관을 바꾸자 체육관에 나가야겠다는 의욕을 느낄 만큼 에너지가 증가했고, 결과적으로 직장과 가정에서 더욱 집중하게 되었다. 한층 더 행복해진 그는 더욱 여유 있는 마음으로 동료와 아내를 대할 수 있게 되었다.

마지막으로, 새로운 장애물에 부딪혔을 때 완벽하지 못할 바에는 아예 안 하는 게 낫다는 마인드를 가져서는 안 된다. '실패'의 프레임에 갇히지 말자. 대신 멈추고, 리셋 버튼을 누르고, 호흡하고, 완벽이 아닌 전진에 초점을 맞추기로 선택한다.

〈포천〉지 선정 500대 기업에 다니는 제시카는 출장이 워낙 많은 탓에 꾸준히 운동할 시간을 내기 힘들다고 했다. 체육관에 나갈 시간이 있는 날에도 운동을 제대로 하지 못할 바에야 안 하는 게 낫다고 생각했다. 결국 너무 피곤해서 운동을 제대로 하지 못할 것 같은 날이면 애초에 체육관에 가지 않았다. 나는 제시카에게 체육관을 아예 빠지는 것보다는 15분만이라도 운동을 하는 것이 낫다고 말했다. 그러니 제발 생각을 바꿔보라고. 작은 다짐을 실천하는 것은 훨씬 쉽다. 그렇게 쉬운 목표는 체육관에 가려고 몸을 일으키는 데도 도움이 되었다. 사실, 현관을 나서는 것이 가장 어려운 부분이었으므로 이것 자체로 이미 성공이었다. 일단 체육관에 도착하고 나면, 애초 계획이었던 15분의 운동 시간은 대개 45분까지 길어졌다.

아주 작은 계획을 세운 덕분에 제시카는 목표 이상을 성취하고 마인드를 개선할 수 있었다.

언덕 밑으로 눈덩이를 굴리듯, 아주 작은 것에서 시작해 새로운 습관을 만들어도 된다. 시간이 흐르면서 힘과 추진력을 얻으면, 건강하지 않았던 라이프스타일을 아주 건강하게 바꿀 수 있다. 그동안 나와 고객들의 삶에서 이러한 눈덩이 효과를 수없이 목격했다.

죽음을 앞두고 전혀 후회하지 않을 일 하나를 꼽으라고 한다면, 건강한 라이프스타일과 행복한 삶을 추구하기로 선택했다는 것이리라.

이것은 오로지 우리의 몫이다. 우리에게 건강한 라이프스타일을 추구하라고 강요하거나 애원할 수 있는 사람은 아무도 없다.

건강한 라이프스타일을 장려하고 먼저 실천하라

기업에는 성공적인 커리어를 쌓기 위해 리더를 그대로 따라 하려는 직원들이 많다. 직원들이 상사보다 더 일찍 출근해서 더 늦게 퇴근해야 한다고 느끼는 것은 아주 흔한 일이다.

리더라면, 자신이 의도와 무관하게 직원들에게 어떤 메시지를 보내고 있는지 주의해야 한다. 혹시 아주 일찍 출근해 늦게까지 야근하느라 가족과 함께 저녁 먹을 시간을 놓친다거나 점심시간이 되어도 밖에 나가지 않고 책상에 앉아 대충 끼니를 때우며 일하고 있지는 않은가? 만약 그렇다면 리더를 그대로 따라 해야 한다고 느끼는 직원들에게 무심결에 크나큰 스트레스를 주고 있을지 모른다.

직원들 사이에 생산성의 함정이나 웰니스 격차가 존재하는지 세심하게 살펴야 한다. 그런 다음, 직원들에게 마음챙김과 건강한 라이프스타일을 장려할 수 있도록 먼저 모범을 보이겠다고 의식적으로 선택한다.

그러려면, 다음을 실천해야 한다.

- 쉬는 시간을 갖는다.
- 동료 및 직원들과 자주 교류한다.
- 책상에 앉아 식사하지 않는다.

• 지나치게 오래 일하지 않는다.
• 회사의 웰니스 프로그램에 참여한다.

리더들은 건강한 직장 문화를 구축할 책임이 있다. 위의 사항을 모두, 아니면 하나라도 꾸준히 실천한다면 자기 자신과 직원의 삶에 긍정적인 물결이 퍼져나갈 것이다.

근무시간을 적극적으로 활용하게 하라

직장의 리더라면, 직원들에게 점심시간 이후에 체육관에 다녀와도 괜찮다고 말하고, 먼저 나서서 이를 실천한다. 근무지 이탈을 문제 삼아 꼬치꼬치 추궁받지 않으리라는 걸 알게 되면 직원들은 한결 쉽게 운동할 시간을 낼 수 있다.

오후에 신체 활동을 하고 나면 사무실에 돌아왔을 때 더 활기차고 즐겁게 몰입해서 일할 수 있다. 그러므로 직원과 회사 모두의 웰빙에 유리한 윈윈win-win인 셈이다.

최근 "앉아 있는 것은 새로운 유형의 흡연"이라는 주장을 뒷받침하는 근거들이 쏟아져 나오고 있다. 메이오 클리닉Mayo Clinic의 내분비 전문의 제임스 러바인James Levine은 지나치게 오래 앉아 있는 것은 나중에 운동으로 바로잡을 수 있는 문제가 아니라고 강조한다. 의자에 앉아 있는 시간이 너무 많으면 실제로 신진대사가 떨어진다. 이를 해결할 방법은 근무시간에 계속 움직이는 것이다. 스탠딩 책상이나 트레드밀 책상이 있다면 더할 나위 없겠지만, 전화를 받을 때 의자에서 일어나거나 다른 동료의 자리로 걸어가는 정도만으로도 신진대사가 심각한 수준으로 떨어지는 일을 막을 수 있다.

깨어 있는 식습관을 가져라

당신의 지위가 허락한다면, 직장 내에 건강한 식습관이 자리 잡을 수 있게 한다. 건강에 이로운 음식은 모든 사람의 효율성과 생산성을 높여주는 연료가 된다.

- 휴게실과 탕비실에 (탄산음료, 사탕, 도넛, 컵케이크 대신) 과일, 채소, 요구르트, 견과류 등 건강에 좋은 간식을 준비해둔다.
- 자판기의 정크 푸드를 건강에 이로운 간식으로 대체한다.
- 회의나 모임, 행사가 있을 때 건강한 음식을 제공한다.

업무 시간 이후에는 연락하지 말라

일부 기업에서는 직원이 업무와 단절된 시간을 가질 수 있도록 오후 7시부터 이튿날 오전 7시까지 이메일이나 업무 관련 전화를 제한한다. 내 주변에는 이를 '동굴 타임'이라고 부르는 고객들이 있을 정도로 소중한 시간이다. 효율적으로 긴장을 풀고, 회복하고, 휴식을 취하고, 업무에 관한 생각을 하지 않을 수 있도록 이 열두 시간은 꼭 필요하다.

최근 프랑스는 번아웃을 예방하기 위해 퇴근 후 업무 이메일 보내는 것을 법으로 금지했다. 노동자와 고용인 모두 이 법안이 장기적으로 이롭다는데 동의했다. 폭스바겐, BMW, 푸마 등의 기업도 직원의 휴식을 보호하기 위한 정책과 절차를 시행했다. 하버드 경영대학원 교수 레슬리 A. 펄로Leslie A. Perlow는 이른바 '예측 가능한 휴식 시간'이 주는 이점에 관해 폭넓은 연구를 진행해왔다. 그 결과, 휴식 시간을 보장해주는 기업에 다니는 직원은 직업 만족도와 근속률이 더 높았다. 현실적으로 휴식 시간을 보장하려면 대화가 우선시되어야 하는데, 이러한 과정은 팀 내의 의사소통과 화합에도 큰 도움이 된다.

이러한 정책은 특정 시간 동안 이메일 서버를 막거나 업무 시간 외에는 직원들의 스마트폰으로 이메일이 전달되지 않게 하는 등 다양한 방법을 통해 시행할 수 있다. 물론 특수한 상황에서는 예외를 허용해야 할 것이다. 예를 들어 서로 다른 시간대에 일하는 글로벌 기업이라면, 탄력 근무제를 하나의 옵션으로 활용할 수 있다.

스트레스 관리와 회복탄력성 구축을 위한 워크숍을 열어라

누구도 스트레스를 피해 갈 수 없다. 스트레스는 6대 주요 질병과의 밀접한 연관성 때문에 21세기의 유행병이라고 불리기도 한다. 스트레스가 유발하는 가장 극단적인 위험이 바로 과로사다.

우리는 모두 저마다 다양한 빈도로 다양한 수준의 스트레스를 경험한다. 그런 우리에게 회복탄력성이 없다면, 스트레스는 우리의 건강을 해칠 뿐만 아니라 리더로서, 동료로서, 친구로서, 동반자로서, 부모로서의 역할에도 큰 방해가 될 것이다. 이는 스트레스의 영향을 받는 사람이 자신만은 아니라는 의미다.

그렇기에 스트레스 관리가 더욱 절실하다. 스트레스를 관리하는 방법을 활용하거나 회복탄력성 구축을 위한 워크숍에 참석하면 전반적인 웰빙과 삶의 질, 수명을 개선할 수 있다. 회복탄력성을 기르는 방법과 스트레스를 효율적으로 다루는 방법을 익히면, 자신과 타인이 생산적이고, 행복하고, 건강하고, 깨어 있고, 몰입하고, 통제 가능한 상태를 유지하는 데 도움을 받을 수 있다.

지속 가능한 변화를 향해 한 걸음씩 나아가라

아주 큰 변화를 원하더라도 작은 노력부터 시작하라. 잠시 시간을 내어 가벼운 첫걸음으로 뗄 만한 계획을 생각해보자.

1. 개선하고 싶은 것이 무엇인지 구체적으로 지목한다. 목표를 행동으로 바꾼다.
2. 쉽게 달성할 수 있는 작은 변화를 만들기 시작한다.
3. 매일 새로운 습관을 실행할 수 있도록 알람이나 특정한 행동을 트리거로 삼는다.
4. 목표가 크든 작든 간에 항상 성공을 생각한다.
5. 장애물에 부딪혔을 때 '실패'했다는 마인드 또는 완벽하지 않을 바에야 안 하는 게 낫다는 마인드를 갖지 않도록 주의한다.
6. 장애물에 부딪힌다면 다시 제자리로 돌아갈 수 있도록 접근 방법을 (더 쉽게) 수정한다.

'제대로 된' 음식을 먹어라

《잡식동물의 딜레마》의 저자이자 내 교수님이었던 마이클 폴란Michael Pollan은 건강한 식습관을 기억하는 가장 쉬운 방법을 일곱 단어로 요약한다. "Eat food, not too much, mostly plants(과하지 않게, 채소 위주로, 음식 섭취하기)."

- 배고플 때 먹고, 적당히 (70~80퍼센트) 배가 차면 숟가락을 내려놓는다.
- 물을 충분히 마신다.
- 슈퍼마켓의 신선식품 구역에서 장을 본다. 유통기한이 긴 식품보다는 짧은 식품 위주로 섭취한다.
- 찬장에 있을 법하지 않은 재료, 어린아이가 발음하지 못할 듯한 성분이 포함된 식품을 피한다.
- 단것treats을 특별한 것treats으로 취급한다treat. 'No S' 식단을 따른다. 'No S'란 군것질snack 금지, 사탕 및 초콜릿sweets 금지, 한 입 더seconds 금지다.
- 한 입 한 입 음미하고, 모든 재료를 파악하고, (서른 번씩) 꼭꼭 씹어가며 깨어 있는 마음으로 음식을 먹는다.
- 어떤 음식이 에너지를 주고 몸과 마음을 가볍게 만드는지, 어떤 음식이 에너지를 갉아먹고 몸과 마음을 무겁고 무기력하게 만드는지 관심을 둔다.
- 다른 사람들과 즐거운 분위기에서 천천히 식사한다.

멈추고 호흡하고 움직여라

규칙적으로 신체 활동을 하면 수명이 늘고 (조기 사망률이 최대 30퍼센트 감소한다) 수많은 만성 질환을 예방할 수 있다. 신체 활동은 스트레스, 불안, 우울을 줄이며, 기분, 에너지, 창의력, 기억력, 학습 능력, 수면의 질을 크게 향상시킨다.

일과에 신체 활동을 포함시켜야 한다. 체육관에서 운동을 하거나 트레이닝 수업을 받거나 좋아하는 스포츠를 즐기는 것 외에도 일상에 깨어 있는 움직임을 더하는 방법은 많다.

- 에스컬레이터나 엘리베이터 대신 계단을 이용한다. 목적지가 너무 높은 층에 있다면 처음에는 욕심을 부리지 말고 일부 구간만 계단으로 올라간다.
- 평소보다 먼 거리에 주차하거나 지하철에서 한 정거장 일찍 내려서 목적지까지 산책하듯 걸어간다.
- 동료에게 이메일을 보내는 대신 직접 동료의 자리로 걸어간다.
- 서 있을 때 복근 운동을 한다. 줄을 서서 기다릴 때 10초간 배에 힘을 주었다 빼기를 반복한다. 양치할 때 뒤꿈치를 들어 종아리 운동을 한다.
- 장 볼 때 쇼핑카트 대신 장바구니 두 개를 사용한다.

일과에 운동을 포함시켜라

달력에 미리 표시하고 알람을 설정하여 자기 돌봄을 포기하지 않도록 한다. 나는 일요일 밤마다 피트니스 센터의 앱에 들어가 수업 일정을 둘러보며, 한 주 동안 참석하고 싶은 운동 수업을 모두 골라 달력에 저장해둔다.

시간이 부족하다는 생각, (나는 할 수 없다는) 제한된 믿음에 사로잡히지 않도록 주의한다. 모두에게 똑같은 시간이 주어졌지만, 운동을 거를 수 없는 일로 여기는 사람들이 있고 그저 하면 좋은 일 정도로 여기는 사람들이 있다. 운동을, 하면 좋은 일이 아니라 반드시 해야 할 일로 생각하라. 생각을 바꾸어 운동을 우선순위에 놓는다면 운동할 시간은 무조건 생긴다. 운동을 업무 회의만큼 중요한 일로 여겨야 한다.

업그레이드하라

깨어 있는 선택을 한다. 마인드와 행동을 업그레이드한다. 더 높은 수준으로 끌어올린다.

예를 들어 아이스크림을 줄이거나 끊고 싶다면, 과일과 꿀을 곁들인 그릭 요구르트처럼 더 건강한 선택지로 업그레이드하는 것이다. 이런 식으로 행동을 업그레이드하면 건강한 라이프스타일에 한 걸음 더 다가갈 수 있다.

마인드 업그레이드의 또 다른 예로는 상황의 부정적인 면보다 긍정적인 면을 바라보는 것을 들 수 있다.

무언가를 완전히 끊어내기보다는 건강하게 업그레이드하는 것이 더 효과적일 때가 많다.

허밍 명상을 통해 명료하게 사고하라

나는 인도에서 허밍 명상Humming Meditation을 배웠다. 허밍 명상은 뇌 순환, 에너지, 명료함을 개선해주는 것으로 알려져 있다. 여러 연구 결과, 허밍은 축농증 예방에도 도움을 줄 수 있다. 허밍 명상을 연습하는 방법은 다음과 같다.

1. 눈을 감고, 목과 허리를 곧게 펴고, 어깨에 힘을 빼고, 긴장을 푼다. (선

택 사항: 네 손가락으로 눈을 가리고, 엄지로 귀를 막는다.) 허밍이 머리와 얼굴, 목 근육으로 쉽게 전달되도록 입술을 가볍게 맞댄다.

2. 천천히 깊게 숨을 들이마신다. 숨을 내쉴 때 입술을 맞댄 채 '음' 하는 소리를 낸다. 숨을 내쉬는 동안 계속 소리를 낸다. 허밍에 선율을 더해도 괜찮지만, 전통적인 허밍은 일정한 음조에 더 가깝다. 느껴지는 진동과 기분에 주의를 기울인다.
3. 호흡을 가다듬고 계속한다. 1분으로 시작하여 점차 15분까지 늘려간다.
4. 요가에서는 허밍 명상이 끝난 후 가만히 앉아 있는 시간을 중요하게 생각한다.

허밍 명상을 수련하면 다음과 같은 이점을 얻을 수 있다.

- 비생산적 사고 해소
- 부정적 사고 축소
- 명료함 강화
- 축농증 예방

허밍의 진동을 느끼는 동안 프라나를 흐르게 한다. 그러면 내 앞을 가로막는 장애물을 치워내듯 머릿속에서 생각을 밀어내 정신이 맑아지는 순간을 느낄 수 있다. 이 명상은 목과 얼굴, 어깨 근육의 긴장을 이완시켜서 긴장과 스트레스 완화에도 도움이 된다.

4장

휴식: 재부팅을 위한 시간

행복을 가져다줄 요정을 기다리고 있는가? 너무 기대하지 마라.

즐거움과 창의력으로 이어지는 라이프스타일을 선택하느냐는 우리에게 달린 일이다. 직장 생활을 하다 보면 결정을 내려야 할 일이, 긴급히 처리해야 할 일이 수없이 쏟아진다. 아주 골치 아픈 일이다. 이러한 환경에서 선견지명을 갖춘 CEO가 되려면, 최적의 기능을 발휘하려면 우리는 매일 재부팅해야 한다.

인간은 놀이와 회복의 조합을 통해 재부팅하며, 이는 7A의 두 번째 요소다. 서로 밀접하게 연관된 두 활동을 통해 우리 뇌는 쉴 시간을 갖고, 재충전과 리셋의 기회를 얻는다.

놀이는 그 자체로 회복이다. 목표를 향해 달리느라 고도로 집중하고 압박감에 시달릴 때가 잦은 우리 뇌에 놀이 시간은 휴식의 기회가 된다.

회복에서 무엇보다 중요한 요소는 휴식이다. 회복의 가장 집약적인 형태로 수면을 꼽을 수 있지만, 회복은 단순히 쉬고 자는 것 이상을 의미한다. 빈둥거리는 시간, 멍하게 보내는 시간도 모두 회복의 범위에 들어간다. 자칫 시간을 나태하게 보내는 것처럼 보일 수도 있지만 사실은 전혀 그렇지 않은 것이다.

놀이와 회복을 희생하면 우리 뇌는 최적의 기능을 발휘하기 어렵다. 제 기량을 발휘하지 못하는 날이 오래 지속될수록 한때 생산적이었던 자아의 모습과 우리에게 성취감을 주었던 자아의 모습이 어느 순간 시야에서 흐려지기 시작한다.

많은 사람이 자신의 웰빙과 행복을 위해 놀이와 회복 시간을 가져야 한다는 사실을 이미 알고 있다. 그러나 이를 실천하는 사람은 극히 드물다.

직장에서나 가정에서나 일과에 놀이 및 회복 시간을 포함시키면, 정신이 맑아지고 창의력이 샘솟으며 인생이 자유로워진다.

우리는 놀기 위해 태어났다. 놀이는 인간의 본성으로, 어린아이의 하루를 보면 여실히 드러난다. 놀이는 창의력과 즐거움을 끌어내는 일이며, 배움을 얻는 방법이기도 하다.

나이가 들면 왜 놀이를 그만두는 걸까?

어린 시절, 그러니까 컴퓨터, 태블릿, 비디오게임이 세상을 장악하기 전에는 뭘 하며 놀았는가? 자전거를 타다가 넘어져 무릎이 까졌다. 해 질 녘이 되어 집에서 누가 찾으러 나올 때까지 시간 가는 줄도 모르고 밖에서 신나게 놀았다. 그렇게 친구들과 동네를 우르르 뛰어다니며 온갖 말썽을 부렸다.

어린 시절의 대부분은 친구들과 어울리며 세상을 탐험하는 것에 집중되어 있었다. 그 시절 우리는 타인과 교류하고 함께 놀면서 심장을 팔딱팔딱 뛰게 했다. 그게 살아 있는 것이다! 그런데 어째서 어른이 되면 이런 것들을 놓치고 사는 걸까? 어째서 덜 놀고 덜 움직이고 덜 교류하게 되는 걸까?

우리는 집중한답시고 사무실 안에 틀어박힌다. 몇 시간씩 꼼짝도 하지 않은 채 자리를 지키고, 어쩌다 일주일에 두어 번 헬스장에 가기라도 하면 아주 운이 좋다고 생각한다. 24시간 내내 엄격하게 살아간다. 사회적 규범대로 생각하고 행동하면서 놀이는 아이들의 전유물이라고 생각한다.

내가 회복과 놀이에 관한 이야기를 꺼내면 이렇게 반응하는 고객들이 있다. "아, 그럴 수 있으면 참 좋겠지만, 저는 시간이 없어요." 또는 "휴, 듣기만 해도 참 좋네요!" 그러나 놀이와 회복을 사치로 여겨서는 안 된다. 잠자리에 들기 전에 가족과 함께 시간을 보내는 정도라도 좋으니, 언제라도 놀이와 회복을 위한 시간을 반드시 만들어야 한다.

놀이는 필수다. 이를 반드시 지켜야 할 일정으로 만들어라. 놀이는 개인의 전략과 기업 문화의 일부가 되어야 한다.

회복도 마찬가지다. 건강한 라이프스타일을 추구하려면 업무 중간에 운동을 하거나 잠시 일어나 스트레칭을 하는 등 휴식을 취해야 한다. 처음에는 이 정도로 시작해도 괜찮지만, 진정한 회복을 위해서는 반드시 한가한 시간을 가져야 한다. 휴식은 결코 없어서는 안 될 시간이다. 휴식은 생산성의 함정에 따르는 과로사를 막아준다. 휴식을 중시한다는 것은 인생에는 열심히 일하며 할 일 목록을 끝내는 것보다 더 중요한 것이 있음을 인정하는 일이다.

놀이는 곧 자유다. 그런데도 우리 대부분은 그 자유를 희생하고 있다. 놀이를 한다는 것은 과거나 미래를 걱정하는 대신, 끝내지 못한 업무나 하지 못한 일을 생각하는 대신, 아무런 근심 없이 현재를 즐기는 것이다. 한 시간 동안 그림을 그리든, 테니스를 치든, 책을 읽든, 새로운 것을 배우든, 하이킹에 나서든 어떤 식으로든 삶에 놀이를 포함시켜야 한다.

충분한 휴식 시간을 갖되, 이를 게으름과 동일시해서는 안 된다. 휴식을 취하는 것은 우리 뇌(와 프라나)에 재충전할 시간을 주는 것이다. 회복을 열심히가 아닌 똑똑하게 일하기 위한 전략으로 삼아야 한다.

현재에 집중하고 자기와 타인에게 몰입할 시간을 만든다. 놀이와 회복을 위한 시간을 내면 큰 즐거움과 창의력을 즐기는 경험이 습관화되므로 더는 인생을 덧없이 스쳐가는 시간이라고 생각하지 않게 된다.

또 초심자의 마음으로 가능성, 기회, 해결책을 보는 능력이 생길 것이다. 원기 회복, 창의력, 무엇보다 명료함을 경험하게 될 것이다. 문제라고 생각했던 일들, 밤잠을 설치게 만들었던 문제들이 더는 마음을 괴롭히지 않을 것이다. 이전보다 더 생산적이고 효율적인 사람이 될 것이다. 스트레스, 두려움, 피로가 없다면 어떤 어려움 앞에서도 창의적인 해결책을 내놓을 수 있을 것이다.

젊음을 유지하는 비법

수면은 우리를 매일 회복시킨다. 따라서 아무리 바쁜 삶을 살더라도 수면을 사치라고 여기면 안 된다. 수면을, 밤마다 멈추어 호흡하고 재부팅할 기회로 여긴다. 골치 아픈 문제가 있거나 내리기 힘든 결정이 있다면 우선 잠을 잔다. 적절한 휴식을 취하면 정신이 맑아져 최고의 기량을 발휘할 수 있는 상태가 된다. 잠재의식을 잠시 쉬게 한다. 그러고 나서 맑은 정신으로 일어나면 깨어 있는 결정을 내릴 수 있다.

잠을 적게 자는 것을 자랑스럽게 얘기하는 사람들이 있다. 이런 식으로 말이다. "나는 하루에 네다섯 시간만 자면 돼, 정말로." 수면 부족은 자부심을 느낄 만한 일이 아니다. 이는 결단코 지속 가능하지 않다. 오히려 우리의 웰빙과 리더로서의 유효성을 위태롭게 할 뿐이다.

잠을 충분히 자지 않고 일하는 것은 술에 취해 일하는 것이나 다름없다. 한 연구에 따르면, 17시간에서 19시간 동안 잠을 자지 않은 참가자들의 직무 수행 능력은 혈중 알코올 농도가 0.05퍼센트(운전자에게 법률상 허용되는 최대 혈중 알코올 농도 수치는 0.08퍼센트다)인 사람과 비슷한 수준이거나 더 낮았다. 수면의 양이 부족하거나 질이 떨어지면, 머리가 제대로 돌아가지 않고 에너지가 고갈되며 프라나의 흐름이 차단된다. 그러면 실수를 저지르는 등 제 능력을 발휘하지 못해 개인의 업무 성과는 물론이고 기업의 경영 성과에도 해를 미치게 된다. 이러한 상황이 계속되면 결국 개인도 기업도 쓰러지고 말 것이다.

〈하버드 비즈니스 리뷰〉의 연구원들은 적절한 수면과 리더십 간의 연관성을 발견했다. 이 연구 결과, 수면이 부족한 상태에서는 성과가 높은 팀의 특징적인 리더십 행동 네 가지 모두가 부정적인 영향을 받았다. 또 다른 연구에 따르면, 수면 방해와 극도의 피로는 생산성을 떨어뜨려서 직원 1인당 연간 1,967달러의 손실을 발생시켰다. 버진 펄스Virgin Pulse에서 진행한 조사에서는 응답자의 40퍼센트가 한 달에 한 번 이상 업무 시간에 졸았다고 대답했다.

휴식을 잘 취해야 뛰어난 직원이 된다. 휴식을 잘 취할수록 기억력, 의사결정 능력, 집중력이 더 뛰어나며, 심각하거나 위험한 실수를 저지를 가능성이 줄어든다.

수면이라고 해서 모두 다 같은 것은 아니다. 우리에게 필요한 것은 회복을 돕는 렘REM, Rapid Eye Movement수면이다(이는 우리의 배터리를 충전하는 것과 같다). 인간의 뇌가 오프라인이 되어 잠들기 전까지 최적의 상태로 기능할 수 있는 시간은 최대 16시간이다. 이 한계를 넘어가면 수면 부족 상태가 되고 뇌 네트워크가 망가지기 시작하면서 제 기능을 하지 못한다.

그렇다면 우리가 회복에 도움이 되게 잠을 잤는지 아닌지를 어떻게 알 수 있을까? 캘리포니아대학교 버클리캠퍼스에서 나와 함께 일했던 저명한 신경과학자이자 심리학자, 그리고 《우리는 왜 잠을 자야 할까》의 저자인 매슈 워커Matthew Walker 박사는 자신에게 다음과 같은 질문을 던져보라고 제안한다.

"아침에 알람 없이 일어나 카페인과 같은 각성제의 도움 없이도 하루를 상쾌하게 제대로 보낼 수 있는가?"

이 질문에 그렇다고 대답할 수 있다면, 축하한다! 당신은 회복에 도움이 되는 잠을 자고 있는 것이다. 워커 박사에 따르면, 회복을 돕는 수면은 정신의 명료함, 창의력, 기분, 수행 능력, 면역력을 증진하며, 체중 감소에까지 도움을 준다. 즉 수면은 정신적, 신체적 건강을 매일 리셋할 수 있는 가장 효과적이면서 유일한 방법이다.

물론, 3장에서 언급했듯이 음식도 웰빙을 유지하고 모든 능력을 발휘하는 데 아주 큰 영향을 미친다. 어떤 음식을 얼마나 먹느냐는 우리의 인지 능력과 매일의 에너지 수준, 그리고 전반적인 건강 상태를 결정하는 데 큰 역할을 한다. 자신을 돌보지 않으면 결국에는 질병에 시달리거나 내가 '세상에서 가장 비싼 침대'라고 부르는 병원 침대에 눕게 된다.

어떤 선택을 하겠는가. 자신의 침대에서 회복에 도움이 되는 잠을 자겠는가, 아니면 세상에서 가장 비싼 침대에서 잠 못 이루는 밤을 보내겠는가? 작자 미상의 명언이 떠오른다.

"건강한 사람의 소원은 천 가지이고, 아픈 사람의 소원은 오로지 하나뿐이다."

자신을 돌보지 않는다면 가능성도 기대할 수 없다. 일과에 놀이 시간과 회복 시간을 포함시키면 번아웃을 피할 수 있지만, 젊음을 유지하는 비결은 회복을 돕는 수면에 있다. 회복을 돕는 수면을 취하면 어릴 때처럼 우리의 진정한 자기가 현재에 집중하고, 호기심을 품고, 잘 쉴 수 있게 된다.

아무것도 하지 않을 때

멍하게 있는 시간은 창의력의 중요한 원천이다. 멍하게 있기는 우리의 뇌가 휴식 시간을 얼마나 즐기는지, 회복과 재충전과 리셋과 재부팅의 기회를 얼마나 갈망하는지를 보여주는 수많은 예시 가운데 하나에 불과하다.

흥미롭게도 멍하게 있기의 중요성은 초기 수면 연구를 선도한 과학자들에 의해 처음 밝혀졌다. 렘수면을 발견하기 전까지 사람들은 수면을 수동적인 활동이라고 생각했다. 이제 렘수면 상태가 '제3의 존재 상태'라고 불릴 만큼 중요하다는 것은 모두가 아는 사실이 되었다.

수면 주기는 우리가 깨어 있는 시간까지 이어지는 더 큰 '휴식 활동 주기'의 일부라는 사실이 동일한 연구진에 의해 밝혀졌다. 인간의 뇌는 노력과 회복, 집중과 분산이 반복되는 리듬을 좋아한다.

수필가 팀 크라이더Tim Kreider는 〈뉴욕타임스〉 기고문에서 이렇게 말했다.

"무위無爲는 단순한 휴식이나 방종, 또는 악이 아니다. 우리 몸에 비타민D가 필요한 것처럼 뇌에는 무위가 꼭 필요하다."

무위는 회복을 위한 필수 요소다.

멍하게 있거나 몽상에 빠진 듯한 상태가 바로 뇌의 DMNDefault Mode Network(뇌가 아무런 활동을 하지 않을 때 활성화되는 특정 부위-옮긴이) 영역이 활성화된 상태다. 한때 과학자들은 DMN을 '거의 아무것도 하지 않는' 상태로 간주했으나, 이제 우리는 렘수면 상태와 마찬가지로 DMN이 활성화한 상태에서 뇌가 매우 활발하게 활동하며 회복을 위한 중대한 기능을 수행한다는 사실을 알게 되었다. 아주 창의적인 사람일 경우 DMN이 특히 활성화되어 있다.

다시 말해, 우리는 고도의 집중력을 발휘하는 시간과 회복하고 휴식하고 멍하게 있는 시간을 오갈 때 최고의 능력을 발휘한다(11장에서 집중과 몰입을 더 자세히 다룰 것이다).

유쾌한 기업가 정신

애플에서 일하면서 나는 스티스 잡스는 뭘 하며 노는지, 그 놀이 시간이 어떻게 그를 대단한 혁신가로 성공하게 했는지를 꽤 빨리 알게 되었다. 회사에서 누군가 스티브 잡스를 찾는데 연락이 닿지 않는다면, 가봐야 할 곳은 한 군데뿐이었다. 바로 애플의 최고 디자인 책임자였던 조니 이브Jony Ive의 사무실이었다.

틈날 때마다 스티브 잡스는 조니 이브의 스튜디오에 가서 그와 함께 브레인스토밍을 하거나 '장난감'이라고 불렸던 애플의 시제품들을 가지고 놀았다.

그리고 그럴 때마다 전화기를 꺼두었다. 회의 시간이 다 되어가는데도 연락이 닿지 않아 정신을 쏙 뺐던 일이 한두 번이 아니었다. 그러다 어느 순간부터 우리는 조니 이브의 사무실로 전화를 걸어 이제 놀이 시간을 끝내고 스티브 잡스를 보내달라고 부탁하게 됐다.

스티브 잡스의 놀이는 사무실 안에서 이루어졌지만, 일상의 업무나 직책의 테두리 밖에 있었기 때문에 그에게 큰 에너지를 주었다. 조니 이브와 함께 보내는 시간이 스티브 잡스에게는 마음껏 웃고 상상하고 창조하며 새로운 자유를 느끼는 놀이 시간이었다.

기업가나 혁신가 같은 리더들은 때때로 일 자체가 놀이가 될 수 있다는 사실을 알고 있다. 직장에 학습 문화를 조성하면 사내에 놀이 감각을 더할 수 있고, 이는 결과적으로 직원들에게 더 큰 행복, 건강, 몰입을 선사한다. 내가 제공하는 웰니스 프로그램에도 (감사하기, 습관 만들기, 의자 없이 벽에 기대어 앉기처럼) 재미있는 즉흥 과제가 다양하게 포함되어 있다.

놀이를 업무 시간에 포함시키는 것은 바람직하지만, 그렇다고 직장 밖에서의 놀이 시간을 빠뜨려서는 안 된다. 업무라는 플러그를 뽑은 채로 보내는 시간이 꼭 있어야 한다. 직장에서의 놀이가 우리 마음속의 목적이라면, 직장 밖에서의 놀이는 그 자체로 목적이고 보상이다.

아이들과 공원에 가든 조깅을 하든 논다는 것은 결국 스트레스를 주는 환경이나 일에서 벗어난다는 의미다. 아무리 좋아하는 일을 하더라도 말이다.

잭이라는 고객이 있었다. 그는 〈포천〉지 선정 500대 기업의 CEO였고, 다른 두 회사의 이사를 겸하고 있었다. 진흙탕 싸움 같은 이혼 절차를 밟고 있었고, 밤낮없이 일에 매달리는 탓에 잠도 제대로 자지 못했다. 이런 문제들 때문에 잠이 들었다가도 공황 발작을 일으키며 깨는 날이 허다했다. 잭은 스트레스 수치가 매우 높아 번아웃 직전이었다. 그는 잘못된 생각의 굴레에서 헤어나오지 못하고 있었다. 혼자라고 느꼈고, 주변에 도와줄 사람이 없다고 믿었고, 스스로 책임감 없는 사람이라고 생각했다.

나는 잭에게 기본적인 마음챙김 프로그램을 시작하자고 권했다. 잭은 명상을 해본 적이 거의 없었기 때문에 명상 시간을 하루에 2분으로 시작해서 점차 늘려나갔다. 마음챙김 수련을 시작하자 잭은 멈출 수 있었고, 자기 삶에 큰 변화가 필요하다는 걸 깨닫게 되었다. 나는 잭이 규칙적으로 운동할 수 있도록 그가 좋아한다는 테니스와 사이클을 주간 일정에 넣었다. 깨어 있게 해주는 이러한 작은 습관과 수면 위생sleep hygiene(이 장의 '실천 단계' 참고) 규칙을 함께 지켜나가면서 잭은 놀라운 결실을 보았다. 물론 다른 프로그램도 함께 진행했지만, 모든 변화는 잭의 일과에 놀이 시간과 회복 시간을 넣은 덕분에 가능했다.

놀이 시간과 회복 시간을 갖고, 회복에 도움이 되는 수면을 취하고, 깨어 있는 식습관을 지키는가? 원기를 회복하고, 휴식을 취하고, 재부팅된 느낌을 얻기 위해 어떤 실천을 하고 있는가? 새로운 관점, 사고방식, 문제 해결 방법을 찾기 위해 어떻게 창의력을 활용하고 있는가? 마지막으로, 놀이 정신을 기르기 위해 어떤 일을 새로 시작할 수 있을까?

창의력은 명료함이다. 그리고 창의력은 자기 웰빙의 CEO가 되기 위해 반드시 필요한 놀이 시간과 회복 시간을 진정으로 누릴 때에만 찾아온다. 우리는 활기차고 즐거운 삶을 살기 위해 태어났다. 스트레스로 가득한 삶을 살아서는 안 된다.

우리는 놀기 위해 태어났다.

새로운 높이, 새로운 관점

내가 가장 좋아하는 내 사진은 요세미티 국립공원에서 찍은 것이다. 사진 속의 나는 하프돔Half Dome(요세미티 국립공원에 있는 화강암 돔으로 높이가 2,693미터다-옮긴이)의 '다이빙 보드'에 서서 상체를 뒤로 젖히는 백벤드backbend 자세를 취하고 있다. 여행이 절실했던 나는 주말을 맞아 당시 사귀던 남자친구와 함께 요세미티로 떠났다. 그때 나는 제약 영업을 하고 있었고, 다람쥐 쳇바퀴 도는 듯한 일상에서 벗어날 필요가 있었다.

우리는 자연을 만끽하며 하프돔 꼭대기까지 천천히 올라갔다. 서두를 이유가 하나도 없었다. 시합을 하는 것도 아니었고, 운동을 목적으로 산에 오르는 것도 아니었다. 우리의 목적은 그저 즐기는 것, 업무 스트레스에서 벗어나는 것, 자연과 하나 되는 것, 서로 하나 되는 것이었다.

마침내 정상에 다다랐을 때 눈앞에 펼쳐진 풍경을 바라보자 순식간에 마음이 깃털처럼 가벼워졌다. 대자연의 아름다움이 경이로웠다. 2,600미터가 넘는 높이에 서 있으니 갑자기 재미있는 생각이 들었다. 세계의 명소로 손꼽히는 이곳에서 백벤드 자세를 취하면 세상을 다른 관점에서, 그러니까 거꾸로 볼 수 있겠다는 생각이었다.

산꼭대기에서 백벤드 자세를 하고 있으니 내 안에 있던 비난받는 것에 대한 두려움은 물론, 스트레스, 피로, 좌절과 같은 부정적인 감정이 모두 달아났다. 시간이 얼마나 흘렀는지 전혀 감이 오지 않았다. 백벤드 자세로 신선한 공기를 들이마시니 몸안에 힘, 성취감, 교감, 감사가 채워졌다. 나는 현재에 온전히 머무름으로써 그 감정을 내 안에 깊이 뿌리박았다.

집에 돌아오고 나서도 산꼭대기에서 느꼈던 강한 감정을 의식적으로 일상생활에 녹여 넣었다. 예나 지금이나 사진을 보면 그때의 감정이 떠오른다. 그때 나는 활기를 되찾아 탄탄대로를 달릴 준비가 되어 있었다. 직장이라는 플러그를 뽑자 나 자신, 연인, 자연과 다시 교감할 기회가 생겼다. 여행에서 돌아온 뒤로 나는 마음의 여유를 되찾았고, 이전보다 더 큰 명료함과 창의력을 발휘했다. 더 적게, 그러나 더 생산적으로 일했고, 험난한 시장에서 최고의 판매 성과를 냈다. 한 번에 여러 가지 일을 하기보다는 한 가지 일에만 맹렬히 집중했고, 일상의 스트레스를 이전보다 더 수월하게 관리할 수 있게 되었다.

놀이와 회복을 위해 무엇을 하든 목표는 하나다. 누군가는 자연과의 교감이나 요가 수련보다 영화 감상이나 애인과의 소통을 더 선호할 수도 있다. 핵심은 이런 활동을 지나쳐서는 안 될, 반드시 해야 할 일로 만드는 것이다.

기타 연주를 배우다가 더는 레슨을 '우선순위'로 삼을 수 없게 되었다며 이를 그만둔 고객이 있었다. 인생에 큰 즐거움을 주는 활동을 계속할 수 있도록 나는 그에게 한 번 더 시도해보라고 격려했고, 이는 그의 삶에 큰 파장을 일으켰다. 중요한 것은 대단한 기타리스트가 되겠다는 목적을 갖는 것이 아니라 음악을 회복의 수단으로 활용하는 것이었다. 나는 이런 식으로 고객이 놀이 활동을 업무 회의만큼 중요한 일로 받아들이게 돕는다.

우리는 인간이기 때문에 집중에 한계가 있다. 한꺼번에 너무 많은 일을 하려고 하면 창의력이나 최고의 기량을 발휘하기가 더 어려워진다.

잠시 멈춘다. 호흡을 가다듬고 리셋한다. 업무와 무관하게 나 자신을 위해, 열정을 위해, 취미를 위해 시간을 낸다.

그러면 창의력, 생산성, 명료함이 향상될 것이고, 직장 안팎의 삶을 장악할 수 있게 된다. 동료와 직원들에게 깨어 있는 휴식의 본보기를 보일 수 있게 되고, 그로 인해 그들도 용기를 내어 회복에 도움이 되는 활동과 놀이 시간을 만들 수 있게 된다.

학습 조직: 잠시 멈춤, 그리고 배움

직원이 행복하고 건강하면 활기차게 몰입하게 되어 업무 성과가 개선되고 경영 성과가 향상된다. 직장에 든든한 상사가 있다고 생각하는 직원은 그렇지 않은 직원에 비해 근속할 가능성이 1.3배 더 높고, 몰입도가 67퍼센트 더 높다.

직장 내에 학습 문화를 만드는 것은 업무 몰입도 형성에 매우 유용하며, 학습과 놀이를 함께 하면 그 효과는 배가된다. 놀이와 마찬가지로 학습 또한 오토파일럿 모드에 빠지지 않고 창조적인 자기와 끊임없이 교감하게 한다.

'학습 조직'이라는 개념은 1990년대 피터 센게Peter Senge(MIT 슬로언 경영대학원 교수-옮긴이)가 처음 제시했다. 최근에는 하버드 경영대학원 교수 에이미 에드먼슨Amy Edmondson이 학습하는 문화의 구성 요소에 관해 광범위하게 연구했는데, 그 내용을 보면 내가 웰니스 프로그램에서 중시하는 요소를 에드먼슨 교수 역시 강조하고 있다.

에드먼슨은 성찰할 시간을 만들라고 말한다.

"너무 바쁘거나 마감과 일정에 쫓겨 스트레스를 받으면 분석적 사고 능력과 창의력이 저하된다. 배움을 독려하는 환경에서는 잠시 멈추어 생각하는 것이 가능해진다."

마음챙김과 배움, 그리고 웰니스에는 통합적인 접근이 필요하다.

학습 조직은 직원들에게 새로운 기술을 개발할 수 있는 자원을 제공한다. 여기에는 워크숍, 레슨, 세미나뿐만 아니라 지속적인 코칭과 멘토링도 포함된다. 이런 식으로 직원들에게 투자하면, 핵심 인재를 유치하고 유지하는 능력이 강화되므로 장기적으로 큰 성과를 얻을 수 있다.

마지막으로 학습 조직은 직원들에게 새로운 아이디어를 시험할 기회, 그런 기회를 붙잡고 독창적인 가능성을 탐구할 자유를 준다. 구글은 업계 최초로 '20퍼센트 프로젝트'를 도입했다. 이 프로젝트 덕분에 구글 직원들은 개인적으로 하고 싶은 일에 최대 20퍼센트의 시간을 투자할 수 있게 되었다. 이후 자유와 놀이를 중요시하는 구글의 기업 정신이 다른 회사로 뻗어나갔다. 대표적인 예로, 링크드인에는 인큐베이터[in]cubator, 애플에는 블루스카이Blue Sky, 마이크로소프트에는 개러지Garage 프로그램이 있다.

이들 프로그램은 직원들에게 기업가 정신을 심어줌으로써 직원들이 회사를 자신의 스타트업처럼 생각하게 장려한다. 그 결과 직원들은 즐겁게 일하는 동시에 더 창의적이고 혁신적으로 사고할 수 있게 된다.

버진 펄스의 조사에 따르면, 자신의 커리어 목표를 실현할 수 없다고 느끼는 신입 사원의 경우 다른 직원에 비해 이직 가능성이 30배 높았고, 직장인의 53퍼센트가 회사를 좋아하는 가장 큰 이유로 흥미롭고 도전적인 업무를 꼽았다.

학습과 성장은 운동, 수면, 영양만큼이나 웰빙에 필수적이다. 새로운 것을 배우는 데 더 많은 시간을 들일수록 인지 능력과 전반적인 정신적 웰빙 수준이 향상된다.

직원에게 투자하면 직원들의 애사심도 커진다. 이렇게 되면 회사는 생산성 함정에 빠지기 쉬운 시장에서 한 단계 더 높이 성장하며 혁신, 인재, 성공의 기회를 찾을 수 있다.

버진 그룹 창립자이자 비즈니스계의 거물 투자자 겸 자선가인 리처드 브랜슨Richard Branson은 〈Inc.〉 매거진과의 인터뷰에서 고객과 직원, 그리고 기업의 건강과 행복이라는 윈-윈에 관해 이렇게 얘기했다.

당신의 회사에서 일하는 직원들이 자기 일에 100퍼센트 자부심을 느낀다면, 당신이 직원들에게 일을 잘할 수 있는 연장을 쥐여준다면, 직원들은 당신 회사를 자랑스러워할 것이다. 직원들이 회사의 보살핌을 받고 좋은 대우를 받는다면 행복의 미소를 지을 것이고, 행복한 직원들은 고객에게 좋은 경험을 안겨줄 것이다. 당신의 회사에서 일하는 직원들에게 적절한 연장을 쥐여주지 않는다면, 그들이 보살핌을 받지 못한다면, 회사에 고마워하는 마음이 없다면, 웃는 얼굴로 일할 수 없을 것이므로 고객은 두 번 다시 당신 회사를 이용하고 싶지 않을 것이다. 그러므로 내 철학은 언제나 직원을 가장 우선시하고, 두 번째로 고객에게, 세 번째로 주주에게 잘하면 결과적으로는 주주들이 좋아하고, 고객들은 더 좋아하며, 내가 행복해진다는 것이다.

직원들이 회사에서 존중받으며 업무상의 목표 외에 개인적인 목표까지 실현할 수 있도록 지원받는다면, 그들은 행복해질 것이고 일에 더욱 몰입할 것이며 결과적으로 더 좋은 성과를 거둘 것이다. 그러면 결국 비즈니스도 번창할 것이다.

이 모든 것이 우리 자신으로부터 시작된다. 하루를 어떻게 보내기로 선택할 것인가? 정신, 몸, 창의력을 어떻게 재부팅할 것인가? 간단하다. 이 일을 우선순위에 두면 된다. 중요한 업무 회의처럼 이 일도 타협 불가능한 것으로 여기면 된다.

새로운 것을 배워라

회사를 운영하거나 관리하는 경우 새롭고 다양한 일을 통해 직원들이 시야와 창의력을 확장할 수 있도록 자유 시간을 준다. 세미나, 기술 개발 워크숍 등을 진행하여 직원들에게 의미 있는 과제를 주고, 자기 계발의 기회를 제공한다.

직원들의 목표를 알고 이해하기 위해 노력한다. 열린 소통과 지원을 통해 그들의 삶에 진심 어린 관심을 보여주고 격려한다. 업무와 관련된 목표든 아니든 얘기하고 싶은 목표가 있는지 물어보되 강요하지 않는다. "여러분이 목표를 이루도록 내가 도울 방법이 있을까요?"라고 묻는 게 좋다. 그러면 직원들도 자기 목표에 주인의식을 갖게 된다.

책임감 있게 성심성의껏 후속 조치를 취한다. 업무와 관련된 것이든 아니든 직원이 개인의 목표를 달성한다면 팀 또는 회사에 반드시 도움이 될 것이다. 직원들에게 개인적으로 성장할 기회와 자유를 허락하면 개인의 행복, 창의력, 업무 성과가 향상될 것이다.

회사에 '자기 돌봄의 날' 또는 '탐구의 날'을 지정한다. 직원들이 업무와 관련 없는 관심사를 탐구하고 새로운 것을 배우도록 일주일에 몇 시간 또는 한 달에 몇 시간씩 시간을 정해둔다.

책벌레처럼 독서하라

관점을 유지하고 기회를 잡으려면 방대한 정보가 필요하다. 정보 습득에 가장 효율적이고 효과적인 방법은 독서다. 독서는 아이디어라는 연장통을 제공하는 것 이상의 역할을 한다. 책을 읽으면 분석 능력, 특히 판단력과 문제 해결 능력이 향상된다. 서식스대학교의 연구에 따르면, 책을 읽을 때 집중력이 향상되고 긴장이 완화되면서 스트레스 수준이 68퍼센트까지 떨어진다. 긴장 완화에 음악 감상이나 산책보다 독서가 더 효과적이라는 의미다.

전달받은 기사 또는 눈에 띄는 기사를 표시해놓거나 '독서' 파일을 만들어 그 안에 담아둔다. 매일 일정한 시간을 들여 지식을 늘린다. 책과 기사를 읽고 동료나 팀원들과 의견을 나눈다.

한 달에 한 번, 점심시간을 활용해 직장 내 독서 모임을 갖는다. 자신의 업종과 관련된 주제든 자기 계발 도서든 무엇이든 읽고 토론하는 문화를 장려한다. 번갈아 토론을 이끎으로써 한 사람도 빠짐없이 토론에 참여할 수 있게 한다. 이는 아이디어를 공유하고 분석 기술을 연마하고 팀의 유대를 도모할 훌륭한 기회다.

진지한 독서는 리더십에 필수적인 통찰력과 자질을 계발하는 효과적인 방법이다. 리드lead하고 싶다면, 반드시 리드read하라.

걸으면서 대화하라

회의할 때, 가능하다면 지루한 회의실을 피한다. 연구에 따르면, 산책하며 하는 회의는 의자에 앉아서 하는 회의보다 창의적 사고와 생산성을 높인다. 걸으면서 회의를 하기에 적합한 인원은 최대 세 명이다. 회의 내용을 기록으로 남기려면 스마트폰의 음성 녹음 기능이나 앱을 활용한다.

나는 애플에서 스티브 잡스와 함께 일할 때 처음으로 걷기 회의를 경험했다. 그는 걸으면서 중요한 문제를 토론하는 것을 무척 좋아했다. 걷기는 정말 즐거운 일이다. 몸을 움직이면 창의력도 흐르게 된다. 걷기는 또한 오래 앉아 굳은 몸을 회복하는 데에도 도움이 된다.

자연에서 시간을 보내라

축구 또는 소프트볼 리그를 만들거나 야유회와 같은 간단한 이벤트를 마련한다. 자연 속에서 시간을 보내면 정서적으로나 심리적으로나 더 건강해진다는 것은 새로운 개념이 아니다. 직장 밖에서 유대를 쌓으면 직장 내에서 더 높은 생산성과 행복을 누릴 수 있다.

탄력 근무제, 넉넉한 유급 휴가를 제공하라

직원들이 번아웃을 겪지 않게 하려면 고용주는 직원들이 필요할 때마다 탄력적으로 일하게 하고 스트레스 완화에 도움이 되도록 충분한 휴가를 제공해야 한다. 물론 직원들이 받는 스트레스는 반드시 업무와 관련된 게 아닐 수도 있다. 어쩌면 업무와 동시에 처리해야 할 개인적인 용무가 있을지도 모른다. 그러나 결국 탄력 근무제와 유급 휴가는 직원들의 스트레스 수준을 낮춰주고, 효율성을 높여줄 것이다.

바람직한 수면 습관을 실천하라

건강한 수면 습관은 최상의 컨디션을 유지하고 최고의 기량을 발휘하게 한다.

- 수면 시간을 지킨다. 매일 같은 시간에 일어나고 같은 시간에 잠자리에 든다. 일하지 않는 날에도 이 시간을 지킨다. 수면의 질을 개선하는 단 하나의 방법을 선택해야 한다면, 이것이 가장 효과적이다.
- 절대 잠을 희생하지 않는다. 최소 일곱 시간 이상 잠을 자되, 일일 권장 수면 시간은 평균 여덟 시간이라는 점을 명심한다.
- 자기 전에 몸과 마음의 긴장을 풀어줄 편안한 취침 루틴을 만든다. 명상, 스트레칭, 독서, 일기 쓰기, 온수 샤워 등 무엇이든 하루의 스트레스를 떨쳐내줄 이완 방법을 활용한다.
- 수면 주기 조절에 도움이 되도록 최소 취침 30분 전에는 빛에 대한 노출을 최소화한다. 이때 빛이란 텔레비전, 스마트폰, 태블릿 PC, 이북리더, 노트북, 게임기 등에서 나오는 빛을 모두 포함한다. 이러한 장치에서 방출되는 블루라이트의 파장이 햇빛과 비슷해 24시간 주기의 생체 리듬에 혼란을 초래하고 수면을 촉진하는 호르몬인 멜라토닌의 분비를 지연시킨다.

- 잠자리에 들기 직전에 배부르게 먹지 않는다. 저녁 일찍 식사를 마친다. 잠자리에 들기 전에 배가 고프다면 가볍게 간식을 먹는다. 자기 전에 음식을 먹으면 몸이 회복되기보다는 밤새 소화에 에너지를 쓰게 되며, 심지어 누워 있는 자세로는 소화도 제대로 되지 않는다.
- 취침 시간 직전을 피해 낮에 규칙적으로 운동한다.
- 잠자리에 들기 전에 목이 마르면 물을 조금만 마시고 알코올을 섭취하지 않는다.
- 침대에서 일하지 않는다. 침대는 오로지 수면과 섹스를 위한 물건이다.
- 졸리지 않으면 침대에 눕지 않는다. 누워서 20분이 지나도록 잠들지 않거나 자다 깨어 20분이 지나도 다시 잠들지 않는다면 침대에서 일어난다. 침대를 깨어 있는 상태와 연결 짓지 않는다. 차라리 다른 방으로 가서 뭔가 편안함을 주는 일을 하거나 수면 유도를 위한 명상 음악, 바이노럴비트binaural beats(뇌파를 조절하기 위해 양쪽 귀에 들려주는 다른 주파수의 소리-옮긴이)를 듣는 것이 좋다.
- 침실은 건강한 수면을 위한 환경이어야 한다. 조용하고, 어둡고, 편안하고, 시원하게(섭씨 18~19도) 유지한다. 그리고 침실에는 전자 기기가 없어야 한다.
- 알람은 스마트폰이 아니라 시계로 설정해두고, 알람시계는 방문 바깥에 둔다. 스마트폰을 침대 가까이에 두면, 아침에 눈뜨자마자 또는 잠들기 전에 이메일을 확인하기 너무 쉬운 환경이 된다. 그러면 불필요한 불안이 생긴다. 손을 뻗어도 닿지 않는 거리에 알람시계를 두면 알람을 듣고 일어날 수밖에 없으므로 스누즈 버튼을 누르는 습관을 버릴 수 있다.

자면서 놀아라

자는 동안 상상의 나래를 펼친다. 다들 꿈을 꾸지만, 모두가 꿈을 기억하는 것은 아니다. 꿈을 자주 꾸고 일어난 뒤에도 꿈의 내용이 생각난다면, 창의력을 자극할 새로운 채널로 활용할 수 있도록 꿈을 분석해본다. 꿈의 내용을 더 자주, 더 잘 기억하고 싶다면, 자기 전에 속으로 이렇게 말한다. 오늘 밤에 꾸는 꿈은 꼭 기억할 거야. 의도적으로 노력한다. 아침에 눈뜨자마자 꿈의 내용을 기록할 수 있도록 공책과 펜을 머리맡에 둔다. 살바도르 달리나 빈센트 반 고흐 같은 수많은 예술가가 꿈을 창의력의 원천으로 꼽았다. 깨어 있는 상태에서 새로운 아이디어를 떠올리려고 애쓸 때는 전에 생각했던 것, 이미 알고 있는 것들만 떠오르게 마련이지만, 수면 상태에서 자신의 무의식 속으로 뛰어들면 아주 생생하고 직관적인 아이디어를 얻을 수 있다. 오늘 밤에 한번 시도해보라.

일과에 개인 시간을 넣어라

놀이 시간과 회복 시간은 자신을 돌보기 위해 반드시 필요하다. 업무 회의처럼 자신을 위한 시간도 일과에 기록해둔다. 애인, 가족, 친구와 보낼 시간을 정하고, 요가, 복싱 레슨, 명상, 자전거, 하이킹, 달리기, 독서 시간을 표시한다. 자유 시간을 가질 수 있도록 일정에 공백을 만든다. 일정표에 자유 시간을 적어놓지 않으면, 또는 적어놓은 내용을 자주 들여다보지 않으면 이를 건너뛰거나 잊어버리기 십상이다. 눈에서 멀어지면 마음에서 멀어진다. 회의는 중요하기 때문에 일정표에 적어놓는다면, 나 자신도 그만큼 중요하다는 사실을 잊어서는 안 된다.

5장

예방: 좋은 스트레스, 나쁜 스트레스

스트레스로 정신이 흐려지고 판단력이 손상되어 마치 곡면 거울로 세상을 바라보는 것처럼 인생이 왜곡된 모습으로 보이는가?

나는 소규모 스타트업과 세계적인 대기업의 리더들을 만나면서 모두에게 적용되는 사실을 하나 알게 되었다. 스트레스 관리는 누구도 피할 수 없는 일상의 현실이라는 것이다. 우리는 끊임없이 의사결정을 해야 한다. 우리는 수많은 역할을 맡고 있으며, 거기에는 저마다의 압박과 책임감이 따른다. 그런데 스트레스 때문에 명료함, 창의력, 현명한 의사결정 능력이 떨어지기라도 한다면 어떻게 되겠는가? 내가 고안한 방법인 *ACE*를 살펴보며 좋은 스트레스를 활용하고 불필요한 스트레스를 피하는 방법을 알아보자.

7A에서 세 번째에 해당하는 '불필요한 스트레스 피하기'는 우리가 받는 스트레스를 무시하거나 과소평가하라는 의미가 아니다. 스

트레스의 징후를 못 본 척 피하라는 의미도 아니다(실은 그 반대다). 마지막으로, 스트레스를 부정적으로만 바라보거나 두려워하는 태도에 얽매여서도 안 된다.

불필요한 스트레스를 피하는 데는 다음과 같은 전략이 도움이 된다.

- 생산적 스트레스와 비생산적 스트레스를 명확히 구분한다.
- 생산적 스트레스는 자신에게 유리하게 활용한다. 가능하다면 마인드 개선을 통해 비생산적 스트레스를 생산적 스트레스로 바꾼다.
- 스트레스 상황, 흡혈귀처럼 에너지를 빨아먹는 존재를 피하여 건강하지 않은 스트레스를 줄인다. 특정한 상황이나 사람을 피할 수 없다면, 이를 인내심과 동정심을 가르쳐주는 존재로 여긴다. 스트레스를 주는 사람이나 환경도 우리의 스승이 될 수 있다.
- 내가 통제할 수 있는 것과 없는 것을 구분한다. 그리고 통제할 수 없는 것이라면 마음을 내려놓는다.
- 직장에 웰니스 문화를 조성하고 자기 웰빙의 CEO로서 직원들에게 모범을 보인다. 이는 피할 수 없는 스트레스로부터 우리를 지키는 방패 역할을 한다.

불필요한 스트레스를 받으면 정신과 판단력이 흐려져서 자기 자신, 인간관계, 커리어, 재정 등과 관련한 문제에서 올바른 결정을 내리기 어려워진다. 하나의 잘못된 결정은 그다음 결정에도 악영향을 미쳐 결국엔 참혹한 도미노 효과를 불러일으킨다.

그러다 정신을 차려보면, 도대체 어디서부터 잘못되었는지 머리를 긁적이며 혼란의 구렁텅이에 서 있는 자신을 발견하게 된다. 바로 이런 상황을 피해야 한다. 결정을 내리기 전에 항상 명료한 상태, 창의적인 상태를 만든다. 그러려면 잠시 멈추고 호흡한다.

맑고 예리한 정신을 유지하면 큰 그림이 보이고, 각각의 선택이 불러올 결과도 보인다. 자기 주도적 선택, 스트레스 예측과 예방을 통해 쓰러진 도미노를 집어 올리는 수고를 덜자.

ACE 스트레스에 맞서기 위한 ACE 단계

스트레스를 전혀 경험하지 않은 사람이 있다면 그는 산송장이다. 스트레스는 피할 수 없는, 자연스러운 삶의 일부다. 스트레스는 위험 부담이 큰 상황을 마주했을 때 우리에게 힘을 주기도 하고, 위기 상황에서 우리를 구해주기도 한다. 스트레스가 우리의 몸과 마음에 어떤 영향을 미치는지, 스트레스를 생산적으로 활용할 수 있는 경우와 그렇지 않은 경우는 어떻게 다른지, 스트레스에 대해 더욱 자세히 살펴보자.

먼저, 스트레스에는 세 가지 유형이 있다. 바로 급성 스트레스acute stress, 만성 스트레스chronic stress, 유스트레스eustress다.

*급성 스트레스*는 우리에게 꼭 *필요한* 스트레스다. 이는 단기간에 아드레날린이 급상승하는 경우로, 빠르게 달리는 택시에서 뛰어내리는 경우처럼 위험하고 다급한 상황에 부닥쳤을 때 우리에게 빠르

고 단호하게 행동할 수 있는 에너지를 준다. 위험에 처했다고 인식하면 두려움이 우리를 지배하는 경우가 많다. 투쟁-도피 반응 때문이다. 이때 급성 스트레스는 매우 귀중한 생존 기제로 기능한다. 그러나 만약 위협이 끊이지 않는다면, 급성 스트레스는 만성 스트레스로 바뀔 수 있다. 우리가 위협이나 어려움을 기회로 바라볼 수 있다면, 이를 바람직하고 생산적인 스트레스인 유스트레스로 전환함으로써 만성 스트레스로 번지는 것을 막을 수 있다. 어떤 스트레스를 경험하느냐는 대개 우리가 스트레스 상황을 어떤 마인드로 받아들이느냐에 따라 달라진다.

*만성 스트레스*는 *위험한* 스트레스다. 만성 스트레스는 절망, 무력감, 불확실성이라는 특징을 지니며, 장기화하는 경우가 많다. (디스트레스라고도 불리는) 만성 스트레스는 불필요한 스트레스로, 마인드 개선을 통해 피할 수 있다. 연구 결과에 따르면, 만성 스트레스는 심장질환, 우울증, 비만과 같은 심각한 질병의 원인이 되기도 한다. 또한 우리를 오토파일럿 모드에 빠지게 만듦으로써 피할 수 있는 스트레스 상황조차 예측하지 못하게 만든다. 나아가 프라나의 흐름을 차단하여 우리의 에너지를 고갈시킨다.

*유스트레스*는 *바람직한* 스트레스다. 성취와 성공을 향해 달려갈 수 있도록 우리를 격려하는 원동력이다. 유스트레스는 우리가 새로운 목표를 향해 분투할 때 경험하는 순간순간의 웰빙으로, 우리에게 일을 효율적으로 수행할 수 있는 에너지를 준다. 몰입, 무아지경에 빠져 있을 때의 느낌이다. 유스트레스는 집중력 향상은 물론, 최고의 성과를 이루는 데 활용할 수 있는 아주 생산적인 도구다.

만성 스트레스를 경험할 때 우리는 해결되지 않은 어려운 상황 때문에 함정에 빠져 있을 것이다. 마치 뿌연 렌즈를 통해 세상을 바라보는 것처럼 무기력하거나 절망적일 수 있다.

풀리지 않는 상황, 헤쳐 나가기 힘든 상황의 덫에 빠져 있을 때 주로 만성 스트레스를 경험한다. 이런 상황이 되면 마치 뿌연 안경을 쓰고 세상을 바라보는 것처럼 눈앞이 흐려진다.

만성 스트레스에는 유스트레스나 급성 스트레스와 같은 생산적인 기능이 없다. 위험을 알려주는 신호를 보내지 않는다. 최고의 성과를 위한 원동력이 되지도 않는다. 오히려 질병의 원인이 되어 우리 삶을 위험에 빠뜨릴 뿐이다. 일찌감치 손쓰지 않으면 만성 스트레스 때문에 조기 사망 또는 과로사할 수 있다.

그래서 더욱 깨어 있는 선택이 필요하다. 우리는 인식하지 못할 뿐, 스스로 만성 스트레스를 벗어나지 않는 삶을 선택하는 경우가 많다. 늘 그래왔기 때문에 또는 다른 선택지를 알아보지 못하기 때문이다. 선택권이 우리 손에 있다는 사실을 인식하지 못하기 때문에 어떤 상황이 우리에게 들이닥치는 것으로 생각한다. 그래서 대비하지 못하고 이미 벌어진 상황에 반사적으로, 소극적으로 행동하는 것이다.

깨어 있는 선택을 하려면 상황을 명료하게 바라볼 수 있어야 한다. 누군가 스트레스 받는다고 말한다면 그것은 어떤 요구나 위협, 또는 상황을 마주했을 때의 육체적, 정신적, 정서적 반응을 얘기하는 것이지, 실제 요구, 위협, 상황 자체가 문제라는 뜻이 아니다. 이 사람들은 스트레스 요인이 무엇인지 파악하지 못한 채 그저 상황을 버거워하고 있을 뿐이다.

ACE는 스트레스를 바라보는 새로운 방법으로, 마인드와 행동을 모두 업그레이드해준다. (급성·만성·유스트레스로 구분되는) 스트레스를 식별하는 능력이 생기면 스트레스를 걸림돌이 아니라 도전 과제로 인식할 수 있다. 지금 받는 스트레스가 어떤 유형인지 이해하면, 실제 스트레스 요인과 그 근원을 파악하여 주도적으로 행동할 수 있다. *바람직한* 스트레스라면 기꺼이 받아들여 활용하고, *위험한* 스트레스라면 피하거나 완화할 수 있게 되는 것이다.

ACE(Awareness: 파악하기, Change: 바꾸기, Empowerment: 주도하기) 3단계를 활용해 ACE Acute, Chronic, Eustress 스트레스에 대처할 수 있다.

- 1단계: 스트레스 요인의 증상과 징후를 파악한다. 스트레스의 유형(만성·급성·유스트레스)과 그 원인을 파악한다.
- 2단계: 마인드를 바꾼다. 마인드를 개선하여 새로운 눈으로 스트레스를 바라보면 어떤 선택지가 있는지 보인다.
- 3단계: 효율적인 대책을 세워 주도적으로 행동한다.

(위험한 스트레스인) 만성 스트레스의 덫을 피해 가는 선택을 하면서 (필요한 스트레스인) 급성 스트레스와 (바람직한 스트레스인) 유스트레스 사이를 오가며 상황을 최대한 유익하게 활용하는 것이 목표다.

우리에게는 언제나 선택권이 있다. 지금 드는 감정 혹은 생각이 우리가 유용하게 활용할 수 있는 급성 스트레스나 유스트레스일 수 있다. 설령 이미 만성 스트레스를 받고 있더라도 얼마든지 방향을 바꿔 피벗할 수 있다.

ACE 방법

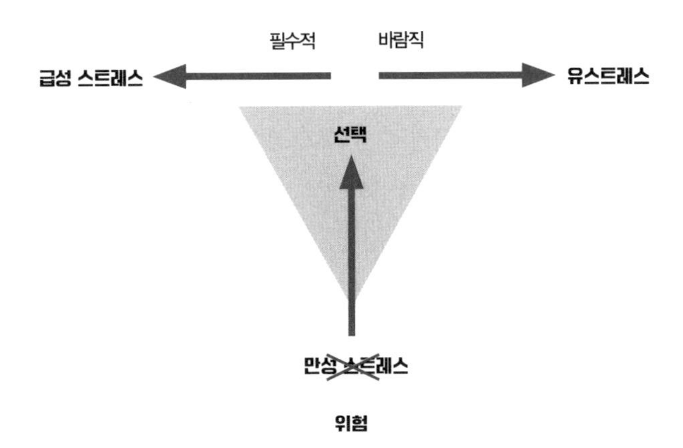

강력한 웰니스 문화를 지닌 기업은 직원들이 건강하고 깨어 있는 방식으로 미리 스트레스에 대처하여 삶을 주도하고 번성할 수 있게 돕는다.

스트레스의 징후와 증상

만성 스트레스를 피하려면 먼저 만성 스트레스의 요인이 무엇인지 알아야 한다. 스트레스의 징후와 증상을 감지하지 못하면 절대 스트레스 요인을 식별할 수 없다. 우선 문제의 원인을 정확히 집어낼 수 있어야만 비로소 큰 그림을 그릴 수 있고, 어떤 조치를 취할 것인지 결정할 수 있다.

야후의 신입 사원일 때 나는 자판기에서 무료로 정크 푸드를 뽑아 먹을 수 있다는 것이 아주 큰 혜택이라고 생각했다. 사무실에는 생산성의 기운보다 치토스 부스러기가 더 많이 떠 있었을 것이다. 그때만 해도 목요일 밤의 해피아워(하루 중 손님이 드문 시간대에 저렴한 가격으로 상품이나 서비스를 제공하는 것-옮긴이)에 맞춰 놀러 나갔다가 다음 날 술이 덜 깬 채 출근하는 일상에 문제가 있다고는 생각하지 못했다. 일주일에 몇 번씩 술 마시러 나가는 동료들을 보면 주 1회 음주는 아무것도 아니었다.

회사 직원들은 술과 정크 푸드 외에도 담배, 마약, 도박, 비디오게임, 섹스, 쇼핑, 일, 심지어 과학기술까지, 다양한 분야에서 중독 문제를 겪고 있었다. 건강하지 않은 스트레스에 해로운 행동으로 대처하는 모습은 어디서나 쉽게 찾아볼 수 있다. 어딘가 익숙하지 않은가?

만성 스트레스는 소리 없이 다가와 순식간에 자리 잡기 때문에 우리가 만성 스트레스에 빠져 있다는 사실을 인지하지 못할 때가 많다. 초반에는 그저 단기 스트레스에 대한 반응으로 볼 만한 행동과 습관이 나타날 뿐이다. 만성 스트레스는 이런 식으로 우리의 인식을 마비시킴으로써 스트레스의 경고 신호를 보지 못하도록 눈을 멀게 한다.

그렇기 때문에 우리가 엄청난 속도로 곤두박질치고 있는 현실을 인식하지 못하는 것이며, 만성 스트레스가 *위험*한 것이다. 만성 스트레스는 사람을 죽음으로 몰고 가는 스트레스다. 136쪽 표와 같은 징후나 증상을 오랫동안 겪고 있다면 만성 스트레스에 빠진 것일지 모른다.

사고의 변화	정서의 변화
• 기억력 문제	• 울적함, 무력함, 절망
• 집중력 부족	• 주체하지 못하는 감정
• 판단력 저하	• 욱하는 성질, 비관적 사고, 태도나 기분의 변화
• 지속적인 걱정	• 불안
• 불안 또는 정신없이 드는 생각	• 우유부단
• 마인드, 가치, 신념, 기대, 목표의 변화 (목표를 잃거나 비현실적인 것으로 바뀜)	
신체의 변화	**행동의 변화**
• 호흡의 변화(얕은 숨, 한숨 등)	• 식욕 증가 또는 감소
• 소화 문제	• 초조함이 묻어나는 행동이나 습관
• 통증	• 수면 장애 또는 불규칙한 수면
• 잦은 감기와 질병	• 알코올 · 담배 · 마약 중독
• 구역질, 현기증, 두통	• 방어적 태도 및 과민 반응
• 성욕 상실	• 타인과 거리를 두는 행동
	• 내면의 비평가에게 귀 기울이기

스트레스는 만성화할 가능성이 크다. 이런 사실을 아는 것이야말로 스트레스 요인을 간파하고 이를 피하는 첫 단계다.

스트레스 요인 식별하기

스트레스의 영향에 대해 깨어 있게 되었다면, 이제는 스트레스 요인을 식별해야 한다.

요즘은 모든 곳에서 스트레스가 들이닥친다. 회사에서, 집에서, 또는 두 곳 모두에서 스트레스가 생긴다. 스트레스의 원인은 (교통 체증처럼) 우리가 통제할 수 없는 것일 수도 있고, (건강하지 않은 습관처럼) 우리가 통제할 수 있는 것일 수도 있다. 스마트폰이나 컴퓨터를 켜는 순간 쏟아지는 정보도 스트레스가 될 수 있다.

비즈니스 리더와 기업가들은 (본인의 의도와 무관하게) 삶에 스트레스를 불러들이는 경우가 많다. 이들은 매일 중요한 결정을 내리고 과중한 위험 부담을 떠안는다. 직원의 생계를 책임져야 하고, 주주 또는 투자자의 재정도 책임져야 한다. 이러한 책임을 다하려면 긴 업무시간은 말할 것도 없고, 마감 기한의 압박, 팀원 관리, 갈등 조정 등의 험난한 과제를 해내야만 한다.

그렇다면 인간관계, 재정 상황, 인륜지대사와 같은 삶의 다른 영역에서는 어떨까? 사랑하는 사람들과 충분한 시간을 함께하지 못하는 것은 큰 영향을 불러올 수 있다. 직장 내의 스트레스 요인이 가정에 영향을 주듯 개인적인 스트레스 요인도 직장 생활에 영향을 줄 수 있는 것이다.

재정적 스트레스는 미국에서 첫 번째로 손꼽히는 스트레스 요인이다. 여기에는 빚, 의료비, 학자금 대출에 대한 걱정이 포함된다. 시간과 자원이 부족하면 곧 스트레스가 된다. 시간이나 돈에 쪼들릴 때 우리는 가장 먼저 삶의 다른 영역을 희생하려 든다. 업무 시간이 부족하다고 느끼면 가족과 함께하는 시간, 잠자는 시간, 자기 돌봄의 시간을 끌어다 쓰는 것이다. 그러다 보면 가정생활에서뿐만 아니라 사회생활에서도 생각보다 더 큰 대가를 치르게 된다.

리더의 결정은 직원과 회사에 영향을 준다. 리더에게는 다른 사람들을 올바른 방향으로 이끌어갈 책임이 있다. 그러나 사회적 지위가 아무리 높더라도 자기 웰빙의 CEO가 되지 못하면 올바른 방향을 찾을 수 없을 것이다.

7A의 첫 번째와 두 번째 항목(건강한 라이프스타일 추구하기, 놀이 시간과 회복 시간 갖기)을 실천하면 불필요한 스트레스를 피할 수 있다. 팀 또는 회사 안에 웰니스 문화를 심으면 직원을 보호할 수 있고, 스트레스 상황을 이겨낼 회복탄력성을 기를 수 있다.

기업의 성공은 결국 임직원과 그들의 웰빙, 그리고 좋은 성과로 요약할 수 있으며, 거기에는 리더의 웰빙도 포함된다.

악순환의 고리 끊기

잠재적 투자자들과 회의 중인데, 분위기가 점점 나빠지고 있다고 상상해보라. 당신의 회사가 위태롭다. 회사의 앞날이 지금 이 회의에 달려 있다. 손바닥에 땀이 흥건하고, 심장은 요동치며, 숨쉬기조차 어렵다. 이런 상황에서 받는 스트레스는 바람직한 것으로, 반드시 필요하다.

하지만 주의하지 않으면 급성 스트레스는 만성 스트레스로 변한다. 어떻게 그렇게 되는지 한번 살펴보자. 투자자와의 회의가 잘 진행되지 않았다고 하자. 그러면 머릿속으로 무엇이 문제였는지 생각하느라 끊임없이 그 상황을 곱씹어볼 것이다. 더는 손쓸 방법이 없다는 느낌마저 든다. 그동안 수많은 투자자를 만났지만 투자를 받지 못했고, 회사의 자금은 이미 바닥을 드러냈다.

물론 언제나 그렇듯, 이런 상황에도 선택권이 있다. 그러나 다른 선택지를 찾기 위해 시간을 들이지 않거나 명료하게 사고하지 않거나 한 가지 결과에만 너무 집착한 나머지 마인드가 제한되었을 수도 있다. 급성 스트레스의 에너지를 활용해 결정적인 행동을 끌어내는 대신, 불안에 지배당하는 것이다. 이런 상태로 몇 주, 몇 달이 흐르면, 이제 무기력해지고 절망에 빠진다. 그러면 일상의 업무와 의사결정에도 집중하지 못하게 된다. 자기 행동에서 악순환의 고리를 끊어내지 못한 탓에 순간의 스트레스를 결국 만성 스트레스로 만들어버린 것이다.

이 상황이 지속되면, 우리는 무의식적으로 만성 스트레스의 구덩이를 더 깊게 파고 그 안으로 들어가 버린다. 미국심리학회American Psychological Association에 따르면, 스트레스가 "상당 기간 정상적인 생활을 할 능력을 방해하면" 만성화가 시작된다. 만성 스트레스가 지속되면 위험해진다.

급성 스트레스가 살인적인 만성 스트레스가 되도록 내버려두면 안 된다. 그러려면 마인드를 바꾸어 급성 스트레스를 유스트레스로 전환해야 한다. 실제로 스트레스는 우리에게 해로운 방향이 아니라 유리한 쪽으로 작용하기도 한다. 특히 유스트레스는 가장 필요한 시기에 우리가 최고의 기량을 꾸준히 발휘하게 하는 연료가 된다. 우리가 해야 할 일은 이 연료를 유용하게 사용하는 것뿐이다.

급성 스트레스를 유용하게 사용한다는 것은 스트레스 반응이 나타날 때 이를 우리가 활용할 수 있는 긍정적 에너지로 바라본다는 의미다. 여러 연구에 따르면 긍정적 마인드는 도전적인 상황에 대한 호르몬 반응을 바꾼다. 앞서 언급한 것과 같은 상황을 위협으로 받아들이는지 부딪혀볼 만한 도전으로 받아들이는지 한번 자문해보자.

앞의 상황에서, 부정적이고 제한된 마인드를 가진 기업가라면 남아 있는 모든 회의를 위협으로 바라보고 투자자가 거절할 때마다 성공 확률이 낮아진다고 생각하면서 오로지 부정적인 상황에 집중할 것이다. 그러나 긍정적이고 도전적인 마인드를 가진 기업가는 투자자가 거절하더라도 남은 회의를 기회로 바라본다. 남은 회의에서 메시지를 구체화하고, 새로운 관계를 구축하고, 좋은 인상을 줌으로써 상대방이 또 다른 투자자에게 우리 회사를 추천하게 할 (아니면 훗날 마음을 바꿔 투자하기로 결정하게 할) 기회를 만들 수 있다.

다른 예로, 기업의 이익이 감소하고, 자원이 줄고, 정리 해고가 발생하고, 직원들의 사기가 떨어지는 상황이라고 상상해보자. CEO로서 회사를 살릴 새로운 비즈니스 전략을 수립해야 한다는 사실을 알고는 있지만, 의문이 들 것이다. *이미 너무 늦어버렸나?*

이런 상황은 참담할 수 있지만, 반대로 기회가 될 수도 있다. (10장에서 중점적으로 다룰 내용인데) 때때로 고통은 위대한 스승이 되기도 한다. 그리고 심신을 쇠약하게 만드는 만성 스트레스에 빠지지만 않는다면, 열악한 환경을 벗어날 해결책과 기회가 보일 것이다. 어쩌면 과감한 길을 택할 시기일지도 모른다. 생산성이 떨어지는 부서를 없애고 연구개발 부서에 투자하거나 회사를 완전히 혁신해야 할 때일 수도 있다.

마인드 개선을 통해 급성 스트레스를 유스트레스로 전환한다면, 이제 주도적이고 효과적인 조치를 할 준비가 된 것이다.

불안과 만성 스트레스에 지배당하면 스스로 통제할 수 없다는 생각에 빠진다. 이런 식으로 생각하는 사람은 심리학자들이 말하는 외적 통제위external locus of control가 높다. 모든 일의 책임이 외부에 있다고 생각하는 것이다. 내적 통제위가 높은 사람은 자기 삶에 대한 책임이 자신에게 있다고 생각한다. 자기 웰빙의 CEO가 되는 것이다. 수동적이고 반사적으로 행동하는 대신 사전에 예측하고 대비하면 통제력을 되찾을 수 있다.

롭이라는 고객이 있었다. 40대 중반의 테크놀로지 스타트업 창업자이자 CEO인 롭은 "한계를 넘어선" 수준의 스트레스를 받는다고 말했다. 그의 문제는 "한 번에 수만 가지 일을 처리하느라 바빠 죽겠는데, 전략이 없는 것 같다"는 것이었다. 롭은 특히 결정 내리는 일을 어려워했다. 그중에서도 고용 문제와 구조 조정 문제를 결정하지 못해 차일피일 미루고만 있었다. 결국 만성 스트레스와 미뤄놓은 회사 일 때문에 옴짝달싹 못 하는 처지가 되었다. 결정하지 못한 사안들이 회사의 발목을 붙잡고 있다는 사실을 눈치챈 이사회의 한 임원이 롭에게 미루지 말고 확실하게 결정을 내려야 한다고 충고할 정도였다.

롭과 나는 효과적인 접근법과 전략을 세우기 시작했다. 만성 스트레스에 시달리거나 꼼짝 못 하는 상황이 생기지 않도록 채용 과정을 여러 단계로 쪼개고 각 단계의 목표를 설정했다. 작은 결정을 내리는 것이 더 쉽다는 사실을 깨닫자 롭은 점점 더 빠른 속도로 결정을 내리기 시작했다. 이 방법이 긍정적인 결과로 이어지자 그는 자신의 직감을 더욱 신뢰할 수 있게 되었다.

일단 구조와 전략을 갖추어놓자 빠르고 강단 있게 결정을 내려야 한다는 압박감은 오히려 활기를 북돋는 생산적인 유스트레스가 되었다. 롭은 심신을 쇠약하게 하는 지속적인 만성 스트레스에 더 이상 시달리지 않았다. 결정 능력이 향상되자 통제력이 강해졌고, 덕분에 행복에 영향을 미치는 다른 주요 결정도 주도적으로 내릴 수 있게 되었다. 롭은 ACE 방법을 사용하여 만성 스트레스의 구렁텅이에서 빠져나온 것이다.

처음에는 감당하지 못할 상황처럼 보이더라도 점진적으로 단계를 나누어 실천하면 결정권을 쥘 수 있다.

스트레스는 불안?

스트레스를 피하라더니 이제는 스트레스를 받아들이라고? 무슨 소리냐고 물을 수도 있다. 그러나 7A에서 피하라고 했던 것은 '*불필요한* 스트레스'다. 모든 스트레스를 피하기란 불가능하지만, 인생과 효율을 방해하는 만성적이고 위험한 스트레스를 골라서 피할 수는 있다. 인생에 전혀 불필요한 이런 유형의 스트레스는 우리가 스트레스에 대해 제한적인 마인드를 가질 때 발생한다.

다시 말해 *우리를 죽음으로 내모는 것은 스트레스 그 자체가 아니라 스트레스를 바라보는 우리의 인식이다.*

이 주장을 확고하게 뒷받침하는 과학적 사실이 있다. 1998년 연구자들이 미국 성인 3만 명을 대상으로 스트레스 수준 및 스트레스를 바라보는 태도를 조사했다. 그리고 이후 10년간 사망률을 추적했다. 그 결과, 스트레스가 건강에 해롭다고 믿는 동시에 스트레스 수준이 높은 사람은 조기 사망의 위험이 43퍼센트 높았다.

스트레스가 해롭지 않다고 생각하는 동시에 스트레스 수준이 높은 사람은 사망률이 그만큼 높지 않았다. 사실, 이 그룹의 사망 위험이 가장 낮았다. 심지어 스트레스를 거의 받지 않는다고 대답한 사람들보다도 낮았다.

몸의 화학반응을 들여다보면 이 놀라운 차이를 이해하는 데 도움이 된다. 부신은 스트레스에 반응하여 두 가지 주요 호르몬인 코르티솔과 DHEA를 분비한다. 코르티솔은 단기적으로 긍정적인 효과를 일부 지니고 있으나, 다른 기능을 억제하고 시간이 지날수록 우리를 지치게 한다. 반면 DHEA는 이러한 부정적인 영향을 상쇄하고 뇌의 성장, 상처 회복, 면역 기능을 강화한다.

두 호르몬의 비율을 스트레스 반응에 대한 성장 지수growth index라고 부른다. 성장 지수가 높은 사람은 스트레스 상황에서 잘 살아남을 뿐만 아니라 그 안에서 번성하기도 한다. 스트레스에 대한 마인드가 개선되면 DHEA의 수준이 높아져서 결과적으로 성장 지수도 향상된다.

신경과학자 이언 로버트슨Ian Robertson은 스트레스 상황이 되면, 뇌에서 노르아드레날린을 포함한 여러 화학물질이 방출된다는 사실을 발견했다. 노르아드레날린 수치가 매우 높거나 매우 낮은 것은 좋지 않지만, "그 사이 어딘가 적당한 수치에 이르면, 노르아드레날린은 최고의 뇌 조율사처럼 작용한다."

스트레스의 이로움을 어떻게 활용할 것이며, 스트레스를 어떻게 친구로 만들겠는가?

한 가지 피해야 할 것은, 신체의 생리에 맞서는 일이다. 우선, 현재 겪고 있는 문제를 정확히 인식해야 한다. 아드레날린이 분비되고 있다면, 여기 맞설 것이 아니라 자연스러운 반응으로 받아들인다. 저항이 가장 적은 방법을 선택하여 몸이 이를 자연스러운 과정으로 허용하게 한다. 그러면, 마인드를 개선하여 스트레스 반응을 부정적인 것이 아니라 긍정적인 것으로 바라볼 수 있게 된다.

바로 이때 눈앞에 닥친 문제가 부딪혀볼 만한 도전으로 보이는지 위협으로 보이는지 자문해봐야 한다. 대답을 보면 내가 어떤 마인드를 지니고 있는지, 어떤 스트레스 반응이 나타날 것인지 알 수 있다. 긍정적이고 도전적인 마인드를 갖고 있다면, 건설적인 행동 방침을 만들 가능성이 크다. 반면 위협으로 보는 마인드를 갖고 있다면, 두려움과 방어적 반응을 보이거나 아무 반응도 보이지 않을 것이다.

나는 고객들을 통해 두 가지 경우를 모두 보았다. 한 고객은 긴박한 마감일을, 창의력을 발휘할 기회로, 원하는 결과에 대한 명확한 비전을 품을 기회로, 올림픽에 출전한 선수처럼 기운을 북돋울 기회로 여겼다. 반면, 같은 상황에서 다른 고객은 스트레스를 감당하지 못했고, 일찌감치 실패를 생각했다.

스트레스는 생각하기 나름이다.

제품 출시를 앞두고 있어서 곧 회사의 중역들을 포함한 수천 명의 사람들 앞에서 발표를 해야 한다고 상상해보라. 발표 전에 약간의 흥분감이 느껴질 것이다. 이 느낌, 이 스트레스 반응에 어떤 이름을 붙여야 할까? 여기에 '불안'이 아니라 '신남'이라는 이름을 붙여 관점을 바꾼다면, 기운을 북돋우고 성공을 돕는 스트레스인 유스트레스의 긍정적 에너지를 활용할 수 있을 것이다.

이처럼 간단한 큐 사인을 통해 마인드를 바꿀 수 있다는 말이 미심쩍을 수 있으나 컬럼비아 경영대학원 연구원 앨리아 크럼Alia Crum 박사가 이와 같은 단기간의 개입에 관해 연구했고, 실제로 효과가 있다는 사실을 발견했다. 결과에 대해 박사는 이렇게 말했다.

"스트레스는 역설적입니다. 스트레스는 우리에게 엄청난 상처를 주지만, 한편으로는 심리적, 육체적 성장의 기반이 되기도 합니다. 인식의 틀, 즉 우리가 어떤 렌즈를 통해 스트레스를 바라보고 여기 접근하느냐에 따라 스트레스의 결과는 달라질 것입니다."

이를 통해 우리는 ACE 방법과 함께 *멈추고 호흡하고 선택하기*를 실용적으로 적용할 수 있다.

멈추고. 한 걸음 물러난다. 순간의 감정에 휩쓸리지 않는다. 몸에서 일어나는 자연스러운 스트레스 반응을 인식한다.

호흡하고. 마인드를 개선하고 기회를 파악한다. 나는 어떤 일에 불안이 아니라 신나는 감정을 느끼는가?

선택한다. 기회를 붙잡고 순간의 에너지를 잘 활용한다.

깨어 있기 위한 셀프 체크인

불필요한 스트레스를 피하라는 말은 스트레스를 억제하거나 그 증상을 무시하라는 의미가 아니다. 스트레스 징후를 무시하는 것은 단기적 스트레스의 이점을 거부하고 장기적으로 더 큰 스트레스를 불러올 뿐이다.

만성 스트레스는 단기적인 급성 스트레스에서 시작되기도 한다.

또 가족을 잃거나 이별을 겪는 등 개인 생활의 스트레스 요인에서 비롯될 때도 있다. 그럴 때면 빠져나갈 구멍이 없는 듯 절망스럽고 막막한 감정이 든다. 밑바닥을 치기 전까지는 자신이 만성 스트레스에 빠져들고 있다는 사실을 깨닫지 못할 수도 있다. 이런 경우라면, 스트레스를 무시하거나 피하려고 노력해봐야 별 도움이 되지 않을 것이다. 이미 만성 스트레스를 겪고 있다면, 상황을 변화시키는 방법은 스트레스를 온전히 바라보는 것뿐이다.

로체스터대학교에서 의료 인력의 번아웃을 줄이기 위해 실시한 프로그램이 이를 입증했다. 물론 고통이나 통증, 죽음과 같은 힘든 상황에서 정서적으로 거리를 유지하는 의사들도 있다. 그러나 장기적으로는 이러한 대응 기제가 사실상 번아웃의 위험을 증가시킨다.

로체스터대학교 연구팀은 아무리 힘들어도 그 순간의 감정과 감각을 온전히 바라보도록 가르치는 마음챙김 프로그램을 실험에 활용했다. 그 결과, 1년 내내 지속된 프로그램이 끝날 무렵이 되자 참가자들의 우울과 불안 지수가 극적으로 떨어져 있었다.

내 웰니스 프로그램인 '깨어 있기 위한 셀프 체크인'의 핵심 요소도 이와 유사하다. 나는 고객들에게 우선 멈추고 다음 질문을 통해 자신의 상태를 면밀히 들여다보라고 권한다.

- 지금 호흡하고 있는가?
- 어떤 생각이 드는가?
- 정서적으로, 신체적으로 무엇이 느껴지는가?

이렇게 호흡을 통해 '깨어 있기 위한 셀프 체크인'을 실행하면 억누르고 싶었던 감정들을 온전히 바라볼 수 있게 된다. 또 (6장에서 다룰 내용인 내면의 비평가와 같은) 부정적 사고 패턴을 인식할 수 있게 된다. 주관적 경험의 구조를 인식하는 일은 더 나은 선택을 내리기 위한 첫 번째 단계다.

'깨어 있기 위한 셀프 체크인'의 심리학적 기틀은 '중요도와 지속 시간의 상대적 비중Relative Weight of Importance and Duration, RWID'에 있다. 그저 부정적 사고를 가려내는 것만으로는 충분하지 않지만, 이게 시작이 될 수 있다. 다음 단계는 자신이 특정 생각에 두는 무게와 중요도, 그런 생각이 차지하는 시간과 공간을 인식하는 것이다. 이러한 패턴을 자세히 인식하고 마인드를 개선하기 위해 노력한다면, 결국엔 사고 패턴을 재배치할 수 있다.

8장에서 자세히 이야기하겠지만, 상황을 바꾸고 싶을 때는 가장 먼저 멈추고, 한 걸음 물러나고, 호흡하고, 몸과 마음의 반응을 살펴야 한다. 상황은 물론 그에 대한 자신의 반응까지 모두 받아들일 수 있어야만 자신이 바꿀 수 있는 것과 바꿀 수 없는 것을 판단하는 단계로 넘어갈 수 있다.

마음챙김이 부족하면 만성 스트레스가 (치명적일 정도로) 높아진다. 마음챙김이 부족하면 상황에 효과적으로 대처하지 못하고, 절망, 피로, 무력감, 침울함, 짜증, 변덕 등 장기간의 스트레스에서 비롯된 징후를 보인다.

반면, '깨어 있기 위한 셀프 체크인'을 통해 상황을 인식하면, 급성 스트레스와 유스트레스의 에너지를 활용하여 해결책을 찾고, 앞으로 나아가고, 위험한 만성 스트레스를 피할 수 있게 된다. 사소하더라도 긍정적으로 행동하면 마인드가 바뀌고 목표에 더 가까이 갈 수 있다. 다시 말하지만, ACE의 핵심은 다음과 같다.

1. 스트레스가 자신에게 어떤 영향을 미치는지 인식한다.
2. 마인드를 바꾸고 주어진 선택권 또는 기회를 파악한다.
3. 주도적으로 효과적인 조치를 취한다.

마감일이 다가온다면, 생산성과 창의력이 스트레스에 지배당하지 않도록 주의한다. 대신, 올바른 방향으로 나아가기 위해 할 수 있는 작은 일 하나를 생각해본다. 해야 할 일을 작은 단계로, 할 만한 과제들로 쪼갠다. 이렇게 하나씩 해나가다 보면, 만성 스트레스에 짓눌리지 않고 무력감이나 절망에 시달리지 않으면서 목표에 한층 더 가까워질 수 있다.

ACE 방법을 배우면 위협과 어려움을 효과적으로 처리할 수 있는 인식과 도구를 얻을 수 있다. 그렇게 되면 더 행복하고 건강하고 창의적인 사람이 되어 자기 삶을 더욱 잘 통제하게 될 것이다.

수명을 늘리고 싶다면 스트레스에 대한 제한적 믿음을 버려야 한다. 이를테면 우리는 실제로 일어나지 않을 일에 대해 걱정하기 일쑤다. 앞날의 가능성을 곰곰이 따져보고 있다면, 자신에게 이런 질문을 해야 한다. 어째서 아예 일어나지 않을 수도 있는 일 때문에 나와 회사의 웰빙을 희생해가며 시간과 에너지를 낭비하고 있는 거지?

시간과 에너지를 낭비하는 대신 우리는 정말로 중요한 일, 우리에게 기쁨과 보람을 주는 일에 전념할 수 있다. 주도적으로 행동하기로 선택할 수 있다. 스트레스를 인지하여 이를 더 효과적으로, 의미 있게, 그리고 생산적으로 활용할 수 있다.

프라나가 막힘없이 흐를 수 있도록 열린 마음을 갖겠는가?

포부를 안고 살아갈 것인가, 절망 속에서 죽음을 맞이할 것인가?

자신을 제한하지 않는다. 위협의 마인드가 아니라 기회의 마인드를 선택한다.

미리 적극적으로 나서라

상황이 벌어진 뒤에 반응하는 것이 아니라 어떤 일을 맞이할 것인지를 의식적으로 설계해야 한다. 상황을 주도하는 사람들은 문제나 사건을 예측하는 방법을 배우기 때문에 좀처럼 당황하지 않는다. 이들은 항상 준비되어 있으며, 남들보다 몇 걸음씩 앞서 나간다.

현실에 안주하지 말고 일이 어떻게 돌아가는지, 어떤 패턴이 존재하는지, 루틴, 일상 업무, 업계의 주기가 어떻게 돌아가는지 파악하라. 이때 과거에 의존해서 미래의 결과를 예측하면 안 된다는 사실을 기억하라. 자기만의 상상력, 창의력, 논리를 활용하여 앞날을 예측해야 불필요한 스트레스를 피할 수 있다.

동전을 던져라

어떤 식으로 접근해야 할지 확신이 서지 않아, 해야 할 일을 미룰 때가 많다. 이 문제를 간단히 해결하고 싶다면, 그냥 동전을 던져라. 그러면 순식간에 결정을 내릴 수 있다. 동전 던지기의 결과를 꼭 받아들일 필요는 없다. 결과에 대한 반응을 보는 것만으로도 그 상황을 받아들이는 진짜 속마음과 앞으로 해야 할 일을 알 수 있다.

업무를 나눠라

신뢰할 수 있는 직원에게 업무를 맡기고 온전히 권한을 위임하여 미래의 스트레스를 피하라. 사람들의 장점을 잘 파악해두면 업무를 효율적으로 처리할 수 있다.

이때 다음 세 가지를 기억한다.

1. 업무와 기대치를 명확히 전달한다.
2. 정확히 이해했는지 확인한다.
3. 기한을 제시하고 지원을 아끼지 않는다.

나아가 일을 거절할 때도 모든 문제를 일일이 언급하지 않는다. 어떤 일 혹은 누군가의 부탁을 거절하는 이유를 설명할 때 '못' 합니다("기한 내에 끝내지 못합니다," "일손이 부족해서 못합니다")가 아니라 '안' 됩니다("지금은 그 일을 제대로 할 시간이 충분하지 않습니다," "그 날짜까지 일을 마칠 여건이 안 됩니다")로 바꾸어 말한다. 〈소비자 연구 저널Journal of Consumer Research〉에 따르면 "못 합니다"보다 "안 됩니다"로 말할 때의 결과가 훨씬 더 효과적이었다.

한계를 설정하는 것도 방법이다. 자신이 하루에 몇 시간을 생산적으로 보낼 수 있는지 아는 사람은 자기 자신뿐이다. 너무 많은 일을 떠맡았다가는 스트레스 수준이 올라갈 뿐만 아니라 결국엔 직업윤리와 효율까지 떨어질 가능성이 크다.

웰니스 문화를 구축하라

만성 스트레스는 소음과 혼란을 걸러내는 일, 중요한 것에 집중하는 일을 거의 불가능하게 한다. 이는 직장 내의 지위와 관계없이 모두에게 적용되는 사실로, 만성 스트레스는 가장 뛰어난 직원의 업무 성과에도 영향을 미친다. CEO는 만성 스트레스가 지닌 부정적인 힘, 만성 스트레스가 자기 자신, 직원, 사업체에 미치는 영향을 결코 과소평가해서는 안 된다.

우리의 목표는 단지 살아남는 것이 아니라 번창하는 것이므로 웰니스 문화를 구축하는 것이 매우 중요하다. 리더들은 직원의 삶에 직접적인 영향을 미칠 힘을 지니고 있으므로, 직원들의 필요와 욕구에 중점을 둔 문화를 꾸려나가야 한다. 스트레스 관리 워크숍을 시행하고, 직원들이 느긋하게 쉴 수 있는 시간을 만들어 개인과 팀 전체의 탄력회복성을 구축해야 한다. 웰니스를 기업 문화의 중심에 두고, 내가 먼저 건강한 습관을 실천하여 본보기가 되어야 한다.

자신을 위해 이러한 계획을 실행한다면, 다른 사람들도 더 좋은 방향으로 움직이도록 영향을 줄 수 있다. 경영진으로서 직원들에게 의미 있는 영향력을 행사할 수 있도록 웰니스 평가 및 포괄적이고 전체적인 웰빙 프로그램을 통해 직원들의 삶을 전반적으로 보살피고 챙긴다.

체크 리스트를 작성하라

다음의 체크 리스트를 보고 만성 스트레스가 될 만한 스트레스 요인이 있는지 확인해보라. 연습장이나 스마트폰 메모장에 스트레스 요인을 기록해도 좋다. 개인적 스트레스는 모두에게, 대인관계·가족 및 부양·직원·리더십·스타트업 스트레스는 관련된 사람에게 적용된다. 기록한 답변은 다음 단계인 '스트레스 액션 플랜'에 활용될 것이다.

개인적 스트레스의 외부 요인

☐ 재정

☐ 커리어

☐ 건강 및 웰빙

☐ 인간관계

☐ 업무와 사생활에서의 몰입 부족

☐ 정치적·사회적·환경적 불안

☐ 매체에 대한 지나친 노출

☐ 주요 생활 변화

☐ 정신적 충격

개인적 스트레스의 내부 요인

- ☐ 만성적 두려움 또는 불안
- ☐ 제한된 또는 고정된 마인드
- ☐ 부정적 신념 또는 비현실적인 기대나 목표
- ☐ 가치관 충돌
- ☐ 불확실성 및 통제력 부족

대인관계 스트레스

- ☐ 갈등, 신뢰 부족, 타인과의 대립
- ☐ 관계 유지를 위한 업무 스트레스
- ☐ 인간관계 구축 및 유지
- ☐ 커뮤니케이션 · 리더십 · 양육 방식의 차이
- ☐ 부하 직원의 성과에 대한 우려

가족 및 부양 스트레스

- ☐ 책임감과 압박감
- ☐ 부신 피로
- ☐ 시간 부족
- ☐ 항상 '대기 상태'여야 한다는 부담감
- ☐ 정기적인 병원 방문, 약물 치료
- ☐ 운전기사 노릇

직원 스트레스

□ 업무 과부하

□ 책임감

□ 기술 및 역량 부족

□ 경력 개발 부족

□ 전반적인 직무 불만

□ 커뮤니케이션 문제

□ 사내 정치

□ 관리 방식 문제

□ 직업 안정성

□ 프레젠티즘presenteeism(아프거나 컨디션이 안 좋은 상태로 출근) 및 번아웃

리더십 스트레스

□ 자원 및 시간 부족

□ 인재 채용 및 유지

□ 팀원 개발 및 사기 진작

□ 과중한 업무 및 책임감

□ 주주 관리

□ 높은 기대치

□ 개인적 불안 – 가면 증후군

□ 팀과 협업 문제

□ 명확성 및 목적의식 결여

스타트업 스트레스

- ☐ 자본 조달
- ☐ 뛰어난 팀 구성
- ☐ 자원과 시간의 제한
- ☐ 멀티태스킹 및 일인 다역
- ☐ 불안정 및 불확실성
- ☐ 획기적 단계의 달성
- ☐ 스스로 증명해 보여야 한다는 압박
- ☐ '죽기 아니면 까무러치기'의 각오
- ☐ 제품 출시
- ☐ 고객층 구축
- ☐ '실패'에 대한 두려움

스트레스에 맞설 계획을 세워라

스트레스를 관리하고 불필요한 스트레스를 피할 수 있도록 스트레스 액션 플랜Stress Action Plan, SAP을 만들어라.

연습장이나 전자 기기의 메모장에 두 개의 칸을 만든다. 왼쪽 칸의 제목은 '스트레스 요인'이다. 앞에 소개한 스트레스 요인 체크 리스트를 보고 스트레스를 유발하거나 밤잠을 설치게 만드는 모든 항목을 머리에 떠오르는 대로 빠짐없이 나열한다. 그다음 하나씩 자신에게 묻는다. "이 스트레스 요인이 100퍼센트 사실인가? 내가 통제할 수 있는 것인가? 내가 바꿀 수 있는 문제인가?" 만약 아니라는 대답이 나온다면, 줄을 그어 지워라. 자기 유도 스트레스 반응인 비이성적 생각에 빠져 있는 것은 아닌지 의심한다. 유효한 스트레스 요인으로는 당장 해야 할 일이 너무 많아 어느 것 하나도 제대로 못 하고 있다거나 특정 인물과 안 좋은 일로 만났던 경험 때문에 그를 계속 피하고 있다는 것 따위다. 지워버려야 할 불필요한 스트레스 요인을 예로 들면, 검진 결과를 기다리면서 계속 걱정하는 것이다. 이런 경우라면, 우리가 결과를 통제할 수 없으므로 쓸데없이 스트레스를 받는 것이다.

스트레스 요인을 평가하는 또 다른 방법은 해당 스트레스 요인이 과거에서 비롯된 것인지, 현재의 일인지, 미래에 일어날 수도 있는 일인지를 판단하는 것이다. 만약 과거에서 온 것이라면 과거를 바꿀 방법이 없지만, 이에 대한 현재의 자기 유도 스트레스 반응을 바꿀 수는 있다. 스트레스 요인이 현재의 일이라면, 직접적으로 상황을 바로잡기 위해 행동에 나설 수 있다. 미래의 스트레스라면, 우리가 100퍼센트 정확하게 예측할 수 없으므로 객관적이라고 보기 어려운 경우가 대부분이다. 앞날에 대한 스트레스는 우리가 손쓸 수 없는 일이 생길지 모른다는 두려움이므로, 우리가 작성한 스트레스 액션 플랜에서 지워야 한다.

걱정은 일어나지 않았거나 일어나지 않을 일을 생각하며 자신에게 벌주는 일과 다름없다. 통제할 수 없는 일로 스트레스를 받는 건 그저 시간 낭비일 뿐이다.

이제 오른쪽 칸의 제목을 '실천'으로 정하자. 그런 다음, 왼쪽 칸의 '스트레스 요인'에 남아 있는 스트레스 요인을 줄이기 위해 오늘 실천할 수 있는 작은 일 한두 가지를 적어본다. 그리고 자신에게 묻는다. "내가 무엇을 할 수 있을까? 스트레스 요인이었던 이 일을 성과로 만들기 위해 어떤 일을 할 수 있을까?" 예를 들어 할 일이 너무 많은 경우라면, 가장 먼저 리스트를 작성하여 긴급성과 중요도에 따라 우선순위를 정해야 한다. 그리고 나서 도움받을 만한 일이나 다른 사람에게 맡길 만한 일이 있는지 확인한다. 마지막으로, 적당한 사람을 찾아 도움을 청한다. 이런 식으로 답변을 구체화한다. 불편한 만남으로 스트레스를 받는 경우, 가장 먼저 과거에 무슨 일이 있었는지 객관적으로 돌아보고, 상대방의 입장이 되어 상황을 바라봄으로써 자기 관점의 한계를 바로잡는다. 그런 다음, 대화의 손길을 내미는 단계를 밟는다.

스트레스 액션 플랜을 마련하면 토끼굴로 빠져들지 않을 수 있다(더 많은 예는 6장 참고). 자신이 통제할 수 없는 일이라면 취할 수 있는 조치도 없으므로 이를 받아들이고 불필요한 스트레스를 내려놓는다. 통제할 수 있는 항목에 초점을 맞추고 그에 적합한 조치를 취하면, 에너지를 더 생산적이고 의미 있게 활용할 수 있다.

이 연습은 유효한 스트레스 요인을 식별하고 불필요한 스트레스 요인을 피하는 데 도움이 되며, 스트레스 상태를 성취의 상태로 바꿔줄 실행 계획을 만드는 데에도 유용하다.

'깨어 있기 위한 셀프 체크인'을 연습하라

매일매일 몸과 마음의 상태를 평가할 수 있도록 '깨어 있기 위한 셀프 체크인'을 실천한다. 자신에게 다음의 질문을 빠르게 던져본다.

- 천천히 호흡하고 있는가?
- 내 자세는 어떤가? 구부정한가, 앉아 있는가, 반듯하게 서 있는가?
- 눈살을 찌푸리거나 이를 악물고 있는가?
- 목이 마른가?

- 피곤한가, 활기찬가?
- 기분이 어떤가?
- 무슨 생각을 하고 있는가?
- 어떤 냄새가 나는가?
- 무엇이 보이는가?
- 무슨 소리가 들리는가?

'깨어 있기 위한 셀프 체크인'을 규칙적으로 하다 보면 자기 자신에 대해 얼마나 많은 것을 배우게 되는지 놀라울 것이다. 매 시간 이를 연습한다. 스마트워치나 스마트폰에 알람을 설정하여 이를 실천할 시간을 정해두라.

스트레스 주는 사람을 피하라

직장 안이든 밖이든 흡혈귀처럼 에너지를 빨아들이는 사람들이 있게 마련이다. 이럴 땐 어떻게 해야 할까?

자기 웰빙의 CEO가 되어 주변 사람들을 평가하고, 필요에 따라 관계를 강화하거나 거리를 두거나 끝내도록 한다. 자신에게 에너지와 기쁨을 주는 사람들과 더 많은 시간을 함께 보내며 관계를 강화한다. 반대로 에너지를 빼앗고 스트레스를 주는 사람이라면, 해로운 수준에 따라 거리를 두든지 관계를 끊는다. 거리를 둔다는 것은 함께 보내는 시간을 줄이거나 마주칠 일을 줄인다는 의미다. 그러나 빈번하게 많은 스트레스를 주는 사람이 있다면, 최대한 인연을 끊고 관계를 정리하는 편이 나을 것이다.

스트레스를 주는 사람이 직장 동료, 상사, 배우자의 가족 등 피할 수 없는 관계일 경우 그들의 존재에 새로운 틀을 씌우는 것이 도움이 된다. 그들과의 만남을 배움의 시간이라고 생각하면 편하다. 그들을 인내와 연민을 가르쳐주는 위대한 스승이라고 생각하는 것이다.

스트레스를 공유하라

가족, 친구, 코치, 의사 등 가까운 지인에게 자신의 스트레스를 알린다. 짐을 나누면 치료 효과를 볼 수 있고, 부담도 덜어진다.

우리는 혼자가 아니다. 마음을 열고 공유하기로 선택한다면 결코 혼자일 필요가 없다.

깨어 있는 마음으로 주변을 바라보라

스트레스를 더 잘 관리하고 싶다면 주변 환경을 통제한다. 예를 들어, 통근 시의 교통 체증이 극심한 스트레스 요인이라면, 조금 더 오래 걸리더라도 덜 막히는 도로로 다니면 된다. 지각을 면하기 위해 서둘러 집을 나서야 하는 상황이 싫다면, 10분 혹은 15분 일찍 일어나 자신에게 여유롭게 준비할 시간을 주면 된다.

중요한 시간에는 전자 기기를 멀리하라

때에 따라 방해 요소를 완전히 제거할 수 있도록 전자 기기를 완전히 멀리한다. 마감이 코앞에 다가왔을 때 혹은 중요한 회의나 발표 준비를 하는 동안 전자 기기를 멀리하면 온전히 집중할 수 있을 것이다.

90초 법칙을 적용하라

스트레스는 거대한 프로젝트나 엄청난 프로젝트보다는 쌓이고 쌓인 사소한 업무에서 오는 경우가 많다. 하나하나 뜯어보면 아무것도 아닌 듯하지만, 한꺼번에 해결하려고 하면 버거워지는 것이다. 해야 할 일이 점점 늘어나 스트레스의 원천이 되는 것을 방지하려면, 90초 법칙을 활용한다. 업무를 마치는 데 90초 이하의 시간이 걸린다면, 바로 해결하는 것이다. 그러면 일을 끝마쳤다는 만족감이 들 것이고, 이미 길게 늘어선 '나중에 할 일' 목록에 또 하나를 추가하지 않았다는 사실에 성취감이 들 것이며, 생산성도 높아질 것이다.

6장

변화: 위협이 아닌 기회

벽에 부딪힌 것 같은가? 직장에서, 인간관계에서, 개인적 또는 직업적 성장에서, 아니면 자기 돌봄과 관련한 문제에서 무언가 바꾸고 싶은가? 오랫동안 무의미하게 일하고 있는가? 수면 시간이 줄었는가? 중압감이나 스트레스를 받고 있는가? 신제품 출시 또는 새로운 프로젝트를 앞두고 있는데 신나지 않고 어쩔 줄 모르겠는가?

회사는 나날이 번창하고 있는지 몰라도 집에서는 잠자리에 드는 아이들의 모습을 지켜보지 못한 것이 벌써 몇 주째다. 방금 막 유명한 투자자를 만나고 왔을지 몰라도 연이은 회의에 참석하느라 정작 자신은 점심도 챙겨 먹지 못했다. 남들 눈에는 성공한 사람으로 보일지 몰라도 가까이 들여다보면 겨우겨우 하루를 견디고 있을 뿐이다.

뭔가가 바뀌어야 한다. 직장에서 승승장구하고 있더라도 그 여정이 즐겁지 않다면 사회적 성공은 아무런 의미가 없다.

내 직업이 무엇인지 듣고 나면 이렇게 묻는 사람들이 있다.

"웰니스 코치, 기업 웰니스 컨설턴트는 어떤 일을 하나요?"

그런 다음 빠뜨리지 않는 질문은 운동과 식단 관리만 해주느냐는 것이다. 웰니스라고 하면 떠오르는 이미지가 그것뿐이기 때문이다. 그러나 내가 하는 일은 고객들에게 전체론적으로 웰빙에 접근하는 방법을 가르쳐주는 것이다. 삶의 모든 영역에서 활력, 몰입, 성취감을 느낄 수 있도록 도와주는 것이다. (집에서든 회사에서든) 웰빙의 어느 한 면만을 강조하는 방법은 결코 전체론적 접근만큼 효과적이지 않다.

웰빙을 개선하기 위한 변화에 전체론적으로 접근하고 있는가? 식단이나 운동처럼 어느 한 영역만을 바꾸고 있지는 않은가? 웰빙의 모든 영역은 서로 연결되어 있다. 정서적으로, 신체적으로, 사회적으로, 정신적으로, 직업적으로, 환경적으로, 재정적으로 모두 이어져 있다. 삶의 어느 한 영역에서 일어난 변화를 트리거 삼아 다른 영역에서도 변화를 만들어내고 있는가?

한 가닥의 실이 집과 직장의 삶을 이어준다. 자신의 건강과 웰빙에 귀 기울이지 않는다면, 자신이 어떤 사람인지, 어느 유명 인사와 친분이 있는지, 어떤 지위에 있는지, 얼마나 많이 가졌는지, 어떤 업적을 이루었는지는 중요하지 않다. 사회적 성공을 이루더라도 여전히 비참한 삶을 살 수도 있기 때문이다. 그러나 용기 내어 자신에게 도움이 되지 않는 상황을 바꾸고 자기 웰빙을 거머쥘 수 있도록 깨어 있는 선택을 한다면, 더 큰 성취감, 더 큰 행복, 더 큰 성공을 얻게 될 것이다.

그러므로 7A의 네 번째 A는 앞의 세 가지 A와 맥락을 이어간다. 우리는 적극적으로 다음과 같은 선택을 할 수 있다.

- 더 행복하고 건강한 라이프스타일 추구하기
- 쉬는 시간, 회복을 돕는 수면 시간, 놀이 시간 갖기
- 가능하다면 불필요한 스트레스 피하기
- 필요하다면 상황 바꾸기

물론 바꿀 수 없는 상황이 있을 것이고, 어떨 때는 벽에 부딪힌 느낌이 들 것이다. 그러나 문제에 어떻게 대처할지는 언제나 우리의 선택에 달려 있다.

스트레스 관리에서 보았듯이 마인드가 우리의 반응을 결정한다. 그러므로 상황을 바꾸려면 우선 마인드를 바꿔야 한다.

즉 (내부적으로, 그리고 외부적으로) 소통하는 방법을 바꿔야 스트레스 상황을 개선할 수 있다. 우리에게는 멈추고, 호흡하고, 최선의 상황을 선택할 힘이 있다.

어디에든 길은 있다

바꾸려고 하는 이유가 무엇인가? 무엇 때문에 상황을, 비즈니스 전략을, 삶을 바꾸려고 하는가? 대답은 간단하다. *진정한 부*富*는 자기 웰빙의 CEO가 되는 것이기 때문이다.* 내게 자기 웰빙의 CEO가 된다는 것은 나를 행복하게 하고, 목적을 갖게 하고, 나 자신 및 타인

과 깊은 관계를 맺게 하고, 깨어 있는 건강한 마음으로 살 수 있게 하는 필수 에너지를 갖는다는 의미다.

지금 스트레스와 두려움 속에서 살고 있다면, 어떻게 그런 해로운 감정을 사랑과 기쁨으로 바꿀 수 있을까? 우리에게는 무력한 감정의 경험을 강력한 감정의 경험으로 바꿀 힘이 있다. 지금 어떤 상황이든, 이 장을 읽고 나면 습관과 마인드를 바꿔주는 작은 일들을 실천할 수 있게 될 것이다. 마음챙김으로 이어지는 길은 수없이 많으며, 모든 경로는 저마다 다른 모습을 하고 있다.

목적지가 있을 때 거기까지 비행기를 타는가, 자가용을 타는가, 기차를 타는가, 걸어가는가, 택시를 타는가? 이는 어디서 출발하느냐에 따라 달라진다. 도중에 길이 막히거나 비행기가 결항되면 어떻게 하는가? 다른 길로 우회하거나 다른 비행기를 타더라도 여전히 목적지에 갈 수 있지 않은가? 장애물을 만나면 계획을 바꿔야 하고 시간이 지연될 수 있다. 그러나 여전히 목적지에 도착할 수 있다.

우리의 웰빙도 마찬가지다. 우회, 지연, 평탄치 않은 도로 상황 같은 일은 일어나게 마련이다. 이런 경우 경로를 수정하더라도 분명 목적지로 향하는 다른 길을 찾을 수 있다. 7A에 따라 의사결정을 하다 보면 깨어 있는 습관을 갖게 될 것이다.

우리의 정신은 끊임없는 혼란 속에서 질서를 찾으려 애쓴다. 우리는 지나치게 많이 일하고 지나치게 많은 스트레스를 받는다. 목요일 오후 4시 무렵에 어떤 상태가 되는지 생각해보라. 짜증나는가? 마음이 조급해지고 정신이 없는가? 피곤한가? 이 모두가 스트레스의 증상이자 징후로, 적절히 손쓰지 않는다면 만성 스트레스로 악화하고 최악의 경우 과로사로 이어질 수도 있다.

이미 이렇게 치명적인 만성 스트레스를 받고 있으나 이런 상황을 피할 수 없다면, 무엇이라도 바꿔야 한다. 앞에서 살펴본 바와 같이 만성 스트레스의 핵심은 자신이 통제할 수 없다는 감정이다. 자신의 운명을 통제하려면 무엇보다 선제적으로 상황을 바꿔야 한다.

평가하고, 행동하고, 변경하라

상황을 바꾸려면 먼저 지금 무슨 일이 일어나고 있는지 평가하고 이해한 뒤, 개선해야 할 것이 마인드인지 행동인지, 아니면 둘 다인지를 파악해야 한다. 건강하지 못한 이 상태를 초래한 원인을 인지한다면, 상황을 더 좋은 쪽으로 바꾸어 자신의 잠재력을 최대한 발휘할 수 있다.

어떤 상황이든 바꿀 수 있는데도 부정적인 상태에 남겠다고 선택할 때도 있다. 디스트레스가 일상을 지배하게 내버려두면서 이를 일 또는 삶의 일부로 여길 수 있다. 그러나 만성 스트레스를 받는다고 해서 절망하고 무기력해질 이유는 없다. 비록 영원히 그 안에 존재해 온 것 같고 도무지 빠져나갈 구멍이 없는 것처럼 보이더라도 말이다.

스트레스 상황은 사람에 따라 모두 다르므로 해결책도 저마다 다르다. 자, 케이트라는 이름의 노련한 사업가가 있다고 치자. 케이트는 지난 8개월간 내리막길을 걷고 있다. 매출은 점점 줄고, 무시무시한 제품 평가 날짜가 임박했으며, 자금 사정도 좋지 않다.

케이트는 자기 자신과 회사가 만성 스트레스를 받고 있다는 사실을 알고 있다. 일과 건강을 모두 위협하는 구덩이 안에 갇혀 있다는 사실을 알지만, 자신에게는 이 상황을 바꿀 힘이 없다.

상황을 인식하고 있고 현재의 상태에서 벗어나야겠다는 열망이 있는데도 어떤 방법도 효과가 없다. 도미노를 아무리 세워놓아도 돌아서면 다시 쓰러진다. 케이트는 지친데다 상황이 벅차다. 부족한 시간에 압박감을 느낀다. 한 가지 스트레스를 해결하려고 노력하면 다른 데서 스트레스가 터져 나온다.

그러나 문제가 무엇이든 상관없다. 어떤 상황이 스트레스를 주는지 알 수 있든 없든 관계없다. 비용, 시간, 효율성, 자원 관리를 통해 상황을 개선할 방법이 언제나 있다. 스트레스 요인을 식별하고, 상황을 평가하고, 주어진 선택지를 결정하기만 하면 된다. 선택지는 항상 존재한다. 그런 다음 효과적으로 조치하고 개선된 모습이 나타날 때까지 그 조치를 꾸준히 유지한다. 모든 상황에 적용되는 비법은 존재하지 않는다.

스트레스 액션 플랜을 마련하면(5장 참고) 스트레스 요인을 확인하고 조치를 취할 수 있다. 케이트의 예를 통해 다시 한번 살펴보자.

케이트는 매출 감소와 자금 부족이라는 스트레스 요인을 이미 알아냈다. 이제 상황을 평가한 다음 원하는 결과를 명확하고 구체적으로 밝혀야 한다. 예를 들면, 이런 식으로 목표를 설정하는 것이다. 회복을 돕는 수면과 운동을 우선순위에 둔다. 월별 수익을 10퍼센트씩 끌어올린다. 월별 고객 이탈률을 1퍼센트 미만으로 낮춘다. 매출 이익을 10퍼센트 올린다. 고객 생애 가치customer lifetime value (한 소비자가 일생 동안 가져다주는 금전적 이득 - 옮긴이)를 매년 10~20퍼센트씩 올린다. 평가의 다음 단계는 이러한 결실을 내야 하는 이유를 아는 것이다. 무엇 때문에 이런 결과가 필요한가? 수익률이 궤도에 오르면 몰락하는 회사를 살릴 수 있기 때문이다. 다음으로, 각각의 목표에 걸맞은 실천 단계를 파악하여 조치를 마련한 뒤 이를 일관성 있게 실천한다. 그 방법이 효과가 없다면 접근 방식을 바꾼다. 목표를 변경해서는 안 된다. 목표를 달성하고 능가할 때까지 계속해서 접근 방식을 바꾸어본다.

그렇다면 어떻게 스트레스 요인을 파악할 수 있을까?

가장 먼저, 어떤 생각을 할 때 스트레스를 받는가? 곧 있을 회의를 생각할 때 스트레스를 받는가? 최선을 다하고 있는 것 같지 않다는 생각에 스트레스를 받는가? 아니면 인력 충원이 필요한 부서에 적임자를 찾아주지 못하고 있는가? 인간관계를 소홀히 하고 있는가?

스트레스 요인, 그리고 현재 상황을 바꿀 만한 몇 가지 방안을 적어 내려가는 것만으로도 스트레스를 어느 정도 완화할 수 있다.

막연한 생각 때문에 일상이 괴로울 때는 어떻게 해야 할까? 이를테면 이런 고민 말이다. *내가 우리 팀을 더 잘 이끌어나가야 하는데……*.

- 매주 각 부서의 담당자와 대화 시간을 가짐으로써 그들이 현재 어떤 문제를 겪고 있는지 파악한다. 어떤 도움이 필요한지 묻는다.
- 주변 사람들에게 묻는다. "회사에서 바꾸고 싶은 게 있습니까?"
- 자신에게 묻는다. 어떻게 했어야 더 좋은 하루를 보낼 수 있었

을까?

만성 스트레스를 유발하는 상황을 파악하고, 그 상황을 바꿀 방법을 글로 적는 것은 올바른 방향으로 나아가는 하나의 단계다. 변화를 만들겠다는 결심은 순간이지만, 변화의 결과는 단숨에 나타나지 않는다는 사실을 명심한다. 목표를 달성 가능한 작은 조각으로 쪼개어 한 걸음씩 차근차근 달성해나가야 한다. 항공기 안전 수칙부터 응급실 매뉴얼에 이르기까지 각 분야의 연구 결과를 보면, 그늘에 가려져 있으나 가장 강력한 힘을 지닌 의사결정 도구가 바로 꼼꼼한 체크리스트라는 것을 알 수 있다.

대화 이상의 것: 강한 커뮤니케이션과 문화

타인 또는 자신과 소통하는 (또는 소통하지 않는) 방식 때문에 스트레스를 받는 경우가 종종 있다. 마인드 개선이 상황을 바꾸는 데 가장 우선적이고 중요한 단계가 될 수 있듯이, 깨어 있는 방식으로 소통하기로 선택한다면 일상 및 회사 문화에 강한 변화를 만들어낼 수 있다.

강한 커뮤니케이션은 단순한 대화가 아니다. 커뮤니케이션은 마인드와 관련이 있다. 소통하는 방법에는 우리가 생각하는 방식, 이 세상과 교감하는 방식이 고스란히 드러난다. 타인과 진정으로 교감하려면 상황과 맥락을 인식하는 감각이 뛰어나야 한다. 타인의 환경, 상황, 기분, 마인드, 가치관, 관심사를 이해할 수 있어야 하기 때문이다. 커뮤니케이션에 능한 사람은 주변의 분위기와 타인의 마음을 읽을 수 있을 뿐만 아니라 상황에 따라 소통의 방식을 적절하게 바꾸는 능력도 지니고 있다.

자신의 커뮤니케이션 스타일이 어떤지, 다른 사람들의 스타일은 어떤지 유심히 관찰하여 공통점을 찾아보라. 유연한 마인드를 가지고 다양한 렌즈를 통해 세상을 바라볼 수 있다면, 극심한 스트레스의 씨앗이 되는 갈등 상황을 해결하기가 한결 수월해진다.

능숙한 커뮤니케이션은 강한 리더십의 특징이기도 하다. 효과적이고 공감하는 커뮤니케이션과 뛰어난 경청 능력은 좋은 리더와 훌륭한 리더를 가늠하는 척도가 된다. 커뮤니케이션은 엄격한 상명하달식 리더십의 시대를 지나, 유연하고 협력적인 기업 문화를 지향하는 리더십의 시대인 현재 특히 중요하다.

고객들의 커뮤니케이션 방식을 변화시키는 일은 그들이 스트레스 상황을 바꾸고 더 효율적인 리더가 되는 데 중요한 역할을 한다. 의사결정 과정을 개선하도록 내가 롭에게 했던 제안이 있다. 인수합병처럼 큰 결정을 내리기 전에 잠재적 결과를 다시 한번 확인하고 위험 신호나 약점을 파악하도록 도와줄 *선의의 비판자*를 한 명 정하라는 것이었다. 업무 관련 인맥 말고 편견 없이 자문해줄 사람을 원했던 롭은 나를 자신의 '침묵의 자문 위원'이라고 불렀다. 내 역할은 롭이 중요한 결정을 마음속에 묻어두기보다는 입 밖으로 꺼낼 수 있게 격려하는 것이었다.

리더로서 숲을 바라보는 유용한 방법으로 360도 리뷰를 추천한다. 360도 리뷰란 자기 평가를 포함하여 직원, 동료, 부하 직원, 상관에게 자신의 리더십을 평가받는 것이다. 제이크를 코칭할 때(4장 참고) 보이지 않는 문제점을 파악하기 위해 360도 리뷰를 활용한 적이 있다. 제이크는 진흙탕 싸움 같은 이혼 과정을 겪고 있었고, 그 일이 업무에 영향을 준다는 사실을 알고 있었다. 피드백을 받아본 결과, 더 큰 문제는 제이크의 커뮤니케이션 방식에 있었고, 이는 신뢰 부족과 건강하지 않은 습관에서 비롯된 것이었다. 팀원들은 그들이 반대 의견이나 대안을 제시할 때 제이크가 무시한다고 느끼는 경우가 있다고 대답했다. 이를 바로잡기 위해 제이크는 커뮤니케이션 방식을 바꾸었고, 브레인스토밍과 의사결정 과정을 더욱 협력적으로 만들려고 노력했다. *독백*처럼 일방적이었던 자신의 대화 방식을 문답 형식으로 개선했고, 팀원들의 의견을 적극적으로 경청하며 피드백루프를 활성화했다. 그 결과 강력한 기업 문화가 구축되어 비즈니스 성과가 향상되었고, 유연한 커뮤니케이션과 강한 응집력을 자랑하는 팀으로 거듭나면서 제이크의 스트레스도 줄어들었다.

깨어 있는 커뮤니케이션은 스트레스 상황을 바꾸는 데 큰 도움이 된다. 우리는 타인과의 커뮤니케이션뿐만 아니라 우리 자신과의 커뮤니케이션에도 반드시 신경 써야 한다.

내면의 코치 vs. 내면의 비평가

체로키족 사이에는 인간의 마음속에서 두 마리의 늑대가 끊임없이 싸운다는 전설이 내려온다. 나도 고객들을 코칭할 때 이와 비슷한 이야기를 하는데, 내 경우에는 늑대 대신 개를 예로 든다.

개 한 마리는 긍정, 유스트레스, 성장 마인드를 대변한다. 이 개는 우리에게 동기, 명확성, 에너지, 기쁨을 준다. 다른 개 한 마리는 부정, 디스트레스, 제한된 믿음을 상징한다. 의욕도 힘도 없고, 두려움이 많으며, 불안정한 개로, 아침에 일어나 거울을 볼 때 이런 목소리를 낸다.

- 나는 뚱뚱해.
- 머리도 빠지고 있어.
- 다크서클 좀 봐. 엄청 피곤해 보이네.
- 오늘 프레젠테이션 망칠 것 같아.

체로키족 전설에서 한 꼬마가 할아버지에게 이렇게 묻는다.

"둘이 싸우면 어떤 늑대가 이겨요?"

그러자 할아버지가 대답한다.

"그야 네가 먹이를 주는 놈이 이기지."

우리가 먹이를 주는 개가 이긴다. 우리가 귀 기울이고 받아들이는 마인드와 행동이 우리 삶을 지배한다. 두 마리의 개를 서로 경쟁하는 *내면의 비평가*와 *내면의 코치*라고 생각해보자.

내면의 비평가는 온종일 우리를 향해 이렇게 짖는다.

- 그러지 말았어야 했는데.
- 너무 오래 질질 끌었잖아.
- 그 계약 망쳤네.

- 더 노력했어야 했어.
- 실패할 줄 알았어.
- 나는 부족해.
- 뜻대로 되는 일이 하나도 없어.

내면의 코치는 어떨까? 귀를 기울이면 내면의 코치가 하는 말을 들을 수 있다.

- 호흡하자.
- 행복하기로 선택하자. 오늘 내가 감사할 일은 무엇인가?
- 에고는 집어치우고 현재에 집중하자. 이 순간에 존재하자.
- 호기심을 품자.
- 모든 난관에는 성장의 기회가 있다. 여기서 얻을 수 있는 교훈은 무엇인가?
- 두려움을 버리고 그 자리에 사랑을 채우자.
- 포기하지 말자. 할 수 있다.
- 마음에 들지 않는다면 무엇이든 바꿀 수 있다.

이런 목소리를 들어본 적이 있는가? 없다면, 이 개가 잠들어 있기 때문인가, 아니면 우리가 귀를 막고 있기 때문인가? 사실 대부분의 사람들은 이 개에게 단 한 번도 먹이를 준 적이 없다.

일이 뜻대로 되지 않았을 때 *'이렇게 하지 말았어야 했는데'*라고 생각하는 대신, *'다음번엔 다른 방식으로 해봐야겠다'*라고 생각하면 어떨까?

너무 오랫동안 질질 끌었다고 생각하는 대신 *'이제 무엇을 우선순위로 삼아야 할지 알겠다'*라고 생각하자.

실수를 저질렀다거나 기회를 놓쳤다는 이유로 자신을 채찍질하기보다 내면의 코치가 내면의 비평가를 넘어서게 하면 어떨까? 내면의 코치는 우리에게 경험이라는 교훈을 통해 다음을 대비할 수 있다고 격려하며 우리가 더 잘할 수 있도록 도와줄 것이다. 또 최선을 다하더라도 상황이 어그러질 때도 있다고 우리를 토닥여줄 것이다(늘 이길 수만은 없지 않은가!).

내면의 비평가를 먹이는 것과 내면의 코치를 먹이는 것의 차이를 잘 알아야 한다. 우리는 내면의 비평가가 하는 말을 듣는 것에 익숙하다. 우리의 현실 감각을 앗아갈 만큼 강하고 지배적인 목소리다. 그의 말을 듣고 있으면 우리는 오토파일럿 모드에 빠지게 된다. 벗어나야 할 상태에 있으면서도 그 상태에 머무르겠다고 무의식적으로 선택하는 것이다. 이 상태를 벗어나려면 무엇보다 현실을 깨달아야 한다.

이런 상태에 빠져 있던 제이크를 내가 도와준 적이 있다. 나는 제이크의 손목에 고무줄을 하나 채워준 뒤, 내면의 비평가가 말을 걸어올 때마다 고무줄을 잡아당기라고 말했다. 제이크는 내면의 비평가가 뭐라고 말을 걸어오든 간에 "그러면"이라고 말하며 시간을 번 뒤, 긍정적이고 건설적인 생각이 담긴 말을 뱉겠다고 나와 약속했다.

이를테면, *'이런, 프레젠테이션에서 발표한 수치가 틀렸잖아'*라는 생각이 들 때 제이크는 고무줄을 잡아당기고 이렇게 대꾸하는 것이다. *'그러면 앞으로 프레젠테이션을 할 때는 항상 한 번씩 더 확인해야겠다. 실수를 통해 또 하나 배웠네.'* 시간이 흐를수록 고무줄을 잡아당기는 횟수가 줄었고, 결국 더는 고무줄이 필요하지 않게 되었다. 제이크가 좋은 개에게 먹이를 준 횟수만큼 나쁜 개를 굶겼기 때문이다.

내면의 비평가가 하는 말은 우리의 자신감과 열정, 에너지, 동기를 싹 쓸어내버리는, 일종의 언어폭력이다. 악마의 마인드다. 우리가 먹이를 주는 마인드가 그날 하루를 끌고 간다는 사실을 명심해야 한다.

다른 소리는 들리지 않을 때까지 계속해서 부정적인 기운을 주는 개에게 먹이를 주겠는가? 우리에게 긍정의 힘을 주는 개를 굶주림과 방치 속에 죽어가도록 내버려둘 것인가? 반드시 마인드를 긍정적으로 바꿔야 하고, 우리의 번영을 돕는 개를 먹여야 한다.

불필요한 스트레스를 피하려면 무엇보다 스트레스를 바라보는 제한된 마인드를 피해야 한다. 마찬가지로, 우리의 앞길을 방해하는 상황을 바꾸려면 무엇보다 상황을 바라보는 렌즈를 바꿔야 한다.

내면의 코치의 눈으로 세상을 바라보면 우리는 스스로 운명을 통제할 수 있다고 느끼고, 눈앞에 닥친 어려움을 위협이 아닌 기회로 볼 수 있다. 급성 스트레스와 유스트레스의 긍정적 에너지를 활용하면서 만성 스트레스를 피할 수 있다. 점진적인 개선에 초점을 맞추고 꾸준히 발전하는 자신의 모습을 볼 수 있다.

사소해 보이는 작은 변화가 눈덩이 효과를 내어 큰 변화를 만드는 것도 같은 원리다. 잠재적 스트레스 요인을 식별하고 스트레스 액션 플랜(5장 참고)을 마련한 다음 이를 실행에 옮기면, 정신 근육이 강해져

습관이 된다. 습관을 오래 유지하면 두뇌 회로가 재배치되면서 제한된 마인드가 기회의 마인드로 개선된다.

일단 마인드를 바꾸는 방법을 배우면, 지속적이고 근본적으로 상황을 바꿀 수 있으며 진정한 의미에서 자기 웰빙의CEO가 될 수 있다.

사소한 변화가 만드는 대단한 결과

아침마다 크림치즈를 바른 뉴욕 스타일 베이글에 커피를 즐기던 피터라는 고객이 있었다. 상담할 때 그는 점심시간이 되기도 전에 기력이 빠진다고, 또 몇 년 사이에 13킬로그램 이상 몸무게가 늘었다고 불평했다.

나는 피터에게 아침 식사로 실험을 해보자고 했다. 베이글 대신 채소 80~90퍼센트와 과일 10~20퍼센트로 만든 과채주스를 마셔보라고 했다. 그리고 이 사소하고 일상적인 행동 하나가 피터의 인생을 완전히 바꾸어놓았다. 가장 먼저 피터는 에너지가 넘치는 기분이라고 했다. 그리고 아침 식단을 바꾼 지 6개월 만에 10킬로그램을 감량했다. 이후 체육관에 다니기 시작하면서 에너지와 자신감이 치솟았고, 무엇보다 피터는 이제 만족스럽고 건강한 관계를 맺어가고 있다. 이는 내가 추천하는 업그레이드 방법의 하나로서 피터가 작은 변화를 디딤돌 삼아 큰 변화를 만들도록 이끌어주었다.

또 다른 고객인 마크는 흡연자였다. 그의 흡연에 트리거가 되는 것은 여자친구 집 근처에 있는 주유소 편의점이었다. 일요일 밤마다 마크는 여자친구의 집을 나선 뒤 자신의 집에 가는 길에 주유소에 딸린 편의점에서 담배 한 갑을 샀다. 나는 마크에게 편의점에 들르지 말고, 대신 '홀푸드Whole Foods(유기농 식품을 주로 판매하는 슈퍼마켓-옮긴이)'로 가서 매장의 가장자리에 진열된 신선식품만 구매하라고 했다. 그리고 담배 생각이 날 때마다 마크는 당근을 먹었다. 그러자 그의 손과 입에는 전보다 훨씬 더 건강한 습관이 자리 잡았다. 일요일마다 주유소가 있는 길을 피해 홀푸드 슈퍼마켓으로 향하겠다는 적극적인 선택 덕분에 마크는 생명을 위협하는 중독에서 벗어날 수 있었다. 마크는 부정적인 영향을 주는 트리거를 피하고 건강한 습관을 챙기면 이전의 파괴적인 습관에서 벗어날 수 있음을 직접 경험했다. 곧 마크는 숨차거나 피곤하지 않은 상태로 더 오랫동안 자전거를 탈 수 있게 되었고, 나중에는 식단도 개선했다. 술을 마시면 담배 생각이 난다며 결국에는 술도 끊었다.

하나의 깨어 있는 선택은 또 다른 깨어 있는 선택을 낳는다.

고객들에게 나는 작은 결정을 내릴 때도 항상 큰 그림을 염두에 두어야 한다고 강조한다. 아주 사소한 행동이라도 파급효과를 일으켜 엄청난 영향을 미칠 수 있다. 대단한 결과를 만들어내는 작은 변화의 힘을 결코 과소평가해서는 안 된다.

주도적으로 행동해야 일상과 웰빙을 제대로 돌볼 수 있다. 두려움이 아니라 사랑의 힘으로 행동해야 한다. 우리는 좋은 개를 살찌워야 한다.

황금 수갑

살아가는 내내 과로하거나 항상 스트레스에 시달리는 것은 아니다. 그냥 지루하고, 성취감이나 만족감이 들지 않고, 단조로운 업무와 일상에 갇혀 있는 듯한 느낌이 들 때도 있다. 이럴 때는 한 걸음 물러나 현재의 상황에 도움이 되지 않는 게 무엇인지 판단한 뒤, 주도적으로 바꾸겠다고 선택해야 한다.

제약 영업에 종사하던 시절 나는 회사의 '황금 수갑'에 매여 있는 것 같았다. 회사에서 제공하는 복리 후생은 굉장했다. 출장비 전액 지원, 법인 카드, 회사 차량, 넉넉한 휴가, 높은 연봉, 훌륭한 의료보험까지. 무엇보다 자율권을 보장해주었다.

그런데도 한두 해 지나고 나니, 회사에 다니는 내 모습이 야후에서 일했을 때와 별반 다르지 않았다. 아침이면 여전히 스누즈 버튼을 눌러댔다. 그런 내게서는 하루를 시작할 에너지, 열정, 동기를 찾을 수 없었다. 내가 하는 일이 내게 목적의식을 가져다주지 않았다. 내 일상은 한때 내 안에 있었던 푸르고 열정적인 불꽃을 꺼뜨리며 서서히 나를 갉아먹었다. 오로지 주말과 휴가에만 찰나의 행복을 느낄 수 있었다.

더 나은 목표를 좇고 싶지만 위험 부담 때문에 망설이는 사람들이 많다. 나도 그랬다. 남들이 보기에 그때 나는 꿈의 직장에 다니고 있었다. 누구라도 바랄 만한 모든 특전을 누리고 있었고, 연봉도 꾸준히 오르고 있었다.

머릿속에만 있던 생각을 실천으로 옮기기까지는 꽤 오랜 시간이 걸렸다. 이만한 복지를 제공하는 직장에 두 번 다시 들어가지 못할까 봐 걱정도 됐다. 내가 다니는 제약회사가 직원들에게 아주 좋은 혜택을 제공한다는 점은 부인할 수 없었다. 그러나 아침마다 스누즈 버튼을 눌러대는 것만이 문제가 아니라는 사실이 점점 더 분명해졌다. 운전할 때조차 나는 멍한 상태였다. 오토파일럿 모드로 설정해놓은 채 인생을 그저 관성에 의해 살아가고 있었던 것이다. 그제야 나는 모든 상황을 과감하게 바꿔보기로 마음먹었다.

곧 나는 황금 수갑을 벗어던지고 열정과 목적을 좇아 회사를 그만두었다.

그 무렵의 나는 더 건강한 라이프스타일을 추구하고 있었고, 이미 몇 가지 습관을 바꾼 뒤였다. 그게 시작이 되긴 했으나, 문제의 핵심을 바꾸지는 못했다. 문제의 핵심은 내 직업이 내 목적의식에 부합하지 않는다는 것이었다(12장에서 자세히 다룰 것이다). 나는 단지 월급날을 기다리며 직장에 다니는 것으로는 만족하지 못하는 사람이었다. 이 사실을 깨달은 나는 목적의식이 있는 마인드를 품고 그에 걸맞은 행동을 하겠다고 의식적으로 결정했다.

지금까지 접해온 고객의 사례를 종합해봤을 때, 지속적인 스트레스에 시달리지 않았던 시기가 언제였는지 떠올리지 못한다면 이미 심각한 경고등이 켜진 것이다. 만성 스트레스가 일상이 되면 나쁜 개가 삶을 지배하기 시작한다. 그러면 인생이 무너지고 있다고 느끼고, 성취나 동기부여를 느낄 수 없는 오토파일럿 모드로 살아가는 부정적 패턴에 굴복하게 된다. 그리고 자신도 모르는 사이에 서서히 이 상태에 익숙해지게 된다.

이때의 스트레스는 치명적이다. 마지막으로 행복하고 활기 넘치고 즐거웠던 때가 언제였는지 떠오르지 않는다면, 마지막으로 잠을 푹 잤던 때가 언제였는지, 우울이나 짜증 없이 하루를 보냈던 때가 언제였는지 떠오르지 않는다면, 지금 당장 마인드와 상황 모두를 바꿔야 한다.

자신에게 묻는다. *인생, 일, 친구, 가족, 나 자신을 떠올리면 설레고 즐거웠던 때가 언제였는가? 몇 달 전? 아니면 몇 년 전?*

덫에 걸린 듯한 느낌이 아무리 오랫동안 지속됐다고 하더라도 우리에게는 만성 스트레스에서 벗어나 상황을 바꿀 선택지, 능력, 힘이 있다는 사실을 잊어서는 안 된다.

너무 큰 변화라 실천하기 어려웠던 퇴사를 실행에 옮기기 전에, 나는 마인드와 상황을 서서히 바꿔줄 몇 가지 변화를 먼저 실행했다. 그리고 이 작은 변화들은 훗날 더 큰 변화라는 열매를 맺을 씨앗이 되었다. 혼란의 구렁텅이에 빠져들고 있는 것 같다면, 큰 변화를 시도하기에 앞서 삶의 질을 개선해줄 작은 변화를 실천하는 게 좋다. 무엇이 올바른 선택인지 명확하게 판단할 수 없을 만큼 지치고 혼란스러운 상태라면, 상황을 개선하기 위해 실천한 일이 오히려 상황을 악화시킬 수 있다. 건강한 라이프스타일을 추구해야 하는 중요한 이유다. 건강한 라이프스타일을 추구하면 상황을 명료하게 볼 수 있고 지속적으로 최고 기량을 발휘할 수 있다. 모든 것은 서로 연결되어 있다. 웰빙에도 전체론적으로 접근해야 한다. 건강과 웰빙이 증진되도록 작은 변화와 개선을 만들다 보면, 어느새 우리에게 필요한 큰 변화를 위한 연쇄 반응이 일어날 것이다.

티베트 라마승들이 '머리'라고 말한다면, 이는 가슴을 가리킨다. 머리는 *곧* 가슴이다. 상황을 바꿀 방법을 선택하려면 우선 머리와 가슴이 연결되어 있는지부터 확실하게 알아야 한다. 이는 내면의 코치가 하는 말을 귀담아듣고 좋은 개에게 먹이를 주는 바로 그곳을 의미한다. 마인드를 개선하면 점점 더 행복해지고, 활력이 넘치고, 힘이 생긴다. 그러면 스트레스 요인이 무엇인지, 지금 상황에서 잘못된 점은 무엇인지, 이를 어떻게 고칠 수 있을지 파악하는 데 도움이 된다. 자신이 현재 어디에 있고 어디로 가고 싶은지를 알면, 실행할 준비가 되어 있고 의지가 있다면 목적지로 가기 위해 필요한 단계를 밟아나갈 수 있다. 현재의 상황이 자신에게 불리해 보인다면 멈추고 한 걸음 물러나 평가하고, 어떤 선택지가 주어졌는지, 어떻게 조치해야 할지 파악한다. 그런 다음, 자신 및 타인과 커뮤니케이션하는 방식을 유심히 들여다본다.

커뮤니케이션 방식을 바꿔라

좋은 리더와 훌륭한 리더를 구별하는 중요한 요소로 커뮤니케이션 능력을 꼽을 수 있다. 소셜 미디어가 즉각적 커뮤니케이션instant communication이라는 새로운 형식을 만들어냈지만, 커뮤니케이션 능력 및 의미 있는 관계를 유지하는 능력은 여전히 직장에서 신뢰를 구축하기 위한 중요한 요소다.

*신경 언어 프로그래밍Neurolinguistic Programming*이라고 불리는 치료 및 철학적 기법에 따르면, 우리가 선호하는 커뮤니케이션 방식은 *시각형, 청각형, 신체 감각형, 내부 언어형*의 네 가지다.

1. 시각형 인간은 눈으로 세상을 바라본다. 이들은 긴 언어로 전하는 지시가 아니라 이미지를 통해 배운다. 따라서 백 마디 말보다 그림 한 장이 훨씬 효과적이다. 이들은 글로 쓰인 보고서보다 슬라이드, 영상, 이미지에 더 잘 반응한다. 이들과 대화할 때는 *보다, 집중하다, 알아차리다*와 같은 단어나 *멀찍이서 보면, 쥐구멍에도 볕 들 날이 있다고 하니 훌훌 털고 일어나게, ~라는 점을 봤을 때, ~면에서 보자면, 눈여겨보다*와 같은 관용구나 문장을 사용하는 게 효과적이다.
2. 청각형 인간은 세상을 귀로 듣는다. 이들은 말로 하는 지시와 음성 회의를 더 잘 받아들인다. 청각형 인간과 대화할 때는 상대방의 주의를

흩뜨릴 만한 소음이 있는지 확인해야 하고, 적절한 단어와 목소리 톤을 선택해야 한다. 이들은 절차와 단계를 잘 이해하므로, 대화를 나누기에 앞서 전하려는 메시지를 신중하고 논리적으로 체계화하는 것이 좋다. 이들은 자신이 일을 잘하고 있는지 듣고 싶어 하며, 상대방이 말을 제대로 하고 있는지 관심 있게 지켜본다. 이런 유형은 *듣다, 울려 퍼지다, 들리다, 말이 나온 김에, 속이 시끄럽다, 들어본 적이 있다, 내 말 좀 들어봐, 말 한번 잘했다*와 같은 표현을 자주 사용한다.

3. 신체 감각형 인간은 세상을 느낀다. 이들은 행동과 경험을 통해 배운다. 간단명료한 방식으로 커뮤니케이션을 하기보다는 직감을 믿는 편이다. 절차를 거쳐 배우고 기억하길 선호하며, *만지다, 느끼다, 손에 잡히다, 부드럽게, 탄탄하게, 손아귀에 넣다, 날려버리다, 가져오다, 손이 맞다, 연락이 닿다, 꼬집어 말할 수 없다*와 같은 표현에 잘 반응한다.
4. 마지막으로 내부 언어형 인간은 다른 세 가지 유형의 특징을 모두 지니고 있다. 이들은 단어에 숨은 의미를 파악하기 위해 매우 신경 쓰며, 어떤 메시지든 간에 아주 명확하게 전달됐는지 확인하기 위해 꼼꼼히 살핀다. 전달되는 메시지 속에 숨은 의미가 있는지 분석하기를 좋아한다. 이런 사람들은 *생각하다, 배우다, 이해하다, 과정, 숙고하다, 바꾸다*와 같은 표현에 잘 반응한다.

커뮤니케이션을 할 때 주의를 기울여 상대방의 유형을 파악한다면, 그 사람이 선호하는 방식으로 대화할 수 있다. 각 유형이 선호하는 술어를 써서 상대방이 어떤 표현에 가장 잘 반응하는지 실험한다. 상대방이 선호하는 커뮤니케이션 스타일을 파악한 뒤 전하려는 메시지를 조정한다. 확신이 서지 않을 때는 서면이나 구두 커뮤니케이션에 네 가지 유형을 모두 사용해본다. 하나의 유형으로 100퍼센트 치우친 사람은 없지만, 모두에게는 저마다 선호하는 유형이 있다. 차분히 시간을 들여 상대방의 선호도를 파악한 다음 전달하려는 메시지를 최적화하면 더 끈끈한 관계를 구축할 수 있다.

관점을 바꿔라

신체를 리셋할 때 호흡을 활용하는 것처럼, 정신을 리셋하고 싶을 때는 관점 바꾸기라는 리셋 버튼을 누르면 된다. 리셋 버튼 누르는 것을 습관화함으로써 멈추고 호흡하고 선택하기에 적용한다. 관점을 바꾸라고 하면 우리는 상황이나 경험 전체의 의미를 바꾸려고 한다. 그러나 관점 바꾸기는 문제나 상황을 더욱 건설적인 방식으로 바라보겠다고 선택하는 것이다. 문제, 약점, 걸림돌을 기회로 바라보기로 선택한다. 마음을 열고 바라본다면 불리해 보이기만 했던 모든 상황에서 긍정적인 면이 보일 것이다.

어떤 관점으로 바라보느냐는 내면의 대화 방식, 자기 자신과 대화하는 방식과도 연결되어 있다. 커뮤니케이션 방식을 바꾸려면 외부적·내부적 방식이 모두 달라져야 한다. 긍정적인 관점을 갖고 어려움을 새로운 도전과 기회로 바라볼 수 있어야 비로소 우리는 내면의 비평가가 아니라 내면의 코치에게 귀 기울일 수 있게 된다.

90분마다 쉬어라

연구 결과 90분 간격으로 쉬면서 일할 때 생산성이 극대화되었다. 이 간격을 유지하면 모든 인간에게 내재된 휴식 활동 주기에 더욱 가까이 접근할 수 있다.

집중력이 흩어지기 시작하면 산책, 물 마시기, 스트레칭 등 상황을 바꿀 수 있는 행동을 한다. 이 일에서 저 일로 넘어가는 동안 뇌가 쉴 수 있도록 90분마다 업무를 바꾸어준다.

이는 사소하지만 깨어 있는 습관으로, 큰 파급효과를 불러온다. 90분마다 쉬는 것을 습관으로 만들면, 가만히 앉아 있던 우리는 자리에서 일어나 기지개를 켜고 움직이고 휴식할 기회를 얻게 된다. 또 눈앞에 닥친 업무에서 한 걸음 물러나 우리 자신을 돌아봄으로써 오토파일럿 모드에 빠지지 않을 수 있다. 주기적으로 '깨어 있기 위한 셀프 체크인'을 하는 것과 마찬가지로, 주기적으로 휴식을 취하는 일 또한 마음챙김에서 빠뜨릴 수 없는 부분이다.

실천 단계

내면의 비평가를 잠재워라

내면의 비평가를 잠재우기 위해서 가장 먼저 해야 할 일은 놀랍게도 이를 억제하거나 통제하려고 하지 않는 것이다. 저항할수록 더 집요하게 지속된다는 사실을 기억해야 한다. 이미 물 건너간 계약이나 동료·배우자와의 갈등에 집착하고 있다면, 절대 *'이제 이 생각을 그만해야 하는데'*라고 생각하지 않는다. 대신, 악순환의 고리에 빠진 자신의 상태를 인식하고 받아들인다. 그리고 이렇게 생각한다. *'아, 지금 내가 이미 끝나버린 계약에 집착하고 있구나.'*

떠오르는 생각을 판단 없이 바라보고, 이를 통제하거나 멈추려고 애쓰는 대신 있는 그대로 받아들이면 오히려 한결 수월하게 부정적인 생각을 길들일 수 있다. 받아들이고 나면 생각의 무게도 덜어진다. 걱정하는 자신에게 화내거나 그만하라고 다그쳐봐야 타오르는 불길에 기름을 퍼붓는 일밖에 되지 않는다.

부정적인 생각이 든다는 걸 인정했다면, 한번 시험해본다. 계약을 놓친 뒤 어쩌면 자기 능력에 의심이 들거나 회의를 느껴서 자책하고 있을지 모른다. 그때 자신에게 이렇게 묻는다. *'한번 무너진 일로 나를 무능하다고 할 수는 없잖아?'* 아니면 이렇게 물어도 좋다. *'지난번에 아주 멋지게 계약을 성사시켰는데, 그때는 어땠지?'*

부정적인 상황에서 이렇게 시험하는 것이 어렵다면, 다른 방법도 있다. 지금 나와 같은 상황에 처한 친구가 있다고 상상한다. 그 친구에게 어떤 조언을 해주겠는가? 자, 이제 그 조언을 자신의 상황에 어떻게 적용할 수 있을지 생각해보라.

자신의 커뮤니케이션 능력을 평가하라

동료, 리더십 팀, 직원, 가족, 친구들과 마음을 터놓고 소통하는가? 어떤 일 때문에 스트레스를 받는지, 그 스트레스가 어떤 영향을 미치는지, 또 어떻게 달라질 수 있을지를 그들에게 솔직히 이야기하는가? 반대 의견이 있어도 귀담아듣는가?

열린 마음으로 더 많이 공감하려면 멈추고 호흡하고 선택하기를 연습한다. 다른 사람의 입장이 되어 생각한다. 마음을 열고 명료하게 소통하여 타협점을 찾도록 노력한다. 설득력 없고 일방적인 주장을 삼간다. 항상 잘 들으면서 독백이 아닌 대화를 나눠야 한다는 사실을 명심한다.

자신의 필요, 염려, 기분을 명확하게 전달하면, 명료성과 생산성이 향상되고 효과적인 타협점을 찾을 수 있다. 반면에 모든 것을 속에만 품고 있으면, 부정적인 기분은 더 빠른 속도로 퍼지기 십상이다. 근육을 강화하는 것처럼 열린 소통을 하는 데도 연습이 필요하다. 집에서나 직장에서나 의식적으로 매일 연습한다. 상대방의 행동을 바꾸고 싶다면, 나 자신도 기꺼이 변해야 한다. 융통성과 경청이야말로 훌륭한 커뮤니케이션의 핵심 요소다.

명확하지 않은 커뮤니케이션 때문에 무너지고 있는 관계가 있는지 생각해본다. 상황을 바꾸려면 어떤 선택을 해야겠는가?

귀여운 강아지 영상을 시청하라

어떻게 생각할지 모르겠지만, 사랑스러운 동물이 나오는 영상을 보는 것은 시간 낭비가 아니다. 기분 전환을 위한 효과적인 방법이다. 나는 스트레스가 쌓일 때마다 아버지가 보내준 귀여운 강아지나 고양이 영상을 튼다. 그러면 금세 마음이 녹아내리고 기분이 아주 좋아진다. 심지어 동물 영상을 보는 것이 스트레스 해소의 방법이 될 수 있다는 연구 결과도 있다. 이런 영상은 우리의 에너지 수준을 끌어올리고 기운을 북돋아준다. 그러니까 내 말은, 알고리즘을 타고 끊임없이 재생되는 스트리밍에 빠져든 나머지 한없이 할 일을 미루는 결과가 생기지 않도록 주의해야 한다는 의미다.

다양한 렌즈로 바라보라

누군가와 충돌하게 된다면, *렌즈를 거꾸로 돌려* 상대방의 입장이 되어 자신을 바라본다. 내가 틀리고 상대방이 옳은 부분이 있는가? 하기 싫은 일을 하지 않고서 어떻게 변화하겠는가? 어떻게 두 사람이 타협할 수 있겠는가? 상대방이 완고하다고 해서 나까지 그럴 필요는 없다.

두 번째 방법은 *멀리 볼 수 있는 렌즈*를 사용하는 것이다. 지금 이 상황을 6개월, 1년, 5년 뒤에 봤을 때 어떨지 생각해보라. 지금 쓸데없는 걱정을 하는 것은 아닌가? 아니라면, 원하는 장면을 보기 위해 지금 할 수 있는 일은 무엇인가? 할 수 있는 일의 목록을 만들어보면 한결 수월하게 큰 그림을 볼 수 있다. 그런 다음 지금 상황으로 돌아와, 애초에 고민할 가치가 있는 문제였는지 다시 판단한다.

세 번째는 *광각렌즈*를 활용하는 것이다. 결과에 상관없이 이 상황을 통해 무엇을 배우고 어떻게 성장할 수 있을지 자문한다. 상황이 어떻게 흘러

가든(우리가 모든 것을 통제할 수는 없기 때문에), 이 경험을 어떻게 받아들여서 어떤 교훈을 얻겠는가? 참패한 전쟁처럼 아무리 극심한 스트레스를 주는 상황이라도 그 안에는 우리를 더욱 뛰어난 리더로 만들어줄 가치가 담겨 있다.

다양한(뒤집힌, 장기적, 넓은) 관점에서 상황을 바라보면, 경직도가 줄고 융통성이 늘면서 더 큰 통찰력을 얻을 수 있다. 이는 7A를 실천하는 데에도 도움이 되며, 특히 불필요한 스트레스 피하기, 상황 바꾸기, 스트레스 요인에 적응하기, 바꿀 수 없다면 받아들이기 항목을 실천하는 데 유용하다.

7장

적응: 위기에서 살아남는 법

지진이 나면 유연하게 지은 건물이 살아남을 가능성이 더 크고, 휘어질 틈 없이 단단하게 지은 건물이 오히려 무너지기 쉽다. 1989년 10월 17일, 팰로앨토 시내 스탠퍼드 쇼핑센터의 천장이 무너져 내렸다. 우리 어머니가 운영하던 베네통 매장을 둘러보던 손님들 머리 위로 큼직한 천장 타일조각이 속수무책으로 떨어졌다.

그때 우리 남매는 집에 있었다. 오빠는 텔레비전으로 월드시리즈를 보고 있었고, 나는 친구와 전화 통화 중이었다. 규모 6.9의 로마 프리에터Loma Prieta 대지진이 일어난 그날, 팰로앨토에 있던 우리 집은 극심하게 흔들리기 시작했다.

평소 학교에서 배운 대로 낮은 곳에 몸을 숨기고 머리를 가려야 했으나, 우리 남매는 그러지 못했다. 오히려 감정이 북받쳐 올라 절대 해서는 안 된다고 배웠던 행동을 그대로 하고 말았다.

우선 오빠는 흔들리는 크리스털 샹들리에를 향해 손을 뻗었다. 나는 금방이라도 떨어질 것 같은 큼직한 그림 액자를 붙잡았다. 우리는 세상이 다시 고요해질 때까지 그 상태로 가만히 있었다. 수많은 사상자를 낸 끔찍한 재난 속에서 우리 남매는 본능적으로 행동하고도 다행히 무사했다.

1989년 지진의 피해로 건축 규제가 더욱 강화되었다. 이후 건설된 건축물들은 다음에 '큰 지진'이 찾아와도 견딜 수 있도록 더욱 유연하게 설계되어야 했다.

우리도 건물과 마찬가지로 유연하게 생각하고 융통성 있게 행동해야 회복탄력성을 키울 수 있다. 미지의 세계로 빠져들고 있다면, 바꾸지도 피하지도 못하는 상황이라면, 받아들이고 적응하는 것 외에는 선택지가 없다.

이륙 208초 만의 비상착륙

208초 후에, 지금 타고 있는 비행기를 강에 착륙시켜야 한다. 2009년 1월, 1549편의 기장 체슬리 '설리' 설렌버거Chesley 'Sully' Sullenberger가 뉴욕 라과디아 공항을 이륙한 지 얼마 지나지 않았을 때 겪은 일이다. 승객을 가득 태우고 비행하는 중에 비행기가 추락하고 있다는 사실을 알게 된다면 여러분은 어떻게 하겠는가? 추락이라는 최악의 상황을 피하기 위해 승무원들은 생각할 수 있는 모든 일을 했고, 기장인 여러분도 상황을 바꾸기 위해 최선을 다했으나 소용이 없었다. 비행기는 추락하고 있다. 이런 상황에서 어떻게 반응하겠는가? 당황하고 공포에 질려 정신을 잃을 것인가? 아니면 상황을 받아들이고, 훈련받았던 내용을 실행에 옮겨 모두를 구할 방법을 찾아보겠는가?

1549편이 새 떼와 충돌해 엔진에 손상을 입고 추락하기 시작했을 때 기장 설리가 가장 먼저 보였던 반응은 현실 부정이다. 그때 이런 생각이 들었다고 한다.

"'이런 일이 일어나다니 믿을 수 없어. 이런 일이 나한테 일어날 리 없어'라고 생각했습니다."

설리는 비행기가 추력을 완전히 잃은 상태였다고 했다.

"비행기가 더는 높이 올라가지도, 앞으로 나아가지도 않은 채 급격히 속도가 떨어지기 시작했습니다. 그때 수동 비행으로 전환해 직접 조종해야겠다고 생각했습니다."

그는 42년 동안 조종해왔던 비행기들과는 다르게 이 비행기는 온전한 상태로 활주로에 착륙시킬 수 없으리라는 사실을 이미 알고 있었다. 이제 자신은 물론, 탑승객 154명의 생명이 그의 손에 달려 있었다. 생사의 갈림길에 선 설리는 마인드를 바꾸어 창의력을 발휘했다. 평범했던 그의 일상이 순식간에 끔찍한 미지의 세계로 빠져들었다. 설리는 틀에 박힌 사고에서 벗어나 어떻게든 비행기를 안전하게 착륙시켜야 했다. 그는 허드슨강에 불시착했고, 탑승객 전원이 생존했다.

생사가 달린 극한의 상황에 내몰리길 바라는 사람은 없다. 그리고 이렇게까지 끔찍한 '비상사태'를 일상에서 마주하는 경우는 흔치 않다. 그러나 개념은 동일하다. 예상치 못한 문제나 스트레스 요인에 부딪힌다면, 현재에 집중하고 침착함과 냉정함을 유지하고 지금 일어나는 상황에 적응하여 비행기를 안전하게 착륙시킬 수 있을까?

적응하지 못한다면 우리가 몰고 있는 '비행기'는 추락해버릴 것이다.

설리는 재빠르게 상황을 평가하고 거기에 적응했다. 관제탑에서는 활주로로 회항하라는 메시지를 분명하게 전달했으나, 그는 받아들이지 않았다. 회항이 불가능하다고 확신한 설리는 독립적인 판단을 내렸다. 판단을 내린 뒤에는 빠르고 단호하게 행동했다. 훗날 설리는, 이전까지의 모든 삶이 그 짧은 순간을 감당하기 위한 준비 단계였던 것 같다고 회상했다.

7A 가운데 나머지 여섯 개의 A를 실천해야만 다섯 번째 A를 활용해 스트레스 요인에 적응할 수 있다. 어떤 어려운 상황에서든 의식적인 선택을 해야 (208초 안에 추락하는 비행기를 안전하게 착륙시켜야 하는 상황 같은) 진정한 비상사태에 대비할 수 있다.

일상의 압박

집이나 직장에서 마주하는 일상의 어려움이 처음에는 불편하고 달갑지 않을 것이다. 기업가라면 자본 조달이나 제품 개발 및 출시와 관련하여 수많은 미지의 상황에 대처해야 하고, 경영진이라면 조직 개편이나 구조조정을 할 때 회사와 직원의 웰빙 사이에서 균형을 맞춰야 한다. 핵심은 긍정과 유연함, 호기심을 잃지 않는 것이다. 그러기 위해 자신에게 이렇게 물어야 한다. *이 상황에서 내가 배울 점은 무엇인가? 내가 놓치고 있는 게 있는가?*

마감 기한이 다가오고 가정의 의무가 버거운 상황이라도 우리는 언제나 깨어 있는 선택을 할 수 있다. 우리는 부정적인 에너지와 불안에 굴복해 덜 효율적인 리더로 전락할 수도, 긍정적이고 열린 마음을 유지해 스트레스 요인에 적응할 수도 있다. 선택은 우리 몫이다.

일상의 압박이 다가온다면, 7A를 실천할 기회, 삶의 전반적인 방향을 점검할 기회로 활용한다. 손쓸 수 없는 상황에 수동적으로 굴복하지 말고 능동적으로 대응한다. 스트레스 요인을 평가하여 구체적인 실천 단계로 바꾼다. 구체적인 실천 방안은 자기 돌봄에 더욱 초점을 맞추는 것이 될 수도 있고, 놀이 시간을 늘려 스트레스를 최소화하는 것이 될 수도 있다. 상황마다 올바른 선택이 달라질 것이다. A에서 B까지 가는 길이 쭉 뻗은 직선 도로일 때가 있는 반면, 가장 빠른 경로가 가장 비효율적일 때도 있다. 그러나 지금 있는 곳에서 원하는 곳으로 가는 방법은 언제나 틀림없이 존재한다.

7A의 항목을 왔다 갔다 하는 자신의 모습을 보게 될지도 모른다. 아주 자연스러운 현상이다. 7A는 깨어 있는 마음으로 스트레스를 탐구하고 회복탄력성을 구축하는 방법으로, 상호 보완적이며 서로 긴밀히 연결되어 있다.

예상치 못한 일상의 압박이 우리를 덮친다면, 잠시 멈추고, 호흡하고, 한 걸음 물러난다. 큰 그림을 보는 선택을 한다. 그리고 자신에게 묻는다. *1년이 지난 뒤에도 이게 정말 문제가 될까?*

끝나지 않은 휴가

내가 두 살이었던 1979년, 아직 테헤란에 살고 있었던 우리 가족은 샌프란시스코로 인생을 바꿀 휴가를 떠났다. 이란 혁명이 발발했던 시기라 부모님은 비참한 상황에서 벗어나고 싶어 했다. 부모님의 친구들과 가족들이 수감되고 처형당했다. 모두가 두려움과 혼란 속에서 살아가고 있었다.

부모님은 이란으로 돌아올 때쯤이면 혁명의 바람이 잦아들기를 바라며 우리 남매를 데리고 휴가를 떠났다. 그러나 상황은 뜻대로 흘러가지 않았다.

우리 가족은 결국 캘리포니아로 이민하게 되었다. 우리 의사와는 무관하게 무기한 휴가를 얻은 것이었다. 초기에는 혁명이 끝나기만을 기다렸다. 그러다 보니 앞으로 어디에 뿌리를 내려야 할지 모르는 어중간한 상태가 되었다. 그렇게 시간이 흘러 오빠가 학교에 들어갈 나이가 되자 우리 가족에게는 이곳에 남아 미국 생활에 적응하는 것 외에 선택의 여지가 없었다.

예상치 못한 변화는 부모님에게 시련과도 같았다. 30대에 갑자기 새 직장을 구하기란 쉽지 않았다. 수중에는 휴가를 떠나며 챙겨 온 몇 달치 생활비뿐이었고, 이미 이란의 계좌에서 돈을 이체받는 것은 금지된 후였다. 어쩌다 보니 우리 부모님은 돈도 인맥도 없이 덜컥 이민한 가족의 현실을 마주해야 했다.

그중에서 가장 힘들었던 것은 이전과 완전히 다른 낯선 주변 환경이었다. 이란에 있을 때는 주말마다 친척들이 할머니 댁에 모였고, 주중에도 늘 자주 만나곤 했다. 가족과 공동체는 언제나 최우선 순위였다. 낯선 도시, 낯선 문화의 한복판에 떨어진 우리 가족은 이제 모든 걸 처음부터 다시 시작해야 했다.

우리 가족이 이 상황을 피할 수 있었을까? 물론, 혁명이 일어난 기간에 이란에 머물고 싶었다면 그랬을 것이다.

이 상황을 바꿀 수는 있었을까? 그렇지는 않다. 우리 가족은 이란 혁명이라는 위험한 상황에서 벗어나 좋은 교육을 받을 수 있는, 안전한 곳에 머물러야 했다. 아무리 낯설고 두렵더라도 우리 가족은 캘리포니아에서 생계를 꾸려나가야만 했다.

우리에게 주어진 선택지를 꼼꼼히 따져본 뒤, 우리 가족은 이곳에서 적응하기를 택했다. 우리는 주어진 상황에 최선을 다했다. 부모님은 이민이 되어버린 휴가 덕분에 가족의 삶이 더 윤택해질 거라고 긍정적으로 생각했다. 그들은 익숙한 모든 것을 내려놓고 낯선 모든 것을 받아들였다.

40여 년이 흐른 지금, 우리 부모님은 캘리포니아의 베이에어리어를 기꺼이 고향이라고 부른다.

건강한 습관, 건강한 마인드

앞에서 보았듯이 마인드는 우리의 스트레스 반응에 중요한 역할을 한다. 힘든 상황을 위협이 아니라 기회로 바라본다면 우리는 스트레스 상황에서 살아남는 방법뿐 아니라 그 안에서도 번창하는 방법을 배울 수 있다.

변화는 가정과 직장 모두에서 공통적으로 작용하는 스트레스 요인이다. 모든 사람이 정치적 박해와 혁명을 피해 도망치지는 않겠지만, 어디서든 변화는 끊임없이 일어난다. 역동적이고 유동적인 오늘날의 기업 환경에서는 인수합병이 빈번하다. 이 역시 익숙한 절차와 체계가 한순간에 뒤바뀌는 일이다.

직장 생활에서 이러한 변화가 찾아오면 어떻게 기회로 받아들일 수 있을까? 가장 먼저 해야 할 일은, 변화를 위협이나 장애물이 아닌 기회로 볼 수 있도록 마인드를 바꾸는 것이다. 그런 다음 스트레스 액션 플랜(5장 참고)을 마련하여 각각의 스트레스 요인을 점진적이면서 관리 가능한 단계로 세분화한다. 변화에 적응하는 일은 어렵다. 이를 단번에 해내려고 해서는 안 된다.

빌이라는 고객은 자신의 회사를 전혀 다른 문화를 지닌 회사와 합병하는 일을 겪었다. 만성 스트레스에 지배당하기 전에 그는 유연하고 긍정적이며 호기심 있는 마인드를 받아들였다. 그런 다음 서로 다른 기업 문화를 통합해줄 큰 그림을 그리기 위해 한 걸음 뒤로 물러섰다. 그러자 양사의 장점을 살려서 회사를 성장시킬 기회가 보였다. 빌은 두 회사에서 가장 중요하게 여기는 가치에 어떤 차이가 있는지 파악하기 시작했다. 이제 그는 성공적인 비즈니스의 토대인 탄탄하고 결합하는 문화를 개발하고 구축해나갈 모든 준비가 되었다.

CEO의 역할은 중요하다. CEO는 리더이자 보호자로서 거센 폭풍으로부터 주변 사람들을 보호해주는 우산 역할도 해야 한다. 맑은 날이든 궂은 날이든 회사와 직원을 효율적으로 돌볼 수 있으려면 반드시 자신을 먼저 돌봐야 하며 강한 회복탄력성을 지니고 있어야 한다.

인수합병은 오늘날의 비즈니스 리더들이 직면한 수많은 잠재적 문제 가운데 하나일 뿐이다. 대기업은 급성장하는 스타트업에 뒤처지지 않으려고 분투하다 휘청거리곤 한다. 그렇게 대기업을 휘청거리게 하는 요소를 지칭하는 디스럽션disruption이라는 단어가 이미 클리셰로 자리 잡았을 정도다. 개인이든 기업이든 언젠가는 스스로를 재창조해야 할 시기를 맞이하게 된다. 패스트 컴퍼니Fast Company의 공동창업자 빌 테일러Bill Taylor는 이렇게 말한다.

"설립한 지 오래된 조직들의 중심이 심각하게 흔들리고 있다. 여기서 적응하지 못한다면 쓰러질 것이다."

회복탄력성은 적응력이 좋고 유연한 사람에게서 쉽게 찾아볼 수 있다. 유연한 구조의 건물들이 지진을 더 잘 견디는 것과 같은 원리다. 단단한 건물들은 지진의 힘에 저항하고 그 충격을 흡수하기 때문에 무너지기 쉽다. 지진을 견디고 살아남으려면, 바람이 세게 불 때마다 흔들리도록 설계된 흔들다리가 되어야 한다. 흔들다리는 흔들리긴 하되 끊어지지는 않는다.

우리도 예상치 못한 변화가 닥치면 대개 저항하려 든다. 긴장하고 방어적으로 변하고 완고해진 나머지 익숙한 것을 손에서 놓지 못한다. 그러나 스트레스 요인에 적응한다는 것은 유연성을 기른다는 의미다. 저항하고 싶은 충동을 내려놓고 열린 마음으로 변화를 받아들인다는 의미다. 더 큰 그림을 보고 이해하여 더 큰 가능성이 있는 길을 찾겠다는 의미다.

회복탄력성을 하루아침에 구축할 수는 없다. 이를 필요할 때 쓸 수 있도록 평소에 꾸준히 저금하는 저축 계좌라고 생각하면 좋다. 건강한 마인드와 습관을 통해 매일 조금씩 실천하면 그 비축량이 늘어난다. 제한된 마인드를 갖게 되면, 선택권과 기회가 제한되면서 사고와 감정, 관점이 좁아진다. 마인드를 개선하면, 스트레스 상황이나 위기에 적응하는 능력이 점점 향상될 것이고, 그러면 이전보다 더 건강해지고 더 행복해지면서 더 크게 성공할 것이다.

그러려면 앞서 말했듯이 결국 7A를 모두 실천해야 한다. 자기 돌봄을 실천하지 않고는 회복탄력성을 기를 수 없다. 지치면 모든 것이 스트레스로 다가온다. 회복을 돕는 수면을 우선하고, 마음챙김을 매일 수련하고, 규칙적으로 운동하고, 깨어 있는 식습관을 갖고, 놀이 시간 및 회복 시간을 중요하게 여기고, 자기 자신 및 타인과 끈끈하게 연결하며 살아야만 회복탄력성을 비축할 수 있다.

다음은 마인드를 개선하기 위해 해야 할 일들이다.

- 감사하는 태도를 유지한다. 부정적인 면과 부족한 것을 보지 말고 긍정적인 면과 가진 것에 집중한다.
- 내면의 코치, 즉 좋은 개에게 먹이를 준다. 내면의 비평가, 즉 나쁜 개를 굶긴다.
- 자기 자신과 타인에게 동정심을 갖는다.
- 어떤 상황이든 세 가지 렌즈를 사용하여 넓게, 멀리, 거꾸로 본다(6장 참고).
- 변화가 삶의 일부라는 사실을 인정하고 변화를 받아들인다. 변화를 장애물이나 위협이 아닌 기회로 바라본다.
- 위기를 극복할 수 없는 문제로 규정하는 제한된 사고방식을 피한다.

- 특정 서사나 의미에 집착하는 대신 필요하면 고쳐 쓴다. 상황에 따라 자기 여정의 지도를 수정해나간다(13장 참고).
- 안 좋은 면을 되뇌지 말고 좋은 면을 바라본다. 지금까지 이룬 긍정적인 성과를 모두 떠올려본다. 이를 글로 기록하면 훨씬 효과를 볼 수 있다.

깨어 있는 습관과 마인드를 갖는 것은 필요할 때 꺼내어 쓸 수 있는 긍정의 화폐를 모으는 일과 같다. 습관과 마인드를 개선하면 두뇌의 회로가 재배치되면서 생각지도 못했던 방식으로 번성하게 되고 회복탄력성을 갖게 된다. 평생의 경험이 일생일대의 위기에 대비한 훈련이었던 것 같다고 얘기한 기장 설리를 기억하라. 설리는 일상의 예측 불가능한 모든 상황에 대비하는 연습을 했기에 위기에서 벗어날 수 있었다. 인생의 가장 큰 난관에 맞닥뜨렸을 때 꺼내어 쓸 수 있도록 회복탄력성을 구축해야 한다.

회복탄력성을 넘어서

회복탄력성은 필수적이다. 회복탄력성이 있어야 우리는 다시 회복할 수 있고 스트레스 상황에서 생존할 수 있다. 그러나 나는 우리가 더 크게 생각하고 더 높은 목적을 품기를 바란다. 생존을 넘어서서 멀리 나아가 번창할 길을, 변화의 에너지를 단호하고 의미 있게 활용할 길을 추구하라. 기회의 마인드와 유연함, 열린 자세, 호기심을 유지한다면, 우리는 스트레스에 더 잘 적응할 수 있으며 더 강하고 현명해질 수 있다.

다음 내용을 기억해 습관화하면, 회복탄력성 향상, 아니 그 이상을 이룰 수 있을 것이다.

- 강력한 문제 해결 능력을 개발한다. 문제가 아니라 해결책에 집중한다. 호기심과 창의력을 활용한다. 표면 아래 깊이 들어가 보면 문제가 기회로 보일 수 있다.
- 목적의식과 관련된 목표, 명확한 비전을 설정한다(12장 참고).
- 두려움에 맞선다. 안전지대를 벗어나 모험한다. 탐구 활동을 한다.

큰 위기나 어려움은 새로운 가능성, 강점, 통찰력을 낳는다(*외상 후 성장posttraumatic growth*이라고 한다. 10장 참고). 자연과 우리의 신체를 들여다보면 이를 증명하는 예시가 가득하다. 운동은 사실 근육 세포에 의도적으로 상처를 내어 근육에 외상을 만드는 것이다. 그러면 손상을 입은 근육 세포는 과잉 보상을 받아 성장한다.

조직과 기업도 리스크를 식별·관리하고, 뷰카VUCA(변동성Volatility, 불확실성Uncertainty, 복잡성Complexity, 모호성Ambiguity. 변동적이고 복잡하며 불확실하고 모호한 사회 환경-옮긴이)에 대비함으로써 회복탄력성을 넘어설 수 있다. 많은 회사가 오늘 가능했던 일이 내일은 불가능해질 수 있다는 사실을 알고 있다. 누구도 뷰카 시대를 피해 갈 수 없다. 회복탄력성과 유연성을 구축한 리더와 직원만이 스트레스 상황과 위기에 적응하여 살아남을 수 있다.

아주 유능한 리더는 유도 유단자와 유사하다. 유도 유단자는 상대방의 파괴적인 힘을 예측하여 자신에게 유리한 방향으로 돌린다. '부드러운 무술'이라는 의미를 지닌 유도柔道는 더 큰 힘으로 상대를 제압하는 것이 아니라 상대방의 힘을 자신에게 유리하도록 역이용하는 무술이다.

변동성, 불확실성, 복잡함, 모호함의 시대에서 살아남고 번영할 수 있도록 스트레스 요인에 적응한다. 돌발 상황에 대비한다. 최고의 결과를 얻도록 최선을 다한다. 회복탄력성, 유연함, 긍정, 호기심, 열린 마음을 유지한다.

유연한 마인드를 가져라

상황과 사람에 따라 필요한 리더의 유형도 제각각이다. 다른 사람의 유형을 관찰하기에 앞서 우선 자신의 리더십 유형부터 알아야 한다. 그런 다음, 차이점을 인정하고 타협하기 위해 노력한다. 이런 접근 방식은 '내 말대로 하든지 없던 일로 하든지' 하는 마인드에 갇혀 있는 것보다 훨씬 더 효과적이다.

사고가 유연한 사람일수록 경험과 결과에 더 잘 적응한다.

유연함은 선택의 폭을 넓히고, 경직은 이를 제한한다. 더 많은 선택권을 제공하는 쪽을 골라라.

다음과 같은 연습을 하면 도움이 될 것이다.

- 마음을 넓힌다. 자기 생각과 말에 의문을 품는다. 한 가지 사고방식에 집착하지 않도록 주의한다. 주기적으로 다양한 관점을 탐구한다. 자신에게 묻는다. *지금 상황에서 나는 유연한가, 그렇지 않은가?*
- 상황을 바꾼다. 환경을 바꾼다. 산책한다. 휴식 시간을 갖는다. 휴가를 떠난다. 루틴을 바꾼다. 식단을 달리하거나 일과의 순서를 바꾼다.
- 새로운 경험을 추구한다. 동네에 아직 가보지 않은 곳을 탐험한다. 더 자주 여행을 떠난다. 악기, 요트, 테니스, 요리, 언어 등 배우고 싶었던

것들을 배워본다. 마라톤 또는 터프 머더Tough Mudder(16킬로미터의 진흙탕에 설치한 다양한 장애물을 통과하며 코스를 완주하는 익스트림 스포츠-옮긴이) 같은 스포츠를 통해 지구력을 단련한다.

- 나와 다른 관점을 지닌, 다른 문화와 계층 출신의 새로운 사람들과 어울린다.

기대치를 관리하라

헤라클레이토스는 말했다. "변화만이 유일한 상수다." 요즘처럼 급변하는 세계에서는 기업의 적응 능력이 성공과 '실패'를 가른다.

회사나 팀을 이끌고 있다면 기대치 관리는 필수다. 우선, 팀의 방향과 비전을 명확하게 제시하고 체계를 제공한다. 분명한 경계를 설정한다. 업무 분장을 확실히 한다. 직원들에게 기대하는 바를 명확하게 전달하고 직원들이 내게 기대하는 바를 귀담아듣는다. 필요한 경우, 기대치를 조정한다.

추측하지 않는다. 어떤 상황이나 프로젝트, 마감 기한, 업무에 대해 상대방도 나와 똑같이 생각하리라고 가정하지 않는다. 일련의 운영 지침을 제공한다면 팀원들이 주도적으로 일을 진행할 수 있다.

직원들의 목표와 비전, 그리고 핵심 계획에 부합하도록 동기부여를 함으로써 그들이 원하는 결과를 향해 순조롭게 나아갈 수 있도록 지원한다. 대화의 창구를 개방하여 상황이 어떻게 진행되고 있는지(또는 진행되지 않는지) 주기적으로 확인한다. 열린 마음으로 건설적인 피드백을 주고받는다.

항상 명확하고 일관된 방식으로 소통하도록 노력해야 한다.

효과적인 문제 해결 방식을 개발하라

효과적인 문제 해결을 위해서는 진상을 규명하는 능력, 난관을 극복하는 능력과 더불어 분석 능력, 창의력, 호기심, 인내심과 같은 자질이 필요하다.

문제 해결의 이상적IDEAL: Identify, Define, Explore, Act, Learn 모델을 상황과 맥락에 따라 활용한다. 나는 문제보다는 해결책에 중점을 두도록 이 모델을 수정했다.

1. 문제와 기회를 모두 파악한다Identify.
2. 목표를 정의한다Define. 어떤 결과를 원하는가?
3. 가능한 전략 또는 솔루션을 탐색한다Explore. 각 항목의 이점과 리스크를 비교한다. 예상되는 결과는 어떠한가? 어떤 솔루션이 가장 효과적이겠는가?
4. 실행한다Act. 행동으로 옮긴다. 하나의 전략 또는 솔루션을 선택하고 실행 계획을 수립하여 이를 실행하기 위한 단계를 밟는다.
5. 배운다Learn. 과거의 행동을 돌아보고 공부한다. 과거의 행동이 효과가 있었는가? (그렇지 않았다면, 다시 한번 과정을 반복한다.) 다음에는 어떻게 하겠는가? 전략을 어떻게 개선하겠는가?

멈추고 호흡하고 감사하라

깨어 있는 마음으로 매사에 감사하는 습관을 들이면 의식이 상승한다. 매일 감사 일기를 쓰면서 마음의 중심에 긍정을 심는 연습을 한다. 현재 내게 찾아온 좋은 일이 무엇인지, 상황이 좋고 나쁨을 떠나 감사해야 할 일은 무엇인지 돌아보는 시간을 갖는다. 인생에 먹구름이 드리운 날에도 감사해야 할 일과 고마운 사람은 늘 존재한다. 감사의 마인드는 부정적인 상황에서 특히 도움이 된다. 감사는 분노를 없애준다. 화를 내는 동시에 감사할 수는 없기 때문이다. 인생에 보석처럼 존재하는 모든 것을 인식하며 감사하는 일은 아주 중요하다.

이를 연습하는 방법은 아주 간단하지만 효과적이다. 시작하는 방법은 다음과 같다. 잠시 멈추고 호흡하고 자신에게 이렇게 묻는다.

- *오늘 내게 영감을 준 것은 무엇인가?*
- *오늘 내게 행복을 가져다준 것은 무엇인가?*
- *하루 중 가장 좋았던 순간은 언제인가?*
- *오늘 배운 것은 무엇인가?*
- *오늘 있었던 일 중 가장 감사한 것, 세 가지는 무엇인가?*

돌아보고 기록하고 공유한다.

저녁 식사 자리에서도 감사 마인드를 연습할 수 있다. 가족들에게 하루 중 가장 좋았던 일이 무엇인지 물어본다. 또 다른 방법은 '감사 친구'가 되어줄 사람을 골라 매일 전화 통화나 문자로 연락하며 감사한 일, 세 가지를 공유하는 것이다. 연구자들은 매일 감사하는 연습을 하면 신체와 두뇌의 회로가 재배치되어 건강과 즐거움이 증진된다는 사실을 발견했다. 특히 스트레스 요인에 적응할 때 큰 도움이 된다. 감사 연습을 하면 회복탄력성도 키울 수 있다.

자기 자신의 단짝 친구가 되어라

어떤 일이 잘못되면 우리는 본능적으로 우울함에 빠져들거나 자책하게 된다. 하지만 이제는 상황의 긍정적인 면을 바라보고 최선의 해결책 또는 대응책이 무엇일지 판단해 자신에게 조언해보자.

비슷한 문제를 겪고 있는 단짝 친구에게 이야기한다고 상상하면 실천하기 쉬워진다. 친구에게 뭐라고 하겠는가? 어떤 조언을 건네겠는가? 머릿속에 떠오르는 바로 그 조언을 내 삶에 적용하는 것이다. 우리는 타인에게 연민과 동정심을 갖는 일을 칭송하지만, 자기 일에도 똑같이 반응해야 한다는 사실을 너무 자주 잊어버린다.

탐험가가 되어 인생에 접근하라

완벽주의와 집착은 실망의 주된 원인이다. 중압감과 압박감을 줄일 수 있도록 자신과 타인에게 높은 기준, 그러나 합리적인 기준을 설정한다.

우리는 인생의 모습을 정해놓고 거기에만 너무 집중하는 바람에, 새로운 경험과 가능성을 열어주는 기회를 놓치는 경향이 있다. 특히 탐험의 의지보다는 기대만으로 인생을 살아갈 때 더욱 그렇다.

특정 결과를 기대하기보다는 예측하지 못한 결과를 탐험하겠다는 열린 마음을 갖는다. 특정 결과에 집착하다 보면, 아무리 합리적인 결과가 나와도 바라던 바가 아니라며 실망하게 된다. 그저 즐거운 삶을 기대하기보다는 삶을 탐험하는 데에 초점을 맞춰야 한다.

부정적인 관점을 바꿔라

스트레스는 삶의 일부이고, 회복탄력성은 적응의 일부다. 스트레스와 부정으로 인해 자신과 타인, 그리고 이 세상에 대한 인식이 망가지지 않도록 주의한다.

내면의 코치가 묻는 말에 귀를 기울인다. *이 상황에서 좋은 점을 하나 꼽는다면 무엇인가?* 하늘이 무너져도 솟아날 구멍이 있게 마련이니, 그 구멍을 찾아본다. 낙관을 선택한다. 그러면 스트레스를 유발하는 부정을 쫓아내고 건강을 유지할 수 있다. 많은 연구 결과, 낙관주의는 질병 극복과 수술 후의 회복에 도움이 된다. 긍정적인 사고방식은 건강과 수명에 전반적으로 좋은 영향을 준다.

8장

수용: 내면의 평화를 위한 한 걸음

우리가 세상의 모든 일을 통제할 수는 없다. 우리는 교통 상황, 사람들, 날씨를 통제할 수 없다. 주식 시장, 세금, 이별도 통제할 수 없다. 사실, 아무리 노력한다고 해도 우리가 통제할 수 없는 일이 대부분이다. 우리는 앞날을 통제할 수도 정확히 예측할 수도 없다.

통제할 수 없는 일을 통제하려 하는 것은 그만큼의 시간을 낭비하는 것이다.

바꿀 수 없는 일을 받아들이는 법을 배우면 마음의 평화에 한 걸음 더 다가갈 수 있다. 어쩔 수 없는 일에 대한 걱정과 불안으로는 단 1분도 낭비하지 말자.

직장에서나 가정에서나 우리 손을 벗어나는 상황이 생기게 마련이다. 가장 큰 애정을 쏟는 사업 분야의 수익성이 제일 안 좋거나 적자가 난다면 어떻게 해야 할까? 수익성이 없는 분야를 내려놓고 피벗해야 한다. 물론 어려운 일이다. 특히 자신에게 자부심과 기쁨을 가져다주었던 분야를 포기해야 한다면 더더욱 그럴 것이다. 그러나 동시에 반드시 해야 할 일이기도 하다.

내 고객들만 보더라도 무언가 내려놓는 일을 매우 어려워한다. 이미 손쓸 수 없는 상황임을 인식하고도 새로운 솔루션이나 타협안을 찾아야 한다는 현실을 받아들이려 하지 않는다.

7A를 실천할 때, 스트레스 상황을 마주하면 우선 피하고 바꾸고 적응하려 노력한다. 그러나 이 세 가지 방법이 통하지 않으면, 바꿀 수 없는 상황을 받아들여야 한다. 그래야 우리가 통제*할 수 있는* 것에 온전히 집중할 수 있다.

강한 경쟁심을 타고나는 리더들은 언제나 모든 상황을 통제할 수 있다고 생각하다가 대가를 치르기도 한다. 이런 사람들은 손쓸 수 없는 상황이 되면 불안해하고 좌절하고 분노한다. 이런 상황에서는 마인드를 바꾸고, 통제할 수 없는 것을 받아들이는 수밖에 없다.

예를 들어, 교통 체증에 발이 묶였을 때 회의 시간에 늦지 않겠다고 아무리 경적을 울려봐야 차들 사이를 비집고 앞으로 나갈 수는 없다. 많은 뉴요커들이 이미 시도해봤으나, 고생만 더 했을 뿐이다. 그러나 자신의 에너지를 사용하는 방법은 통제할 수 있다. 주어진 상황에 불평하기보다는 좋은 면을 바라보고 상황을 자신에게 유리한 방향으로 활용하면 된다. 교통 체증에 갇혀 어차피 늦을 것 같다면, (스트레스 때문에) 화난 얼굴로 회의실에 도착하지 않도록 침착함을 유지하기로 결심할 수도 있고, 아니면 친구에게 전화를 걸거나 팟캐스트 또는 오디오북을 듣는 등 자동차 안에서의 시간을 건설적으로 보낼 수 있다.

(내 경험에 따르면) 마인드를 긍정적으로 바꾸는 것이 말처럼 쉽지만은 않다. 그러나 상황이 아닌 타인을 통제하고 싶은 충동은 훨씬 더 위험하다. 갈등이 발생하면 우리는 상대방이 마음을 바꾸도록 설득하려고 한다. 하지만 이는 서로 줄다리기를 하며 시간을 낭비하는 것이다.

우리는 *타인*의 반응을 통제할 수 없다. 오로지 우리 자신의 대응만을 통제할 수 있을 뿐이다. 또 어떤 일이 일어났든 시간을 거슬러 과거로 돌아갈 수 없다. 받아들인다는 것은 좋아하지 않는 것을 좋아하거나, 동의하지 않는 것에 동의하거나, 나쁜 행동을 용납하거나, 현실을 포기해버리는 것이 아니다.

받아들인다는 것은 이미 일어난 일을 인정하고 거기에 적절하게 대응한다는 의미다.

용서는 자유다

용서는 신념을 희생하는 것이 아니다. 믿었던 사람이 (거짓말을 하거나 바람을 피우는 등) 배신하거나 뒤통수를 치더라도 그 사람이 저지른 행동을 우리가 바꿀 수는 없다.

용서란 이미 일어난 일을 받아들이고 나서 그 일이 마음에 들지 않으며 이를 용인하지 않는다는 것을 인정한 뒤에 앙심 섞인 분노나 원한 같은 부정적인 에너지를 내려놓는 것을 의미한다. 용서는 잊는 것이 아니며 잘못을 묵인하거나 봐주는 것도 아니다. 오히려 더는 감정을 소모하지 않도록 상대의 잘못을 받아들이는 우리 자신의 반응을 조절하는 것이다.

물론, 용서의 대상이 타인으로 제한되는 것은 아니다. 고의든 아니든 간에 만약 우리가 누군가에게 해를 끼치면, 우리가 저지른 일을 인정하고, 그게 나쁘다는 것을 받아들이고, 자신을 용서해야 한다.

인상 깊게 들었던 불교의 가르침이 하나 있다. 화를 품은 것은, 다른 사람에게 던지려고 뜨거운 석탄을 손에 쥐고 있는 것과 같다는 가르침이다. 그러면 결국 화상을 입는 사람은 바로 자기 자신이다. 자신에게 화를 입히는 대신, 받아들이고 용서하라. 그러면 시간이 조금 걸리더라도 우리 내면에 평화를 기를 수 있다.

우리에게 상처를 준 사람에게 보여줄 수 있는, 가장 어렵지만 가장 건강한 대응은 용서다. 얼마나 어려운 일인지 나도 잘 안다. 그러나 장기적으로 봤을 때 용서는 무엇보다 좋은 일이라고 확신한다.

용서는 우리의 신념을 포기하거나 상대방의 잘못을 눈감아준다는 의미가 아니다. 용서는 우리 자신의 분노와 고통으로부터 자유로워지는 것이다. 우리가 홀가분하게 현재에 몰입할 수 있도록 과거에 대한 집착을 버리는 것이다.

통제 불가능한 상황이라는 사실을 진심으로 인정하고 받아들이면, 더는 상황을 바꾸려고 에너지를 낭비하지 않게 된다. 훌훌 털고 일어나 불필요한 스트레스와 불안에서 벗어날 수 있다. 누군가에게 상처를 받았다면, 그 사람과의 관계 또는 미래의 상황을 관리할 수 있도록 적당한 경계를 만들어라. 상대방과의 관계를 유지하더라도 우리가 감정을 얼마나 쏟을지 또는 얼마나 표현할지를 선택할 수 있다.

힘든 상황, 까다로운 사람을 받아들인 경험이 많을수록 근육이 더욱 강해진다. 그러면 생산적이고 건강한 방향으로 피벗하기가 더 수월해지고, 원하지 않는 상황을 어떻게든 극복하며, 서서히 선두로 나서게 될 것이다.

운수 좋은 날?

2016년 대선 때 나는 브루클린에 있던 힐러리 클린턴 선거운동본부에서 워크숍과 일대일 코칭을 진행하며 그곳 직원들의 스트레스 관리를 도왔다. 막중한 업무에 엄청난 중압감을 받던 직원들은 내 코칭을 반가워했다.

워크숍이 있던 어느 날, 그 무렵 직원들에게 가르쳐주고 있던 마음챙김 수련을 내 일상에 직접 적용할 기회가 생겼다. 워크숍 시작 전에 준비할 시간이 필요했던 나는 혹시라도 늦을까 봐 목적지까지의 거리, 지하철의 지연 여부, 기상 상태까지 모든 것을 미리 확인했다. 그러고도 여유롭게 준비하려고 좀 더 일찍 서둘러 출발했다.

차가 밀릴 시간이라서 우버 대신 지하철을 이용했다. 지하철은 예상치 못한 지연 없이 평소처럼 모든 역을 통과하며 앞으로 나아갔다. 모든 일이 계획대로 척척 진행되고 있었다. 목적지에 가까워지기에 나도 내릴 준비를 하는데, 지하철이 플랫폼을 그냥 지나쳐 내달리는 것이 아닌가! 주변에서 몇몇 승객이 나처럼 어리둥절한 표정을 지었다. 다들 똑같은 생각을 했을 것이다. *도대체 무슨 일이지? 이거 급행*

아닌데!

지하철은 두 개 역을 더 지나서야 멈춰 섰고, 나는 그제야 지하철에서 내릴 수 있었다. 어쩔 줄 몰라 초조해하며 출구로 난 계단을 올라갔는데 생각지도 못한 폭우가 쏟아지고 있었다. 택시나 우버를 불러 상황을 바꿔보려 했으나 그것도 소용없었다. 도로는 말도 못 하게 꽉 막혀 있었다.

목적지에 일찍 도착하기 위해 계획을 세우고 단단히 준비하면서 절대 피하려고 했던 바로 그 상황이었다. 운이 없었다. 결국 나는 늦을 걸 알면서도 다시 지하철역으로 들어갔다. 마침내 제대로 된 지하철에 올라타 시계를 확인하니 7시 28분이었다. 워크숍은 7시 30분에 예정되어 있었고, 애초의 내 계획은 그보다 10분 전인 7시 20분쯤 도착하는 것이었다.

지하철 객차에 앉아 있는데, 날이 추운데다 옷까지 젖은 탓에 몸이 오들오들 떨렸다. 불안감에 발까지 동동 구르면서 심호흡을 했다. 그러고는 내가 가르치는 수련 방법을 실천하기 시작했다. 나는 눈을 감고 자세를 바르게 고쳐 앉은 뒤 의자에 등을 기대었다. 호흡이 얕아져 있었기에 숨을 깊이 들이쉬고 내쉬며 천천히 호흡했다. 점차 생각을 통제할 수 있게 되면서 머릿속에 다음과 같은 생각이 들었다.

- 일찍 도착하기 위해 내가 할 수 있는 일을 했고, 준비도 적절했다.
- 성공하지는 못했지만, 그건 내가 통제할 수 없는 상황 때문이었다.

- 예상치 못한 지하철 운행에 속수무책으로 당할 수밖에 없었다. 거기서 내가 할 수 있는 일이란 현실을 받아들이는 것뿐이었다.
- 예정보다 늦게 도착하겠지만, 내가 통제할 수 있는 일은 지각에 대응하는 방법뿐이다.
- 내가 진행하는 스트레스 관리 워크숍에 스트레스를 받은 상태로 등장하고 싶지 않으므로 지금 스트레스에 정면으로 대응해야 한다.

지하철 안에서 나는 현재에 집중하여 명상하기로 선택했다.

호흡과 심박수를 늦췄다.

나는 지하철에서 내릴 시간에 딱 맞춰 마음을 진정시켰다.

지하철에서 내려 출구로 올라가 보니 아까보다 비가 훨씬 더 거세게 내리고 있었다. 우산이 없어서 목적지까지 두 블록을 뛰었다.

로비에서 마음을 가다듬고 엘리베이터를 탔다. 심박수가 다시 올라갔다. 이제 마지막 기회였다. 엘리베이터에서 내리면 남들 앞에 서기 위해 몸을 단장할 시간도, 프레젠테이션을 하기 위해 마음을 진정시킬 시간도 더는 없었다. 홀딱 젖은 나는 정신을 바싹 차리고 파워 포즈(다리를 살짝 벌리고, 양손을 엉덩이에 얹고, 턱을 살짝 앞으로 내민 자세)를 취한 뒤 다시 한번 명상을 시작했다. 매일 꾸준히 수련한 덕분에 엘리베이터를 타는 짧은 시간 동안 차분하고 자신감 있는 상태에 도달할 수 있었다.

일정보다 늦게 도착한 나는 워크숍 준비를 시작했다. 오는 길에 무슨 일이 있었는지 얘기하며 이렇게 말했다.

"늦어서 죄송합니다. 지하철이 지연되는 바람에요. 아이러니하게도 스트레스 관리 워크숍을 진행하러 오는 길에 제가 스트레스를 받고 말았네요!"

워크숍 참가자들이 뒤미처 웃었다.

"덕분에 오늘 가르쳐드릴 몇 가지 방법을 오는 길에 직접 실천해 볼 수 있었습니다."

내게 스트레스를 주었던 이 경험은 워크숍 진행에 앞서 참가자들과 친밀감을 쌓는 데 큰 도움이 되었다.

침착하게 대응한 덕분에 워크숍은 원래 계획보다도 훨씬 더 매끄럽게 진행되었다. 예기치 않은 문제가 발생했을 때 나는 뉴욕의 지하철이나 비 오는 날씨처럼 내가 어떻게 할 수 없는 요인을 통제하려 애쓰며 불안의 구렁텅이에 빨려드는 대신, 마음챙김을 실천했다. 내 관점과 기대치를 조절하고, 상황을 받아들이고, 적절하게 대응했던 것이다.

그날 나는 깨어 있기 위한 7A 전략을 모두 실천했다.

- 일찍 출발해 스트레스 요인을 *피하려고* 했다(효과는 없었다).
- 기상예보를 확인함으로써 악천후를 *피하려고* 했다(기상예보에서는 날이 맑을 거라고 했다).
- 택시나 우버를 이용함으로써 스트레스 요인을 *바꿔보려* 했다(역시 효과가 없었다).
- 다시 탄 지하철에서 현재의 스트레스에 *적응했다*(이때부터 제자리로 돌아왔다).

- 내가 바꿀 수 없는 요인을 *받아들였다*. 내 워크숍에 내가 지각할 판이었다.
- 내가 바꿀 수 있는 요인인 마인드를 *바꿨다*. 전철 안에서 마음챙김 명상을 실천했다.
- 빗속을 달릴 때 다시 스트레스를 받았다. 나는 다시 한번 *적응하고 받아들였다*(절대 포기하지 말자).
- 이 모든 일은 그동안 *놀이 및 회복 시간을 갖고 건강한 라이프스타일을 추구*하며 회복탄력성을 키워둔 덕분에 가능했다.
- 마지막으로, 목적지에 도착한 뒤 엘리베이터 안에서 나 자신과 소통했고, 성공적인 워크숍을 위해 청중들과 소통했다. 또 그날 겪었던 일을 워크숍에서 예시로 활용함으로써 그날의 경험에서 의미와 목적을 발견했다.

리셋 버튼 누르기

다시 말해, 나는 리셋 버튼을 누르기로 선택했던 것이다.

'깨어 있기 위한 셀프 체크인'(5장 참고)과 비슷하게, 리셋 버튼 누르기 또한 문제나 후회를 끊임없이 곱씹지 않게 해주는 도구다. 심리학자들은 우리가 과거를 곱씹거나 미래를 걱정할 때 스트레스와 불안에 더욱 취약해진다는 사실을 발견했다. 우리는 과거도 미래도 통제할 수 없다.

상황을 감당하지 못해 버거워하는 고객에게 리셋 버튼의 시각화라는 방법을 적용한 적이 있다. 〈포천〉지 선정 500대 기업의 임원이었던 제시카는 어마어마한 출장 스케줄 때문에 인생을 자기 뜻대로 통제할 수 없다고 느낄 때가 많았다.

나는 *멈추고 호흡하고 선택하기*를 제시카의 상황에 맞게 수정하기로 했다. 제시카에게 손바닥 한가운데에 뇌와 직접 연결되는 리셋 버튼이 있다고 상상해보라고 했다. 그리고 부정적인 생각이 들 때마다 손바닥을 펼쳐서 그 버튼을 누르라고 했다. 동시에 호흡 운동도 해보라고 권했다. 호흡 운동은 각각의 호흡에 색을 입힌 숫자를 시각화한 뒤, 의식적으로 호흡하는 기법이다. 빨간색인 1번 숨을 쉴 때는 부정적인 생각을 멈추고, 파란색인 2번 숨을 쉴 때는 차분히 리셋한 뒤, 초록색인 3번 숨을 쉴 때는 더 나은 마음가짐을 갖기로 선택한다.

이후 제시카는 통제할 수 없는 것을 받아들이고 통제할 수 있는 것에 생산적으로 집중함으로써 더욱더 긍정적이고 깨어 있는 방식으로 몰입할 수 있게 되었다.

이것은 뇌의 원초적인 부위인 편도체를 잠재우는 여러 방법 중 하나다. 스트레스를 받으면 편도체는 두려움에 기반한 반응을 만들어낸다. '도마뱀'의 뇌라고도 불리는 편도체는 두 살 무렵에 완전히 발달한다. 원초적인 편도체가 의사결정 과정을 지배하지 않도록 유년 시절부터 성년기 초반까지의 성장 과정은 주로 나머지 영역에서 담당한다. 누군가 사소한 일에도 불안과 공포에 휩싸여 감정의 소용돌이를 겪으면, 우리는 그가 아기처럼 군다고 표현한다. 이 표현은 진실과 크게 다르지 않다. 두 살배기 아이를 설득하기보다는 아이의 주의를 분산시키는 편이 더 쉬운 것처럼, 스트레스 상황에서는 원초적인 뇌 부위의 주의를 분산시키는 것이 가장 좋은 전략이다. 일단 그

부위를 잠재우고 나면, 창의력을 발휘하는 지능이 나서서 중점적으로 해결책을 찾을 수 있다.

제이크는 전 아내와 대화할 때마다 통제력을 잃는 것이 고민이라고 했다. 나는 제이크에게 순간의 화를 가라앉힐 수 있도록 멈추고, 호흡하고, 마음속으로 만트라(*이러면 안 돼, 이러면 안 돼*)를 되뇌라고 했다. 이 방법을 실천하자 제이크는 차분하고 이성적으로 대응할 수 있었다. 분노를 내려놓으니 지나간 일에 집착하거나 자책하지 않고도 이혼의 슬픔을 감당할 수 있었다. 그리고 마침내 제이크는 용서의 지점에까지 다다랐다.

또 다른 방법은 텔레비전 리모컨을 들고 있다고 상상하는 것이다. 두려울 때, 화날 때, 좌절감이 들 때, 나도 모르게 자신이나 타인을 판단하려 할 때 '일시 정지' 버튼을 누르고 호흡한다. 그런 다음 수용하는 마인드, 호기심에 찬 마인드, 열린 마인드가 있는 '채널'로 돌린다. 내면의 비평가를 내면의 코치로 전환하기에 효과적인 방법이다.

워크숍 직전, 엘리베이터 안에서 마음을 가다듬고 있을 때 나도 리셋 버튼을 눌렀다. 그때 나는 내면의 비평가, 즉 나쁜 개에게 먹이를 주지 말아야 한다는 사실을 잘 알고 있었다. 이미 일어난 일을 바꿀 수 없다는 것도 알고 있었다.

내가 처한 상황, 그러니까 홀딱 젖은 채로 지각한 그 상황을 받아들였다. 그리고 내면의 코치인 좋은 개에게 먹이를 주기로 했다. 업그레이드 방법을 활용해 판단을 버리고 호기심을 받아들이며 마인드를 개선했다. '내가 왜 이런 잘못을 했을까?'라는 자기 비판적 생각을 버리고 긍정적인 생각에 집중했다. '지금 내가 할 수 있는 최선

의 행동은 무엇일까?'

받아들이기는 앞에서 설명한 모든 접근 방식의 핵심이다. 깨어 있는 마음으로 스트레스를 받아들이지 않으면 리셋도 불가능하다. 통제할 수 없는 상황을 받아들이지 않으면 건강한 방식으로 발전할 수 없다. 꾸준히 마음챙김 명상을 하면, 편도체의 영향이 (심지어 크기까지도) 줄어들면서 리셋하고 발전하는 능력이 향상될 것이다.

집착 대신 집중

1985년 스티브 잡스는 애플에서 해고되었다. 수많은 시간, 노력, 열정을 바쳐온 자신의 회사로부터 해고당한 것이다. 스티브 잡스는 건강하지 못한 인생의 길로 접어들 수도 있었다. 자신의 목적, 꿈, 목표, 영향력, 커리어 등 그동안 쌓아온 모든 일이 수포가 되어버렸다고 생각하며 해고당했다는 사실에만 집착할 수도 있었다. 끝내 포기해버리는 사람이 태반이다. 스티브 잡스가 거기서 포기했더라도 아무도 의아해하지 않았을 것이다. 아니면, 스티브 잡스는 자기가 설립한 회사에서 권력 투쟁을 계속하다가 결국 수렁에 빠지는 길을 선택할 수도 있었다.

그러나 그는 자신이 사랑했던 일로 돌아갔다. 다시 한번 대단한 것을 만들고 싶었다. 애플이 허락하지 않는다면 혼자서라도 해낼 작정이었다. 그는 새로운 현실을 받아들이고 다음 단계로 나아갔다. 넥스트NeXT라는 회사를 차린 것이다. 회사 이름만 보더라도 통제할 수 없는 것을 내려놓고 새로운 것을 향해 나아가겠다는 그의 의지를 알 수 있다.

스티브 잡스가 선택한 피벗은 현대 사회가 요구하는 필수적 능력이다. 요즘은 평생 한 회사에서만 일하는 사람, 심지어 같은 직종에 종사하는 사람도 찾아보기 어렵다. 필요한 경우 피벗할 수 있어야 한다. 그러나 통제할 수 없는 것을 받아들일 줄 모르면, 집착을 내려놓을 줄 모르면, 피벗한 프로젝트에 온전히 몰두할 수 없다.

통제할 수 없는 것을 받아들이고 나면 집중력과 에너지가 생긴다. 비즈니스 전략가 토니 로빈스Tony Robbins의 말처럼 "집중력이 있는 곳에 에너지가 흐른다."

당시에는 애플에서 해고당한 것이 최악의 시나리오처럼 보였을 것이다. 그러나 그때가 스티브 잡스의 인생에서 아주 결정적인 순간이 되었다. 해고당한 뒤, 그는 자신이 통제할 수 있는 일에 집중했다. 집착하지 않고, 피벗하고, 에너지의 방향을 돌려 대단한 회사를 하나 더 설립했다. 그가 넥스트를 창업한 후 애플은 스티브 잡스를 다시 불러들이기 위해 전력을 다했고, 결국 그는 다시 애플의 CEO로 돌아왔다.

통제할 수 없는 상황을 통제하려고 애쓰는 것은 에너지 낭비이자 인생 낭비다. 통제할 수 없다면 내려놓는 것이 최선이다.

통제할 수 없는 것의 목록은 끝없이 길다. 우리는 지나간 일을 결코 통제할 수 없다.

앞날에 대한 통제력도 별로 없다. 타인을 통제하려는 행동은 대개 바보 같은 짓이다. 대부분의 외부 환경이 우리의 통제력 밖에 있다.

우리가 통제할 수 있는 것은 마인드와 습관, 즉 우리 자신이다. 상황을 인식하는 방법은 언제든 통제 가능하다. 우리는 깨어 있기를 선택함으로써 어떤 순간의 긍정적인 면에 집중할 수 있다.

통제할 수 없는 것을 내려놓는다. 집착을 버린다. 분노를 가라앉힌다. 두려움을 떨쳐낸다. 부정적인 생각을 버린다. 후회를 접는다. 더는 유익하지 않은 모든 것을 내려놓는다.

용서는 자유다. 용서한다는 것은 분노 없이 기억하는 것이다.

피하거나 바꾸거나 적응할 수 없다면, 받아들이고 피벗하고 위로 앞으로 뻗어나간다.

바꿀 수 있는 것에 다시 에너지를 집중한다.

통제할 수 있는 것에 집중하라

직장에서든 가정에서든 마음에 들지 않는 것을 바꿀 수 있다. 마야 안젤루Maya Angelou(미국 시인이자 소설가, 배우, 인권 운동가-옮긴이)가 말했듯이 "마음에 안 드는 게 있다면 바꿔라. 그걸 바꿀 수 없다면 자신의 태도를 바꿔라." 통제할 수 없는 것을 어떻게든 통제하려고 하면 스트레스만 쌓인다. 우리가 통제할 수 없는 것들이 너무 많기 때문에 우리는 실망을 각오할 수밖에 없다. 이런 문제를 피하려면 통제*할 수 있는* 일에 집중하기로 선택해야 한다.

우리가 통제할 수 있는 일의 목록은 다음과 같다.

- 자신의 마인드
- 자신의 태도
- 자신의 반응
- 자신의 행동
- 자신의 말
- 자신의 직업윤리
- 자신의 관점
- 자신의 노력

- 자신의 감정에 대한 반응
- 착한 개와 나쁜 개 중 어느 개를 먹일지에 대한 선택

통제할 수 없는 것을 통제하려고 한다면, 이 목록을 참고하라. 바꿀 수 없는 것을 받아들이고, 바꿀 수 있는 것을 최대한 활용한다. 통제할 수 있는 일에 집중해야 한다. 바로 그곳에 에너지가 흐르기 때문이다.

피벗할지 몰락할지 선택하라

백미러를 보면서 전진하려고 하면 사고가 날 수밖에 없다. 훌륭한 기업가는 과거를 내려놓고 새로운 방향으로 운전대를 틀어야 할 때 피벗을 망설이지 않는다. 스타트업 창업자가 회사의 비즈니스 모델이 유용하지 않다는 사실을 알게 됐다면, 또는 통제할 수 없는 요인으로 인해 호응을 얻지 못한다는 사실을 알게 됐다면, 그때가 바로 피벗할지 몰락할지를 선택할 순간이다.

고객, 해결 중인 문제, 솔루션, 기술, 성장 전략 중 무엇을 바꿔야 할지 평가하라. 기업가나 스타트업 창업자들이 흔히 저지르는 큰 실수가 있는데, 바로 자사의 제품이나 서비스에 지나치게 빠져든다는 것이다. 이들에게 정말로 필요한 것은 고객이 누구인지 아는 것, 이상적인 고객과 사랑에 빠지는 것이다. 스티브 잡스는 처음에 고객 경험을 꼼꼼히 살핀 뒤 해당 기술을 폐기했다. 그는 애플의 비전이 "엔지니어들과 함께 앉아 우리의 기술이 얼마나 멋진지, 이 기술을 시장에 어떻게 내놓을지 생각하는 것이 아니라 애플의 기술로 고객에게 어떤 놀라운 혜택을 줄 수 있을지, 고객을 어떤 세상으로 데려갈 수 있을지 고민하는 것에서 시작된다"라고 말했다.

웃어라

업무나 삶이 통제 불가능해 보이고 마음속에 부정적인 감정이 싹튼다면, 자신의 상태를 바꿔라. 상태를 바꾸는 가장 쉽고 빠른 방법은 생리 기능을 바꾸는 것이다. 시원하게 웃어보라. 신경계와 태도가 달라진다. 웃음은 스트레스 요인을 인식하는 감정을 변화시키고, 긴장과 스트레스를 완화하는 신체적 반응을 만들어낸다. 유튜브에 접속해 재미있는 영상을 보거나 동료들과 농담을 나누거나 최근에 겪은 유쾌한 기억을 떠올려라. 그리고 크게 웃으며 스트레스를 저 멀리 날려버려라.

호기심 많은 해결사가 되어라

내가 고안한 업그레이드 방법은 유용하지 않은 선택 또는 부정적인 선택을 유용하고 긍정적인 선택으로 개선해준다. 다이어트부터 태도에 이르기까지 모든 일에 적용할 수 있다. 이 방법을 실천하면 문제 해결 능력도 향상된다. 누군가에게 화가 났을 때 통제력이 없어지거나 상대방을 비난하고 싶은 마음이 든다면, 마인드를 개선하고 서둘러 채널을 변경하여 호기심을 갖는다. 문제를 받아들이고 그 문제에 대해 호기심을 갖는다. 그 상황에서 무엇을 배울 수 있을까? 어떻게 하면 이 상황을 생산적으로 활용할 수 있을까? 어떻게 하면 상대방에게 공감할 수 있을까?

이렇게 마인드를 개선하면, 긍정의 에너지를 느끼고 다음 단계로 나아갈 수 있다. 마인드를 개선하는 일이 항상 쉽거나 빠르게 일어나지는 않는다. 그러나 자신에게 인내와 공감을 습득할 시간을 준다면, 반드시 좋은 결과가 눈앞에 펼쳐질 것이다.

호기심 많은 문제 해결사가 되는 간단한 방법은 질문에서 *왜*를 빼고 *어떻게*를 넣는 것이다. 어떻게 해야 더 유용하고 생산적일지 묻는다. 이렇게 질문하면 과정, 상황, 목표 달성에 초점을 맞출 수 있다. '왜'라는 질문에 대답하려고 하면, 바꿀 수 없는 것에 집착하게 되고 방어적 반응, 변명, 핑계, 합리화, 비난하고 싶은 마음에 사로잡힐 수 있다.

명상과 마음챙김 수련도 실질적인 문제 해결과 (통제할 수 없는 일을 걱정하는) 자책을 구분하는 데 도움이 된다.

용서를 실천하라

용서는 지극히 개인적인 일이다. 자신이든 남이든 용서를 하려면 힘과 용기, 동정, 지혜가 필요하다. 쉬운 일이 아니다. 여러 연구 결과, 용서는 개인의 신체적, 정신적, 영적 건강과 밀접하게 연관되어 있다. 또 용서는 가족과 공동체, 국가의 건강에도 중추적인 역할을 한다.

용서를 실천하라고 권하고 싶지만, 그전에 무엇이 용서이고 무엇이 그렇지 않은지를 명확히 알아야 한다. 용서는 타인의 행동을 용납하거나 묵인하거나 변명하거나 봐주는 것이 아니다. 이미 일어난 일을 잊는 것도 아니다. 용서는 다른 사람을 위한 것이 아니며, 상대방은 자신이 용서받았다는 사실을 반드시 알 필요도 없다. 용서는 상대방을 계속해서 우리 인생의 일부로 남겨둬야 한다는 말이 아니다.

용서는 자유다.

용서는 비선형 과정이다. 시간을 들여야 하는 경우가 많고, 몇 가지 단계를 거쳐야 한다. 또 정서적 자각을 겪어야 하고, 깨어 있는 마음으로 고통을 다뤄야 한다(10장 참고). 모두가 저마다 다른 경험을 하고 다른 상황에 처할 것이다. 용서의 과정을 네 단계로 압축해보았다. 때에 따라 네 단계를 여러 차례 왔다 갔다 해도 된다.

1단계: 인식과 수용

멈춘다. 무슨 일이 일어났는지, 그 일이 내게 어떤 영향을 주었는지 현실을 인지한다. 그 일이 일어났다는 사실을 받아들인다. 그때 어떤 기분이 들었고, 어떤 반응을 보였고, 어떤 대응을 했는지 자신의 상태를 인식한다. (5장을 참고하여) 스트레스의 징후가 하나라도 드러나는지 유심히 살핀다. 긴장을 풀고 생각과 감정을 처리할 수 있도록 시간을 갖는다. 일기를 쓰거나 친구, 가족, 코치 등 믿을 만한 사람과 이 경험을 공유한다.

2단계: 성장과 감사

호흡하고 명상한다. 자연에서 시간을 보낸다. 상황의 긍정적인 면을 찾아본다. 나 자신, 내 욕구에 대해 새롭게 알게 된 것이 있는가? 이 상황이 만들어낸 좋은 점을 하나 꼽는다면?

3단계: 공감과 호기심

공감하기로, 호기심을 갖기로 선택한다. 렌즈를 거꾸로 넣어서 내게 잘못한 사람의 입장이 되어 상황을 바라본다. 상대방의 눈으로 바라본다. 상대방의 마음으로 느낀다. 상대방의 발이 되어 걷는다. 마인드를 개선한다. 판단을 내려놓고, 그 자리에 호기심과 공감을 채워 넣는다.

4단계: 용서와 해방

그 사람에게 편지를 쓴다. 부치지 않아도 된다. 자기가 용서받았다는 사실을 당사자에게 반드시 알릴 필요는 없다. 용서는 다른 사람이 아닌 자기 자신에게 주는 선물이다. 원한다면 (그리고 가능하다면), 당사자와 대화로 풀어도 좋다. 그런 다음, 내려놓기로 선택한다. 앞으로 나아가지 못하도록, 다시 행복해지지 못하도록 방해하는 감정을 내려놓는다. 그 이야기를 새로운 시각으로 고쳐 쓴다.

내려놓기로 선택하라

비즈니스 리더와 기업가들은 본능적으로 모든 것을 통제하고 싶어 하지만, 자기 의지를 강요하려는 욕망에는 한계가 있다. 통제할 수 없는 상황에 앞이 가로막혔을 때 현재에 집중할 수 있도록 멈춰야 한다.

부정적 사고 패턴이 나타난다면 판단, 두려움, 공포를 떨쳐내고 두뇌를 리셋해야 한다. *멈추고 호흡하고 선택하기*라고 적힌 리셋 버튼을 시각화한다.

불안과 고통에서 벗어난다.

호흡하고, 현재 상황을 받아들이고, 적절하게 반응하기로 선택한다. 내면의 평화를 유지하는 데 더 이상 유용하지 않은 것들을 내려놓는다. 문제의 해결사가 되기로 선택하고, 꿈쩍도 하지 않을 일에 힘쓰는 대신 상황을 최대한 활용할 수 있도록 피벗을 선택한다.

9장

연결: 자기 자신, 타인, 세상, 우주와의 소통

지나친 전자 기기 사용과 바쁜 스케줄 때문에 머리와 가슴이 단절되는 경우가 많다. 참된 자기와 다시 연결하려면 정신을 멍하게 만드는 활동을 멀리해야 한다.

다시 연결하려면 멀리해야 한다.

혼란스러운 상황에서 벗어나면 정신은 나름의 자극을 찾는다. 여러 연구 결과, 지루할 때 창의력이 샘솟는다. '지루한 정신이 자극을 갈망'하기 때문이다.

이러한 연구 결과를 접할 때면 스티브 잡스가 생각난다. 그는 항상 자녀의 일과를 너무 빽빽하게 채워놓으면 안 된다고 말했다. 오히려 아이들을 '따분하게' 만들어야 자신이 누구인지, 무엇을 좋아하는지에 대해 생각할 수 있다고 했다.

일과 중에 짬이 나도 아무것도 하지 말아보자. 스마트폰이나 태블릿 피시를 꺼내고 싶은 마음을 접는다. 그런 것들은 끝없이 이어지는 SNS 피드처럼 일시적인 즐거움만 줄 뿐이다.

건강한 라이프스타일 추구하기, 놀이 및 회복 시간 갖기, 만성 스트레스를 피하고 유스트레스 받아들이기, 부정적인 상황을 바꾸거나 여기에 적응하기, 바꿀 수 없는 것 받아들이기. 7A는 우리에게 더 큰 성공을 가져다줄 선택지다.

그러나 우리가 배운 것을 진정으로 받아들이고 전체론적으로 적용하지 않는다면 별 의미가 없다. 각 장의 실천 단계에는 인생을 긍정적으로 바꿔줄 다양한 방법이 담겨 있다. 그러나 우리는 이를 넘어서서 *연결*의 중요성을 인식해야 한다.

연결한다는 것은 이 세상에서 우리가 서 있는 위치를 더욱 잘 인식하도록 멈추고 호흡하고 선택할 시간을 갖는다는 의미다. 우리 위치를 인식하려면 가장 먼저 자신과 연결돼야 한다. 그래야 바깥으로 확장할 수 있다. 더 크고 깊은 성취를 이루기 위해서는 나 자신, 타인, 세상, 우주와 연결돼야 한다.

이들 중 하나라도 연결되지 못하면 삶의 질이 떨어진다. 연결에 실패한다는 것은 결국 진정성, 내면의 평화, 영감, 성취가 부족하다는 의미이기 때문이다.

세상의 변화를 꿈꾼다면, 반드시 나 자신부터 변해야 한다.

우리의 진정한 자기, 생각과 감정, 몸, 환경과 연결되지 않은 채로 타인, 세상, 우주를 인식하고 연결되기란 불가능하다.

이 모든 것과 연결되면, 삶에 색채가 더해지고 나아가 주변의 모든 것에 빛과 활력이 더해진다. 우리 자신을 진정으로 온전히 사랑하지 못하면, 다른 사람을 사랑할 수 없다. 우리 자신을 이해하지 못하면 다른 사람을 이해할 수도 없다. 내가 진정한 삶을 살지 못하면 다른 사람의 삶에 의미를 부여할 수 없다. 이 모든 것은 우리 내면에서부터 시작된다.

자신, 타인, 세상, 우주와 연결할 때 우리는 진정한 의미에서 *자기 웰빙의 CEO*가 될 수 있다. 자기 웰빙의 CEO가 된다는 것은 영향력 있는 리더, 든든한 부모 혹은 배우자, 전반적으로 좋은 사람이 되기 위한 필수 조건이다. 이들과 연결하고 소통하면 삶의 질, 성취, 인식 또한 함께 향상될 것이다.

진정한 자기와 연결하는 아침 의식

자기 자신과 연결하기란 삶의 여정에서 가장 친밀하고 근본적인 부분이다. 아침마다 나는 초월 명상을 통해 나 자신과 소통한다. 매일 아침 일어나자마자 RPM(일어나서, 쉬하고, 명상하기로, 2장 참고) 방법을 실천하는 것이다.

잠에서 깨면 얼른 화장실에 다녀온 뒤, 20분 동안 가만히 앉아 시간을 보낸다. 명상하는 동안 머릿속에 떠오르는 생각을 굳이 떨쳐내려 애쓰지 않는다. 생각이 떠오르는 것은 자연스러운 일이며, 명상의 일부이기도 하다. "생각이 너무 많아서 명상이 안 돼요"라고 말하는 고객이 많다. 하지만 초월 명상에서는 생각이 떠오르는 것을 걱정하지 않는다. 오히려 명상이 제대로 되고 있어서 스트레스와 불안이 완화된 결과라고 여긴다.

정신을 바다라고 상상하면 초월 명상을 이해하기 조금 더 쉬워진다. 바다의 파도가 높고 거세면 의식적 사고 또한 활발해지고 스트레스도 커진다. 파도가 잔잔할수록 걱정거리도 줄어드는 것이다.

초월 명상을 수행하는 동안 정신의 파도를 통제하려 들지 말고, 주어진 만트라를 반복하며, 그저 가만히 바다를 *바라본다*. 정신이라는 바다 속으로 깊숙이 들어가는 동안 점점 커지는 차분함과 평화를 알아차린다.

수면 위에서 아무리 높고 거센 파도가 일더라도 바다 깊숙이 내려갈수록 물결은 점점 잔잔해진다. 물결은 오직 수면에서만 일 뿐이다. 깊숙이 내려가 심원한 이완과 평화의 상태로 초월하게 되면 어느 순간 파도 소리가 들리지 않고, 의식적 사고도 고요히 잦아든다.

초월 명상은 쉽고 간단하다. 20분 동안 '내 시간'을 보내면 된다. 그러고 나면 나 자신과 진정으로 연결된 느낌이 들면서 바깥으로 나가 세상을 정복할 준비가 된다.

일정이 빼곡한 날에도 나는 일어나자마자 명상을 위해 몇 분이라도 반드시 시간을 낸다. 사실 바쁜 날일수록 더욱 명상이 필요하기에 건너뛸 수가 없다.

아침 명상을 하고 나면, 내면의 평화, 더 큰 에너지, 명료한 정신, 의식이 생긴다. 최고의 잠재력을 발휘하며 하루를 시작하는 걸 마다할 사람이 있을까?

결정해야 할 일, 끝내야 할 일 따위로 스트레스를 잔뜩 받는 우리 정신은 쉴 새 없이 파도가 치는 바다와 같다. 그러나 우리 모두의 내면에는 고요함이 존재하므로 충분히 깊숙이 내려간다면 반드시 접근할 수 있다. 누구에게나 내면의 고요함이 존재하지만, 수면을 벗어나지 못한다면 내면과의 연결은 끊길 것이다.

초월 명상은 수면 아래로 깊숙이 들어가는 데 도움이 된다. 내가 더 높은 자기와 연결하기 위해 활용하는 방법이다. 루미의 말처럼 "고요할수록 더 많은 걸 들을 수 있다."

우리는 생각, 과정, 비전에 얽매인 채 살아간다. 머리로 사는 시간이 많을수록 시끄러운 머리를 잠재우고 혼란이 덜한 깊은 곳으로 내려가는 일이 더 어려워진다.

초월 명상과 같은 마음챙김 의식을 실천하면, 본질적으로 마음을 일깨우고 머리와 가슴을 더욱 강하게 연결할 수 있다.

산책, 조깅, 자연에서 시간 보내기, 요가 수련이 '내 시간'이 될 수도 있다. 움직이면서 하는 마음챙김도 앉아서 하는 초월 명상과 동일한 효과를 낸다. 어떤 수련, 어떤 의식이든 회사에서 한껏 즐겨보라. 자기 자신과 소통할 수 있도록 깨어 있는 습관을 만들자. 그러면 삶의 모든 영역에 유익한 영향을 미치는 파급효과를 직접 경험하게 될 것이다.

타인과 의미 있는 관계 맺기

자신과의 연결에 성공했다면, 이제 다른 사람과의 연결로 넘어갈 때다. 타인과의 관계 강화는 유스트레스의 유용한 에너지를 활용하는 데에도 도움이 된다.

홀로 아이를 키우는 캐롤리나는 자신이 잠재력을 충분히 발휘하지 못한다고 느꼈다. 〈포천〉지 선정 500대 기업의 임원으로서 처리해야 할 바쁜 일정과 두 아이를 돌보는 일로 하루하루가 항상 가득 차 있었다. 그런데도 어딘가 허전했다.

"가장 원하는 게 무엇인가요?"라고 물으니, 캐롤리나는 이렇게 대답했다.

"다른 사람들과 어울리는 거요. 외출도 하고, 소통도 하고."

캐롤리나는 공허함을 느끼고 있었고, 의미 있는 관계가 없는 것이 업무에도 영향을 미친다고 생각했다.

우선 가치 및 사명 찾기를 통해 캐롤리나가 가장 중요하게 여기는 것이 무엇인지 알아보았다. 그래야 캐롤리나가 자신의 가치와 목적에 부합하는 행동을 할 수 있기 때문이었다. 목적의식이 있으면 동기부여도 훨씬 더 쉬워진다(12장 참고).

그런 다음, 한 달에 한 번씩 친구들과 '데이트'하는 날을 갖는 등 타인과의 연결을 회복할 수 있도록 작은 단계를 밟아나갔다. 캐롤리나는 이 일정을 같은 날짜와 같은 시간에 고정해두고 타협할 수 없는 스케줄로 못 박기로 했다. 독서모임에도 가입했다. 그리고 이러한 활동을 꾸준히 이어갈 수 있도록 믿을 만한 베이비시터를 찾는 일을 최우선으로 삼았다.

결과적으로 캐롤리나는 자신의 욕망을 더욱 깊이 파헤침으로써 이전보다 더 나은 삶을 살기 시작했다. 자신의 삶에 타인과의 연결이 부족했다는 문제를 정확히 알게 되었고, 이를 회복할 방법을 찾아냈다. 이 모든 일이 가능했던 것은 자신의 내면을 깊이 파고들어 문제를 주도적으로 해결하겠다는 캐롤리나의 의지 덕분이었다.

물론 직장 동료들과의 연결을 강화하기 위해서도 노력했다. 직장 동료와의 관계 강화는 힘든 이혼 과정을 겪고 있는 제이크에게도 중요한 일이었다(6장 참고). 제이크는 자신의 사생활을 회사에까지 끌고 가지 않겠다고 마음먹었지만, 실은 자신의 사생활이 팀 분위기, 동료들과의 관계에 부정적인 영향을 미치고 있다는 것을 알고 있었다.

제이크를 팀원과 다시 연결시키기 위해 나는 그에게 팀 전체 회의 대신 주 1회 팀원들과 일대일로 면담하는 시간을 가져보라고 권했다. 그 시간에 말하기보다는 듣기를 주로 하라고 했고, 다음과 같은 질문으로 면담을 시작하라고 일러줬다.

"새로운 소식이나 좋은 소식이 있나요? 요즘 가장 힘든 일이 뭐예요? 이 일에 어떤 식으로 접근해서 해결 방안을 찾을 생각인가요? 뭘 도와줄까요? 어떤 지원을 해주면 좋겠어요?"

제이크는 일대일 면담을 진지하게 받아들였다. 급한 일이 없다면 면담 일정을 꾸준히 지켰고, 이는 효과가 있었다. 그의 팀원들은 회사에서 든든하게 지원받는다고 느꼈고, 각자의 역할에 자긍심을 갖게 되었다. 그리고 여기에는 일대일 면담의 역할이 크다고 생각했다.

직장에서 자기 자신과 단절된 사람을 찾는 것은 어렵지 않다. 이 문제는 결국 커리어에 영향을 주고 타인과의 관계를 방해한다. 자신 및 타인과의 관계를 회복해야 동료에게 집중할 수 있으며, 그래야 비즈니스 성과도 향상된다.

단절된 사람들은 정서 지능이 부족하고, 눈앞에 닥친 일에만 집중하는 경향이 있다. 또 다른 사람들의 생각이나 감정을 고려하지 않는 경우가 많다. (비판을 버리고 호기심을 가짐으로써) 마인드를 개선하려고 노력하거나 타인의 관점에서 세상을 바라보려고 노력하지 않는다.

성공하는 리더들은 삶의 모든 영역에서 가장 먼저 자기 자신과 건강한 관계를 형성한 뒤 타인과의 관계를 형성한다. 정서 지능도 높다. 직장에서의 실수나 갈등은 단절로 인한 커뮤니케이션 오류에서 생기는 경우가 많다.

커뮤니케이션 오류는 추측과 모호함으로 악화된다. 단절된 개인은 상황이 그렇지 않을 때도 자신이 전달하려는 메시지와 의미를 상대방이 이해했다고 선불리 추측한다.

예를 들어, 다른 회사와의 합병으로 부서에 변화가 있을 거라고 발표하면서 아무런 세부 사항도 공개하지 않는 부사장이 있다고 치자. 합병 협상에 은밀히 관여한 부사장은 합병 이후 생산성이 높아질 것이고, 일자리는 줄어들지 않을 거라는 사실을 잘 알고 있지만, 직원들은 이 사실을 알 리가 없다. 이런 상황이면 당연히 직원들은 일자리를 유지할 수 있을지 걱정하게 된다. 그러나 부사장은 자신이 걱정하지 않으므로 남들도 걱정하지 않을 거라고 지레짐작한다. 혹은 합병이라는 변화를 앞두고 부사장 본인이 불안한 나머지 남들도 행복할 리가 없다고 짐작해버린다. 그래서 직원들에게 세부 사항을 비밀로 하며 불편한 대화를 피하기로 선택한다.

커뮤니케이션의 부재는 모두에게 불필요한 스트레스와 긴장을 안겨준다. 부사장이 처음부터 자신과 타인, 즉 직원들과 소통하기로 했더라면 충분히 피할 수 있었을 스트레스를 모두가 받게 되는 것이다. 강한(또는 약한) 연결은 삶 전체에 파급효과를 일으킨다. 삶의 어느 한 영역에서 습관이나 마인드를 개선하면 다른 영역에 긍정적인 영향을 주듯이, 하나의 연결이 깊어지면 다른 연결도 깊어질 가능성이 크다. 연구 결과, 직장 내 관계가 개선되면 웰빙과 몰입도도 함께 증가한다.

연결은 일종의 에너지다. 이는 전염되고 확산된다. 머리와 가슴이 연결되면, 필수 에너지인 프라나가 어떤 방해도 받지 않고 자유롭게 흐른다. 타인과의 연결을 회복했을 때도 같은 효과가 나타난다. 이들 관계와의 연결은 자신과 타인에게 귀를 기울임으로써 시작되는 마음챙김이다.

스트레스 받는다면, 연결하라!

타인과 주기적으로 연결하는 것은 매우 중요하다. 특히 스트레스가 쌓일 때 가장 먼저 보이는 반응인 투쟁 도피 반응은 우리를 방어적으로 만들거나 물러나게 만드는데, 두 상황 모두 결국엔 단절을 일으킨다. 그러나 이때 우리가 의도적으로 타인에게 연락하여 소통한다면, 우리 몸의 화학 반응이 유리한 방향으로 작용하여 단절을 예방할 수 있다.

급성 스트레스를 받으면 우리 뇌는 호르몬을 비롯한 다른 화학물질로 가득 찬다(5장 참고). 이때 긍정적인 마인드로 스트레스를 바라보면 화학물질 대부분이 유익하게 작용하여 우리에게 활력과 집중력을 불어넣어준다. 그렇게 우리는 최고의 기량을 발휘할 수 있게 된다.

이때 나오는 화학물질인 옥시토신은 우리가 다른 사람과 더 깊이 연결되도록 돕는다. '사랑 호르몬' 또는 '포옹 호르몬'이라고 불리는 옥시토신은 사실 우리의 사회적 본능을 예리하게 하는 데 중요한 역할을 한다.

건강 심리학자이자 스탠퍼드대학교 강사인 켈리 맥고니걸Kelly McGonigal은 《스트레스의 힘》에서 이렇게 말한다.

"스트레스에 대한 반응으로 옥시토신이 분비되면, 우리는 주변 사람들을 찾게 된다. 옥시토신은 타인에게 더욱 잘 반응하게 만듦으로써 중요한 인간관계를 강화하는 역할도 한다. 과학자들은 이를 *보살핌과 어울림tend-and-befriend 반응*이라고 부른다. 자기 생존을 우선시하는 투쟁 도피 반응과 달리, 보살핌과 어울림 반응은 아끼는 사람들과 공동체를 보호하도록 동기를 부여한다."

보살핌과 어울림 반응은 남성보다 여성에게서 더욱 두드러지지만, 절대 변하지 않는 것은 아니다. 뇌와 뇌를 활용하는 방법은 고정되어 있지 않고 유동적이며 끊임없이 진화한다.

스트레스 상황에서 사람들과의 연결은 필수적이며, 이는 실제로 인간관계를 더욱 강화하는 역할을 한다. 이외에도 사람들과의 연결은 전반적인 웰빙에 중요한 역할을 한다. 타인과의 연결은 스트레스와 노화로부터 심신을 보호하기 위한 장기 투자와 같다.

정신과 의사이자 하버드대학교 교수인 로버트 J. 월딩어Robert J. Waldinger는 세계에서 행복을 가장 오랫동안 연구한 하버드 성인 발달 연구의 책임자다. 이 연구는 1938년에 시작되어 지금까지도 진행 중이다. 월딩어 교수는 테드TED 강연에서 이 연구가 주는 가장 큰 교훈을 한마디로 정리했다.

"좋은 관계는 우리를 더 행복하고 더 건강하게 만들어줍니다. 이상."

외로움에 관해서는 이렇게 말했다. "외로움은 독입니다. 자신이 원하는 수준 이상으로 고립된 사람들은 행복도가 떨어집니다. 그들의 건강은 중년부터 더 빠르게 쇠퇴하고 두뇌 기능도 더 빠르게 떨어지며, 수명도 외롭지 않은 사람들보다 더 짧습니다. 안타까운 사실은 시대와 무관하게 미국인 다섯 명 가운데 한 명이 외롭다고 말한다는 점입니다."

이 연구에 따르면, 정말 중요한 것은 친한 친구가 몇 명인지, 사랑을 약속한 사람이 있는지가 아니라 우리가 맺고 있는 관계의 질이 얼마나 좋은지다. 월딩어 교수는 말한다.

"좋은 관계는 단순히 우리 몸만을 보호하는 게 아닙니다. 좋은 관계는 우리의 뇌를 보호합니다."

80대가 되어도 타인과 안정적인 애착 관계를 형성하고 있으면 정신 건강을 지킬 수 있다. 육체적 고통은 생각보다 기분에 큰 영향을 미치지 않으며, 기억은 생각보다 더 오랫동안 선명하게 남는다.

이 연구 덕분에 타인과의 연결이 건강에 미치는 영향에 대해 많은 사실이 밝혀지고 있다.

"연구를 막 시작했을 때는 공감이나 애착에 관심을 두는 사람이 없었습니다."

이 연구의 이전 책임자가 말했다.

"그러나 건강하게 늙어가는 것의 핵심은 관계, 그리고 관계, 또 관계입니다."

재연결과 재부팅

뉴욕에 있는 오메가 연구소Omega Institute에서 일하는 몇 년 동안 나는 운 좋게도 재연결이 지닌 힘을 직접 목격했다. 다양한 건강 상태의 참가자들이 닷새 동안 모여 주스를 마시고, 디톡스를 하고, 새로운 건강 습관을 익히는 프로그램인 '조 크로스Joe Cross의 리부트 캠프'에서 코치로 일하던 때였다. 조 크로스는 2011년 방영된 다큐멘터리 〈팻, 식 앤 니얼리 데드Fat, Sick, & Nearly Dead〉를 통해 유명해졌고, 그의 캠프에서 내가 맡은 역할은 포용적 공동체를 형성하도록 돕는 일, 참가자들의 변화에 도움을 주는 일이었다.

리부트 캠프에는 자신의 외모가 부끄러워서 체육관에 가지 못했고, 이게 악순환이 되어 결국 건강 상태가 곤두박질쳤다고 얘기하는 참가자들이 많았다. 그들은 편안하고 안전한 환경에서 서로 마음을 열고 자신의 약점을 보완해나가며 이전보다 건강한 습관을 만들어나갔다.

닷새짜리 캠프의 첫날은 치열했다. 종일 이어진 강의가 끝나면 300명의 사람들이 20개의 그룹으로 나뉘어 각각 코치 한 명과 함께 마지막 일과인 소그룹 세션을 진행했다. 나 역시 소그룹 세션을 진행하는 코치였다.

소그룹 세션을 진행할 때면 나는 참가자들이 마음을 열고 사적인 이야기를 꺼낼 수 있도록 격려했다. 지금 어디쯤 와 있는 것 같은지, 또 어디로 가고 싶은지를 물었다. 참가자들이 속마음을 터놓고 자신의 연약한 면을 드러낼 때면 언제나 눈물과 포옹, 웃음이 오갔다. 그 끝에는 어려움을 극복하고 변화한 이야기가 빠지지 않았다.

내가 나의 자아와 연결되어 있지 않았더라면 이들을 도울 수 있었을까? 이들이 내 이야기에 귀 기울이지 않고 그저 흘려 들었다면 우리가 진정으로 마음을 열고 소통할 수 있었을까?

자기와 소통한 뒤에는 타인과 소통해야 한다. 단순히 대답하려는 목적을 갖고 상대방의 말을 듣는 것이 아니라 제대로 이해하려는 의도를 갖고 들어야 한다는 의미다. 판단하거나 비판하는 대신 호기심과 공감으로 상대방을 인정해야 한다는 의미다. 타인과 소통하는 것은 세상과 우주로 연결을 확장하는 방법이며 하루하루 성취감을 경험하는 방법이다.

양보다 질을 먼저 생각하라. 우리에게는 100명의 친구가 필요한 것이 아니다. 진실하고 지속적인 관계를 구축할 수 있는, 가깝게 연결된 몇 명이면 족하다.

'리부트 캠프'에서 코치로 일할 때 사람들이 변하도록 돕는 일을 내가 아주 좋아한다는 사실을 알게 되었다. 용기를 내어 캠프에 참여한 사람들을 보면서 해마다 영감을 받았다. 참가자들은 비난받는 일에 두려움이 깊었지만, 그래도 견뎌내겠다는 확고한 마음으로 캠프를 찾았다. 그런 용기와 인내 덕분에 그들은 변화할 수 있었고, 자신 및 타인과 소통할 수 있었다.

타인과 진정으로 연결되려면, 먼저 자신의 참된 자기에 가까이 다가간 다음 열린 마음으로 타인에게 다가가야 한다.

진정한 연결의 의미를 바르게 인식하고 제대로 실천해야 의미 있고 풍성한 상호작용을 경험할 수 있다. 그러면 모두가 더 많이 받고, 더 많이 베풀며, 더 큰 마음을 품을 수 있게 된다.

당연하지 않은 세상

그렇다면 친밀한 관계가 아닌 사람들과는 어떨까? 세상과 연결한다는 것은 자신에게서 우주로 뻗어나가는 과정이다.

2009년 나는 친구 몇 명과 애틀랜타 W호텔의 바에 앉아서 세상을 위해 어떤 일을 할 수 있느냐를 주제로 대화를 나누고 있었다. 그때 우리는 다들 직장에서 성취감을 느끼지 못하고 있었던 터라 뭔가 목적의식을 심어줄 일을 찾고 있었다.

우리는 사회에서 가장 취약한 계층이자 자구력이 가장 부족한 구성원인 어린이를 위해 무언가를 하는 것이 가장 적합하다는 점에 동의했다. 토론 끝에 우리는 서반구에서 가장 가난한 나라이자 유아사망률이 가장 높은 아이티에 마음이 이끌렸다.

2010년 친구들과 대화하고 얼마 지나지 않았을 때였다. 강도 7.0 규모의 엄청난 지진이 그 작은 섬을 강타하여 안 그래도 힘든 나라가 한층 더 심각한 상황에 빠졌다. 우리는 이를 긴급 신호로 받아들였다. 얼마간의 조사 끝에 우리는 아이티의 퐁파리지엥Fond Parisien이라는 지역에 학교를 세울 만한 곳을 찾았고, 학교 이름을 라이즈투샤인Rise2Shine으로 짓기로 했다.

그 동네에서는 네 개의 시멘트벽을 세우고 맨 흙바닥에 작은 방수포 하나를 깔아둔 집들이 그나마 가장 정교하게 지어진 건물들이었다. 판자와 덤불을 이용해 임시방편으로 지어놓은 집들이 흔했다. 그리고 이렇게 지어진 작은 실내 공간에서 최대 18명의 가족이 함께 생활했다.

어머니들은 타는 듯한 불볕더위 속에서 한두 시간을 걸어 자녀들을 학교에 데려다주었다. 여자 한 명이 여러 남자의 아이를 낳는 일이 흔했고, 남자들은 아이를 떠넘긴 채 어디론가 모두 사라졌다. 그곳에서 만난 한 여성은 열아홉 살의 나이에 세 아이를 두었는데, 모두 강간에 의한 임신이었다. 비극적이게도 그곳에서는 흔한 일이라고 했다.

또 하나 가슴 아픈 현실은, 이 미혼모들이 오늘이 며칠인지, 자녀가 몇 살인지는 고사하고 자기 자신의 나이조차 모르는 경우가 허다하다는 것이었다. 이들의 삶에 아주 작은 변화라도 만든다는 것은 우리에게 정말 엄청난 의미를 지녔다.

1년이 조금 지난 후, 개교 기념식이 열렸다. 우리는 아이티의 잊힌 아이들, 잊힌 가족들의 인생에서 중요한 날을 보기 위해 아이티로 떠났다.

이사회 임원과 시장이 늦는 바람에 막판에 개교식이 연기되었다. 2011년 11월 9일로 예정되었던 개교식이 이틀 뒤인 2011년 11월 11일 11시 11분으로 정해졌다.

그날 아침, 공식적으로 라이즈투샤인의 문이 열렸을 때 나는 최고로 만족스러운 순간을 경험했다. 개교식에 참석한 수많은 어머니와 아이는 앞으로의 삶이 크게 달라지리라는 사실을 깨닫고 미소를 지었다. 그들의 미소를 바라보는 것은 정말 인생을 바꾸는 경험이었다. 내 평생 그날을 결코 잊지 못할 것이다.

세상과의 연결을 추구하던 친구들과 나는 앞으로 몇 년, 아니 몇 세대에 걸쳐 실질적이고 지속적인 변화를 만들어나갈 기관을 설립했다. 우리가 아이티 어린이들에게 의미 있는 일을 하고 있다는 사실은 알았지만, 그 일이 내 인생에 이토록 큰 도움이 될 줄은 몰랐다. 라이즈투샤인 덕분에 세상 속에 존재하는 나를 이전보다 훨씬 더 큰 관점에서 바라볼 수 있게 되었다.

라이즈투샤인은 생존 가능성이 희박했던 아이들을 먹이고 교육하는 임무를 충실히 실행하며 꾸준히 성장하고 있다. 현재 70명이 넘는 아이들이 학교에 다니고 있다. 공동 설립자들과 나는 매년 신학기에 아이티로 돌아가 입학을 희망하며 줄지어 선 아이들과 아이들의 가족을 면접한다. 그리고 그중에서도 가장 가난한 집안의 아이들을 선택한다. 모두 비슷한 환경이기 때문에 학생을 뽑는 일은 쉽지 않다. 아이티 출장이 달곰씁쓸한 까닭이다. 매년 신입생을 받고 일부에게는 희망과 미래를 선물하지만, 동시에 한정된 자원 탓에 희망하는 모두를 수용할 수 없다는 것이 현실이다.

라이즈투샤인은 내게 꼭 필요한, 세상과의 연결을 가능하게 함으로써 삶을 충만하게 한다. 개교 기념식에 참석하기 위해 처음 아이티에 다녀온 뒤, 나는 달라졌다. 달라진 모습은 일상에서 그대로 드러났다.

이제 물을 마시기 위해 부엌에 들어설 때마다, 샤워를 하거나 냉장고를 열 때마다, 해진 옷을 입은 아이티 사람들이 물 양동이를 머리에 이고 타는 듯한 더위 속에서 몇 시간씩 맨발로 걷던 모습이 떠오른다. 새로운 수준의 마음챙김은 물 한 방울에, 안전한 집에 감사하게 만든다.

세상과 연결되면 시야가 넓어지고 책임감이 커지며 목적의식이 뚜렷해진다. 평소에는 생각하지 않는 일, 우리에게 직접적인 영향이 없는 일들을 생각하게 된다. 이토록 중요한 깨달음을 얻으려면 반드시 세상과 연결되어야 한다. 정말로, 모든 아름다움과 고통을 품고 있는 이 세상은 우리를 필요로 한다. 우리는 이 세상을 결코 잊거나 당연하게 여겨서는 안 된다.

우주라는 퍼즐 조각

우주와의 연결은 퍼즐에서 가장 맞추기 어려운 조각이다. 내 생각에, 우주와의 연결이란 더 높은 자기higher Self가 위대한 계획의 일부로서 지금 우리가 있어야 할 곳에 존재한다는 믿음을 의미한다.

위대한 계획이라는 믿음이 꼭 종교에 뿌리내리고 있을 필요는 없다. 카르마나 전생에 관한 이야기가 아니다. 나만 보더라도 신앙을 실천하지 않는 무슬림으로서 무슬림 국가에서 태어났지만 나만의 영성, 가치, 문화적 전통에 따라 살고 있다.

종교적인 사람은 '우주'를 '신'처럼 그들에게 가장 의미 있는 용어로 받아들일 것이다. 불가지론자나 무신론자는 '우주'를 자연과 만물에서 가장 큰 부분으로 이해할 것이다. 영적이지만 종교적이지 않은 사람은 '우주'를 모든 것이 연결되는 유의미한 상호작용으로 이해할 것이다.

하지만 내게는 우리 인생에 더 깊은 의미를 부여하는 더 높은 존재, 더 높은 힘, 더 높은 목적과 연결되어 있다고 느끼는 것이 중요하다. 높은 존재가 우리의 높은 자기가 될 수도 있다. 이 연결은 인생이 어디로 향할지 모르더라도 개인의 목적을 더 높은 목표에 맞출 수 있게 해준다. 근본적으로 우주가 우리 각자의 위치와 계획을 품고 있다는 믿음이다.

다른 시각에서 보자면, '기도'는 무언가를 *구하는* 행위인 경우가 많다. 반면에 우주와의 연결은 우리의 머리와 가슴이 하는 말을 *귀 담아듣고* 대답을 찾기 위해 감각을 활용하는 것이다. 그렇게 우리의 직관을 강화하기로 선택하는 것이다. 우리를 향한 위대한 계획에 맞서지 않고 그 흐름에 맞출 때까지는 다가오는 징후를 보거나 듣거나 느끼거나 심지어 이해하지 못할 수도 있다.

더 높은 자기, 타인, 세상과 연결되어 있으면 우리는 더 이상 오토파일럿 모드에 빠져 있을 수 없다. 깨달음을 얻게 되고 우주와 연결된다. 우리는 에고, 스트레스, 두려움으로 흐릿해진 렌즈를 통해 세상을 바라볼 때가 많고, 이는 우리의 행동과 결정에 영향을 미친다. 우주와 연결되면 흐렸던 시야가 맑아지고, 시야가 맑아지면 평화가 찾아온다. 직감과 직관이 생각, 가슴, 머리와 하나가 된다. 두려움과 비판이 아니라 사랑과 명료함에 기반해 결정을 내리게 된다.

위대한 힘이 존재한다고 믿어야 한다. 우리의 자기가 이 에너지를 활용할 수 있도록 만들어야 한다. 내가 이런 깨달음을 얻은 것은 몇 가지 운 좋은 경험 덕분이었다.

2014년, 뉴욕 라인벡에 위치한 '리부트 캠프'에서 코치로 일하고 샌프란시스코로 돌아온 지 얼마 지나지 않았을 때였다. 느닷없이 엉뚱한 생각이 들었다. *'잠깐 뉴욕시로 이사해서 새로운 경험을 해보면 아주 재미있겠는걸.'* 신발 한 켤레도 충동적으로 구매하는 일이 없던 내가 이렇게 즉흥적으로 아이디어를 떠올리는 것은 정말 드문 일이었다.

그런데 이런 생각이 머릿속에 떠오른 지 불과 몇 시간 만에 '리부트 캠프'에서 만났던 JP모건 체이스JPMorgan Chase의 부사장으로부터 이메일을 받았다. 리더십 팀 직원들의 웰니스 트레이닝을 부탁하며 나를 뉴욕시로 초청하는 내용이었다.

나는 그 제안을 받아들였다. 그리고 얼마 뒤 맨해튼에 사는 친구에게서 문자메시지를 받았다. 친구는 내가 뉴욕에 머무는 기간에 휴가를 떠날 계획이라면서 자기 대신 집에 머물며 개들을 돌봐줄 사람이 필요하다고 했다. 운명이었다. 갑자기 떠오른 아이디어, 타이밍, 장소, 의도, 목적…… 모든 게 딱 맞아떨어졌다.

맨해튼에서 너무나도 즐겁게 일하고 놀았던 나머지, 트레이닝 일정이 끝나갈 무렵에는 뉴욕을 떠나야 한다는 사실을 견딜 수가 없었다. 나는 뉴욕에 한 달 더 머무르기로 했다.

그때 나는 뉴욕에 홀딱 반해버렸다. 소호의 바로 이곳. 여기 세 블록 안에서 아파트를 구할 수만 있다면 미국 대륙을 가로질러 이곳으로 이사 오겠다고 마음먹었다. 나를 잘 아는 사람이라면 하나같이 입을 모았을 것이다. 전혀 나답지 않은 결정이라고.

우연히도 다음 날은 사촌인 바하르와 점심을 같이 먹기로 약속한 날이었다. 바하르는 맨해튼을 꿰고 있는 부동산 중개인이었기에, 우리는 아파트 몇 곳을 둘러보며 시간을 보냈다. 그 주가 끝나갈 무렵, 이사할 만한 집은 두 곳이었고, 이미 내 마음은 한 곳으로 기울어 있었다.

나도 서둘러야 한다는 사실을 잘 알고 있었다. 그러나 서두를 새도 없이 전화벨이 울렸고, 풍선처럼 부풀었던 내 마음은 한순간에 터지고 말았다. 내가 우선순위로 점찍어뒀던 집을 보고 간 사람이 방금 계약했다는 전화였다.

물론 가족과 친구들이 있는 서부에서 이사한다는 생각에 약간 긴장되기도 했지만, 이사 계획에 이미 잔뜩 들뜬 상태였다. 실망은 하지 않기로 했다. 두 번째로 마음에 들었던 집을 소개해준 중개인에게 연락해보았다. 한 시간 안에 집주인 앞으로 쓴 수표를 들고 와서 임대차 계약서에 서명해야 한다고 했다. 나는 서둘러 수표를 써서 제시간에 도착했지만, 중개인은 수표에 적힌 집주인의 이름이 잘못되었다고 했다.

당황스러웠다. 나는 알려준 이름 그대로 수표에 적었고, 이미 금요일 오후 늦은 시간이었다. 월요일이면 뉴욕을 떠나야 했기에 계약서를 작성할 수 있는 시간도 그날 하루뿐이었다. 중개인은 수표가 없으면 자기들도 어쩔 수 없다고 했다. 다시 은행을 향해 전력 질주한 나는 은행의 불이 하나둘 꺼지는 순간 안으로 들어갔다.

창구 앞에 서서 수표를 새로 발행해달라고 말하려는 찰나 전화기가 울렸다. 처음 선택했던 아파트의 계약이 무산되어 내게 기회가 생겼다고 했다.

"말도 안 돼."

나도 모르게 말이 튀어나왔다.

"저 방금 다른 집 계약할 뻔했어요!"

나는 재빨리 은행을 나와 처음 선택했던 그 아파트의 임대 계약서를 쓰러 갔다.

이 일은 우연이었을까, 하늘의 뜻이었을까? 나는 후자라고 생각한다. 무엇이었든 간에 정말 짜릿한 경험이었다. 어찌 된 영문인지 모르겠지만 불가능했던 일이 가능해졌다. 샌프란시스코로 돌아가기 불과 며칠 전, 그토록 원했던 동네에서 가장 마음에 들었던 아파트를 얻다니.

그 금요일 오후 내내 대가리가 잘려나간 닭처럼 뛰어다녔던 나는, 마사지를 받으며 쉬기로 했다. 긴장한 탓에 목과 어깨가 아주 뻐근했다. 그때까지 나는 리시케시에서 샀던 루드락샤(금강보리수의 열매-옮긴이)로 만든 염주를 차고 있었다. 그 염주는 인도와 깨달음이 필요할 때 착용하는 것이었다. 더는 필요하지 않게 되면 염주가 떨어지거나 끊어진다고 한다. 3년 전 인도에서 산 뒤로 매일 차고 다닌 염주였다. 마사지를 받기 전에 직원의 요청으로 염주를 빼려는데, 줄이 끊어지며 바닥으로 우르르 염주알이 떨어졌다.

예정된 순간에 염주가 끊어진 것이다. 우주가 내게 뭔가를 메시지로 전하려는 듯했다. *내가 여기 있다.* 더는 염주가 필요하지 않다. 괜찮다.

마사지를 받은 뒤, 새 아파트를 향해 여유롭게 걸어가면서 창가에 목걸이 세 개가 진열된 보석 가게를 지나갔다. 그중 가운데 있는 목걸이에 눈길이 갔다. 가만 보니 목걸이에 이런 글씨가 새겨져 있었다. *당신은 이곳에 있어야 해요.*

모두가 내게 보내는 신호였다. 갑자기 떠오른 아이디어, 직장, 친구의 집, 수표, 계약서, 새 아파트, 염주, 그리고 의미심장한 글귀까지. 뉴욕으로의 이사에 큰 의미가 있다는 것을 확실히 느꼈다. 이 모든 일이 일어나는 순간 내가 할 수 있는 일이라고는 그저 깨어 있는 것뿐이었지만, 분명 뭔가가 있었다. 우리는 무엇이든 구하고 궁금해하고 기도할 수 있다. 그러나 깨어 있지 않아 응답을 듣지 못한다면 모두 헛수고가 될 것이다.

랠프 월도 에머슨Ralph Waldo Emerson은 말했다.

"우리가 결정하면, 우주가 실현한다."

물론 의미 있는 경험을 연달아 하고도 그저 마법 같은 일, 희한한 일, 심지어 재밌는 일이 있었다며 대수롭지 않게 털어버리는 사람들이 있다. 그러나 나는 이런 일이 자기와 연결되고 우주와 연결되었을 때 일어난다고 생각한다. 이런 경험을 하는 것은 더 높은 계획이 존재하고 우리 삶에 목적이 있기 때문이다. 이를테면 우리를 향한 계획과 목적이 다양한 신호와 퍼즐 조각들을 통해 모습을 드러내는 것이다.

내 경우만 보아도 신의 섭리처럼 느껴지는 일련의 일들이 마치 흩어져 있던 퍼즐 조각들처럼 한데 맞춰졌다. 나는 두 살 때부터 거의 평생을 베이에어리어에서 살았다. 뉴욕시로 이사하는 것은 안전지대를 벗어나는 엄청난 변화였다. 그러나 그 당시 나는 내 삶을 뒤흔들 필요가 있다는 것을 알고 있었다. 그리고 아주 짧은 기간 동안 엄청나게 많은 일이 딱딱 맞아떨어지는 것을 보면서 내가 제대로 가고 있다는 확신을 얻었다. 뉴욕으로 이사하겠다는 결정은 내게 개인적으로, 그리고 직업적으로 수많은 가능성을 열어주었다. 나는 서부 끝에서 동부 끝으로 사업을 확장했고, 다른 웰니스 회사들과 협력하여 기업 웰니스 업계의 혁신에 이바지했다. 내 미래의 남편도 샌프란시스코에서 뉴욕으로 주거지를 옮겼고, 현재 우리는 둘 다 번창하고 있다. '즉흥적'이었던 내 선택이 옳았던 것이 분명하다.

스스로 설정한 특정한 길이나 의도에 집중하게 하는 신호를 연이어 경험해본 적이 있는가? 완성된 퍼즐이 어떤 그림인지 한눈에 알아볼 수는 없더라도 제자리를 찾아가 서로 완벽하게 맞물리는 퍼즐 조각을 보고 있으면 분명 아름다운 그림이 만들어지고 있다는 걸 알아볼 수 있다. 마찬가지로, 우리 삶의 조각도 우리에게 가장 이롭도록 적절한 시기에 의미 있는 방식으로 한데 모인다.

스트레스였던 일이 갑자기 저절로 해결되었는가? 아니면, 내내 붙잡고 씨름했던 일이 별안간 술술 풀리는가? 그렇다면 당신을 향한 계획이 지금 펼쳐지는 것이다.

동시성이라는 현상은 분명 일어난다. 의미 있는 신호를 알아차릴 수 있도록 깨어 있다면 우연은 없다. 자신의 내면과 주변에서 무슨 일이 일어나는지 알기 위해 눈과 가슴을 열고 깨어 있기를 선택한다. 그 무엇보다, 그 누구보다 강력한 에너지 혹은 존재가 있다.

우주와 연결된다는 것은 깨어 있는 것이다. 그래야 나중에라도 흩어진 점들을 연결하고, 이해하고, 삶에 대해 믿음을 가질 수 있다. 우리 눈에 보이지 않을 때조차도 분명 더 높은 목적은 존재한다.

이를 신뢰하는 것은 뉴스의 헤드라인을 채우는 고통스러운 사건과 분열을 마주할 때 더욱 중요하다. 인종차별, 전쟁, 질병, 기후변화, 정치가 우리를 분열시킨다. 비인간적인 상황을 목격하면 우리가 하나라고, 모두 연결되어 있다고 느끼기 어려울 수 있다.

이런 연결을 강화하는 것은 개개인의 노력에서 시작된다. 테러와

차별 행위에 휩쓸려서는 안 된다. 대신 우리를 갈라놓는 벽을 허물어야 한다.

마음을 열고, 자신 및 주변 사람들과 연결하면 우리는 하나의 세상으로 이어질 수 있다.

에고, 고통, 역경, 후회, 문제 때문에 생기는 분열을 해소한다면 세상은 더 건강한 곳, 훨씬 더 작고 더 연결된 곳으로 바뀔 것이다. 무한한 가능성이 우리 앞에 열릴 것이고, 우리는 우리를 분열시키는 문제를 극복할 창의적인 방법을 찾아낼 것이다. 그러면 우리 관계는 더욱 의미 깊어질 것이다.

끈끈한 관계를 구축하라

동료와의 끈끈한 관계는 가족, 친구, 공동체와의 관계만큼이나 중요하다. 어떤 회사든 간에 동료와의 관계를 최우선으로 삼는 문화를 만들어라. 우호적인 경쟁 또는 두 부서 간의 합동 프로젝트를 통해 리더가 충분히 할 수 있는 일이다.

직장에 친구가 있으면 즐거움을 느낄 확률이 훨씬 더 높다. 링크드인LinkedIn의 조사에 따르면, 전 세계 전문직 종사자의 46퍼센트가 직장 내 우정이 전반적인 행복에 크게 영향을 미친다고 대답했다.

정서적 지원은 우울증·불안·질병 완화에 도움이 된다. 친밀하게 도움을 주고받는 동료들은 더 유능한 직원이 되어 팀워크를 강화하고, 전반적으로 사기를 증진하고, 생산성을 향상시켜 결과적으로 회사를 긍정적인 방향으로 이끌어나갈 것이다. 〈하버드 비즈니스 리뷰〉에 따르면 "직장 내 고립을 줄이면 사업 성과가 향상된다."

직원, 회사, 자기 자신의 웰빙은 모두 인간관계에 크게 좌우된다. 신뢰의 요건인 감사, 포용, 상호 존중을 통해 반드시 끈끈한 관계를 구축해야 한다. 다른 사람이 목적을 이룰 수 있도록 돕고, 그들 삶의 전반적인 웰빙에 진심으로 관심을 보여야 한다.

존재 가치를 느끼게 하라

훌륭한 리더는 직원들과 진정성 있는 대화를 나누고 그들의 가치를 인정함으로써 직원의 자존감을 높여준다. 모든 직원이 스스로 회사에 없어서는 안 될 존재라고 느끼도록 리더가 노력한다면 모두의 웰빙 수준은 물론이고 비즈니스의 웰빙 수준까지도 크게 향상될 것이다. 직원들과 눈을 마주치며 일대일로 대화하라. 그리고 구체적이고 진심 어린 칭찬을 아끼지 마라. 인정과 감사는 오래 지속된다. 마야 안젤루는 말했다. "사람들은 당신이 뭐라고 했는지, 당신이 무엇을 했는지 곧 잊을 것이다. 그러나 당신에게 어떤 대우를 받았는지는 결코 잊지 못할 것이다."

다리 역할을 하라

성공하기 위해서는 누구를 알고 지내느냐가 중요하다. 새로운 인맥을 쌓고, 의외의 인맥을 형성하고, 진정한 교류를 통해 시야를 확장할 수 있도록 인맥의 중심이 되어 지인들을 최대한 자주 연결한다.

공동체에 이바지하라

봉사 활동을 하면 굉장한 성취감을 느끼고 색다른 관점으로 세상을 바라볼 수 있게 된다. 자신의 일상과 회사를 섬기고, 나아가 불운한 사람들의 인생을 바꾸어줄 씨앗을 심어라. 타인의 삶뿐만 아니라 결과적으로 자신의 삶도 훨씬 더 의미 있어질 것이다.

자원봉사를 통해 우리는 돕고 배우고 성장할 뿐만 아니라 벗어날 수 없는 공간인 이 세계와 하나로 연결된다. 새로운 시각을 얻으려면 의도적으로 낯선 환경에 들어가 내가 아닌 남의 눈으로 세상을 바라봐야 한다. 내가 머무는 세계가 전부는 아니다. 내가 당연하게 여기는 일상의 편리함이 누군가에게는 고생을 의미할 수도 있다.

그런 다음, 회사 전체가 지역사회 봉사에 참여하도록 설득한다. 직원들이 지역 단체에서 봉사할 수 있도록 얼마간의 휴가를 주는 것도 방법이다. 세일즈포스Salesforce, 딜로이트Deloitte, 시스코Cisco, 제넨테크Genentech, 프라이스워터하우스쿠퍼스PricewaterhouseCoopers, 아메리칸익스프레스American Express, 엣시Etsy, 오토데스크Autodesk와 같은 기업들은 해마다 최소 닷새의 봉사 휴가를 준다. 남들도 자신의 안전지대에서 벗어나 낯선 세계에서 봉사하도록 권한다. 연구 결과, 관대한 행동과 자선 활동이 건강과 웰빙을 증진시키는 것으로 밝혀졌다.

고독 속에서 평화를 찾아라

정신이라는 바다에는 끊임없이 파도가 밀려와 물보라를 일으킨다. 그러나 수면 아래로 깊이 들어갈수록 물결은 점점 잔잔해진다.

우리가 깊이 들어가려고 노력하지 않기 때문에 정신이 수면을 맴돌며 파도에 휩쓸리는 것이다. 우리 머릿속에는 언제나 잔잔한 부분이 있다. 바로 그곳에서 창의력, 명료함, 집중력, 성취감이 나온다. 그곳에 가닿기 위해 우리가 할 일은 단지 더 깊이 들어가는 것뿐이다.

멈추고 호흡하고 명상하기를 선택한다. 그리고 놀고 자연과 연결한다. 긴장을 풀고 평화를 얻을 수 있는 일이라면 무엇이든 실천한다. 혼자서도 행복한 장소를 찾는다. 커피 한 잔 또는 좋아하는 책 한 권을 들고 공원에서 시간을 보낸다. 조용히 앉아 있는다. 도심 또는 산으로 하이킹을 떠난다. 머릿속에 떠오르는 생각, 느낌, 감정, 아이디어를 아무것도 거르지 말고 일기장에 적는다. 몸을 움직인다. 예술 작품을 창조한다. 가장 좋아하는 음악을 듣는다. 샤워를 평소보다 조금 더 오래 한다. 평화로운 상태를 만들어주는 일이라면 무엇이든 좋다.

매일의 순간에 집중할 수 있도록 머릿속을 잠재우고 자기와 연결한다. 분주한 일상에 얽매이기 전에 아침 의식을 실천함으로써 연결을 우선시한다.

주변 사람들을 현명하게 선택하라

근묵자흑近墨者黑 근주자적近朱者赤이라는 말처럼, 누군가와 많은 시간을 함께 보내다 보면 그 사람을 닮아간다. 영감을 주는 사람들을 가까이하며 긍정적인 생각과 큰 아이디어를 품는다.

비판하지 말고 귀를 기울여라

상대방의 말을 비판하려 한다면 어떻게 그들과 연결될 수 있겠는가? 비판하지 않고 들어야만 우리의 관계, 가정, 회사에서 무슨 일이 일어나고 있는지 명확하게 알 수 있다. 현재에 머물며 적극적으로 듣는 연습을 한다. 비판하고 싶은 마음이 든다면, 업그레이드 방법을 활용해 그 자리에 호기심을 자리 잡게 한다.

단순히 대답하려고 듣는 것이 아니라 정말로 이해하려는 마음으로 듣는다. 의식적으로, 열린 마음으로 듣는다. 효율에 집착하는 우리는 대화를 나누면서도 상대방과 눈을 맞추는 대신 틈틈이 휴대전화를 내려다본다. 더 깊이 연결될 가능성을 차단하는 행위다.

"바쁘다"라고 말하지 마라

"잘 지내요? 어떻게 지냈어요?"라고 물으면 "아, 정말 바빴어요"라고 대답하는 사람이 대부분이다.

"바쁘다"라고 말하는 것은, 다가오는 상대방을 문전박대하는 일이며 그동안 만들어온 연결고리를 끊어내는 일이다. 자신의 언어 사전에서 "바쁘다"라는 말을 빼는 연습을 한다. 일주일 동안 도전해보자.

다음번에 누군가가 어떻게 지내느냐고 묻거든 정말로 어떻게 지내는지,

실제로 요즘 무슨 일을 하는지 얘기한다. 그러지 않는 것은, 상대방의 질문을 무시하는 일이며, 더 깊은 수준에서 소통할 기회를 놓치는 일이다.

마음을 연다. 타인과 진정으로 연결될 준비를 한다. 더 많이 공유한다. 자신의 약한 구석을 숨기지 않는다. 취약함은 소통의 다리가 된다. 약한 모습을 드러내면 직원 및 동료와 더욱 깊이 연결될 수 있다. "너무 바쁘다"라는 핑계로 이를 실천하지 않는다면, 원망과 오해를 살 수 있다. 그러나 정직하게 상황을 설명하고 (일의 우선순위를 재조정하는 방법 따위로) 다른 사람을 도울 방법을 모색한다면, 커뮤니케이션을 통해 관계를 더욱 돈독하게 만들 수 있다.

시간이 부족해서 다른 사람과 연결되지 못한다는 이들이 많다. "친구들을 만날 시간이 없어요"라거나 "가만히 앉아서 명상하거나 밖에 나가서 조깅할 시간이 없어요"라고 말한다. 이런 사람들은 깊이 단절되었다는 느낌을 받고, 하루하루 로봇처럼 움직인다.

나는 수많은 임원과 함께 일하면서 정상의 자리가 얼마나 외로운지 알게 되었다. 스티브 잡스도 마찬가지였다. 외로움을 느끼지 않는 사람은 없다. 바쁘다는 핑계로 자기, 타인, 세상, 우주와의 연결에 지장이 생기지 않도록 주의한다.

연결을 우선순위에 두면, 시간은 언제든 낼 수 있다. 소통과 연결은 시간을 빼앗아가지 않는다는 사실을 기억한다. 연결이 곧 삶이다. 연결은 우리에게 숨을 불어넣고, 의미와 기쁨을 준다.

일상의 신호를 인지하라

원하는 바를 정확히, 최대한 자세히 시각화한다. 그림을 그려서 비전 보드를 만들거나 아이디어와 비전을 글로 적는다. 뇌를 훈련하여 일상에 나타나는 신호를 놓치지 않도록 아침마다 자신의 비전을 들여다본다.

그날 있었던 모든 신호(또는 우연이라고 생각할 수 있는 일)를 샅샅이 찾아본다. 신호는 느닷없는 장소에서 전혀 예측하지 못한 방식으로 나타나므로 항상 준비되어 있어야 한다. 신호를 기다리고 있어야 한다. 카페에서 누군가의 대화를 엿듣다가 뭔가가 생각날 수도 있고, 이유 없이 뭔가를 해야겠다거나 하지 말아야겠다는 충동이 들 수도 있다.

어떻게 그리고 왜 그렇게 됐는지 모르더라도 설명할 수 없는 감정에 이끌려 올바른 방향으로 나아갈 수도 있다. 그건 위대한 힘이 저 멀리서 우리를 인도하는 것이다. 어떤 이름으로 부르든 간에, 위대한 힘의 존재를 인정하고, 마음을 열고, 눈과 귀를 열어 우주와 연결해야 한다.

마지막으로, 하루하루 발견한 의미 있는 신호를 샅샅이 찾아보고 흩어진 조각을 한데 모아본다.

3부

완성:
최고의 삶으로 이끄는 3가지 동력

• • •

• 3P •

PAIN(고통), 성장을 위한 가장 위대한 스승

PRANA(프라나), 온전히 몰입하게 해주는 에너지

PURPOSE(목적), 의미를 추구하게 하는 욕구

1부에서는 마음챙김이 어떻게 웰빙의 기초가 되는지를 탐구했다. 2부에서는 깨어 있는 선택을 해야 스트레스를 관리할 수 있고 회복탄력성을 구축하여 건강하고 연결된 삶을 살 수 있으며, 이를 실천하는 데 7A 전략이 도움이 된다고 했다. 3부에서는 목적의식에 기반한 성장을 더욱 깊이 있게 다루고, 고통Pain, 프라나Prana, 목적Purpose을 의미하는 3P를 소개한다. 우리가 최대한의 잠재력을 발휘하고 가장 멋진 모습을 향해 나아가는 데 3P가 강력한 동력이 될 것이다.

삶이라는 지도 위에는 우리가 고통을 경험한 흔적이 곳곳에 묻어 있다. 고통은 신체적일 수도 정서적일 수도 있고, 가정에서 얻었을 수도 사회에서 얻었을 수도 있다. 고통을 경험하는 것은 기업이나 조직도 마찬가지다. 고통은 누구나 겪는 보편적인 경험이지만, 괴로움은 선택이다. 자신의 고통을 다른 시각으로 바라보기로 선택한다면, 고통은 우리의 위대한 스승이자 성장을 촉진하는 기폭제 역할을 할 수 있다. 고통을 동인으로 바꾸어 이를 통해 삶을 (또는 비즈니스를) 더 나은 방향으로 변화시킬 수 있다.

우리는 성장의 고통을 겪으며 삶, 호흡, 막힘없는 프라나의 중요성을 깨닫는다. 필수 에너지인 프라나를 활용하면 성장의 고통을 이겨낼 수 있게 되고, 그보다 더 심각한 상황에서도 벗어날 수 있게 된다. 7A의 일부인, 깨어 있는 선택하기는 프라나를 막힘없이 흐르게 함으로써 치유를 촉진한다. 우리의 목적은 최고의 기량을 발휘하고, 프라나가 흐르는 상태에 도달하는 것이다.

프라나가 흘러 더 높은 목적과 일치하게 되면 우리 삶에 활기와 의미가 생긴다. 그러면 우리는 자신의 가장 멋진 모습을 경험하게 된다. 자신의 목적을 깨닫는다는 것은 직업, 커리어 이상의 것을 갖는다는 의미다. 우리 삶에 사명이 생기는 것이다.

간단히 말해, '깨어 있는 지도 제작자mindful map maker'가 되는 것이다. 지도, 즉 MAP은 마음챙김에 숙달하기master mindfulness, 7A 적용하기apply the Seven A's, 자기 웰빙의 CEO 되기promote your Self to the CEO of your well-being의 약자로, 우리가 원하는 삶을 살려면 전체론적 접근 방식을 추구해야 한다는 의미를 담고 있다. 현실에서 더 큰 그림을 보고 주도적으로 일관성 있게 행동함으로써 우리가 갈망하는 삶을 창조해나가야 한다는 의미를 담고 있다. 삶의 목적을 도표화하는 일은 지도를 그리는 일과 매우 유사하다. 우리가 원하는 미래로 나아갈 수 있도록 과거의 점을 연결하면서 자신의 이야기와 운명을 형성하는 서사를 만들어나가는 것이다. 깨어 있는 지도 제작자라면 당연히 목적 있는 삶을 설계하고 추구한다.

목적에 기반한 삶은 질문에서부터 시작된다. 우리가 중요하게 여기는 일은 무엇인가? 솔선수범하는 것인가? 경쟁력을 갖추는 것인가? 존경받는 것인가? 사랑하고 사랑받는 것인가? 행복해지는 것인가? 소속감을 갖는 것인가? 우주에 흔적을 남기는 것인가? 가족, 친구, 동료, 직원들을 위한 최고의 결정을 내리는 것인가?

목표를 향해 효율적으로 나아가려면 반드시 자기 웰빙의 CEO가 되어야 한다.

자기 웰빙의 CEO로 승진하기 위해서는 고통을 통해 교훈을 얻고, 더 높은 목적에 맞게 프라나를 최적화하고, 깨어 있는 지도 제작자가 되어야 한다. 책에서 나는 의도적으로 *승진*promote이라는 단어를 사용했다. 최고의 모습에 미처 도달하지 못한 채 현실에 안주하는 것은 더 올라갈 능력이 되는데도 중간 관리자에서 멈추는 것과 같다. 유능하고 성공적이고 신뢰할 수 있는 중간 관리자의 역할을 해내겠지만, 자신이 지닌 훨씬 더 큰 잠재력을 발휘하지 못하고 멈추어버리는 것이다. CEO는 스티브 잡스처럼 환상을 좇아야 한다. 미지의 목적지에 새로운 이름을 부여하는 이들은, 배의 선장으로서 갈 길을 인도하고 다른 사람들에게 영감을 주며, 배에 탄 모든 사람을 보호하면서 거센 폭풍우를 뚫고 항해한다. 이는 CEO든 관리자든 사원이든 부모든 배우자든 아들이든 딸이든 친구든, 말 그대로 모든 수준과 역할에 적용되는 진리다.

이 책에 소개한 여정을 따르면 자기 돌봄 또는 가족 및 친구와의 관계를 희생하지 않는, 건강하고 성공적인 삶을 사는 법을 배울 수 있다. 인생은 하나의 통합된 생태계다. 우리는 정말로 이 모든 것을 누릴 수 *있다*!

이제 다음 단계로 넘어가서 자기 자신에게 최종 승진의 기회를 안겨줄 준비가 되었는가?

10장

고통: 성장을 위한 최고의 스승

고통은 예고 없이 찾아와 우리 삶의 어느 한 부분을 마비시킨다. 정서적 고통, 육체적 고통, 업무 스트레스에 따른 고통 등 우리는 여러 가지 이유로 다양한 종류의 고통을 경험한다. 이때 우리 안에 비축해둔 회복탄력성이 고갈되면 고통이 만성 스트레스로 이어져 질병을 일으킬 수 있다. 예상치 못한 고통은 익숙한 상황에서도 우리를 혼란스럽게 하며 미지의 세계로 몰아넣는다.

한 고객이 내게 영국 어느 회사의 CEO라는 지인의 이야기를 들려줬다. 어느 날 그 지인의 회사가 쫄딱 망했다. 그리고 다음 날, CEO의 아내는 집에서 자살한 남편을 발견했다.

아무리 고통스러운 비극이라도 삶을 포기해서는 안 된다. 삶을 이어간다는 생각을 할 수 없을 만큼 극심한 고통을 겪고 있다면 반드시 멈추고 호흡하고, 그저 계속해서 호흡하기로 선택해야 한다. 그 순간에는 감당할 수 없을 것 같은 고통도 결국은 지나간다. 어려운 일이긴 하지만 그럴 때일수록 고통을 스승으로 바라봐야 한다. 성장의 기회로 바라보고 접근해야 한다. 때로는 이것이 우리가 할 수 있는 유일한 선택이며, 이 선택을 하느냐 하지 않느냐에 따라 인생이 달라진다.

고통은 우리의 세상, 내면의 나침반을 뒤엎어 우리를 어둠 속으로 밀어 넣는다. 그러나 역으로 오토파일럿 모드에서 벗어날 수 있도록 우리에게 충격을 주는 역할을 할 때도 있다.

모두가 학대, 배신, 유기, 슬픔, 수치, 거절, 외로움, 만성적이고 육체적인 아픔, 질병 등 가지각색의 정서적, 육체적 고통을 경험한다. 그러나 고통의 경험은 사람에 따라 제각기 다르다. 고통을 유발한 원인도 다를 것이다. 내게는 너무나도 슬펐던 일이 다른 사람에게는 그 정도로 슬프지 않을 수 있다. 고통의 경험을 평가하거나 판단하거나 비교하는 것이 불가능한 이유다. 정말 중요한 것, 이 장에서 중점적으로 다룰 것은 고통이 찾아올 때 이를 인정하는 방법, 고통에 대처하는 방법, 결과적으로 고통을 통해 성장하는 방법이다.

고통을 인정하기란 쉽지 않다. 우리는 평생 고통을 피하려고 애쓰며 살았기 때문에 고통이 닥쳤을 때 이를 부정하거나 과소평가하려고 한다. 사실, 고통이 느껴질 때 우리가 해야 할 일은 우리의 생각, 감정, 행동에 주의를 기울이는 것이다. 이 시기를 통해 우리는 고통을 더욱 잘 이해하여 고통을 유발하는 요인을 관리하고, 견디고, (가능한 경우) 문제를 해결하고, 다음번에는 더욱 능숙하게 대처하도록 대비할 수 있다. 나아가 7A를 실천하고, 회복탄력성을 비축하고,

우리의 웰빙을 적극적으로 의식함으로써 인생의 역경에 대비할 수 있다.

그러려면 고통의 진정한 모습을 인지해야 한다. 최악의 경우 고통은 우리 안으로 침범하며 우리 몸을 만성 스트레스와 질병에 취약하게 만들고 결국에는 마비시켜버린다. 최상의 경우 고통은 성장의 기폭제가 되고 위대한 스승이 된다. 고통이 우리의 성장을 촉진하고 회복탄력성을 높여줄 수 있다. 고통을 기회로 받아들인다면 우리는 더욱 강하게, 그리고 더욱 잘 견딜 수 있게 된다. 또한 힘든 상황에서도 신속하게 회복할 수 있게 된다. 고통은 우리의 자기를 한 단계 높은 수준으로 끌어올려주는 도구, 과거를 잊고 앞으로 나아가도록 이끌어주는 도구다.

넘어지지 않는 사람은 없다. 중요한 것은 휘청거릴 때 대응하는 방법과 다시 일어나겠다는 선택이다.

진단 전과 진단 후

스티브 잡스가 암으로 사망한 날, 나는 온몸이 마비되는 듯한 큰 충격을 받았다. 고통을 감당하기가 너무 힘들어서 평소라면 하지 않았을 행동을 했다. 마음속에 떠오르는 생각을 글로 끄집어내는 것이었다. 나는 한 번도 쓰지 않아, 여전히 깨끗한 일기장을 꺼내 스티브 잡스에 관해 글을 쓰기 시작했다. 그리고 고통을 표현하고 싶은 충동, 스티브가 내 삶에 미친 영향을 표현하고 싶은 충동이 결국 이 책을 탄생시켰다.

스티브 잡스가 세상을 떠난 2011년 10월 5일이 마치 어제처럼 생생하다. 그날 아침, 휴대전화 화면에 끔찍한 비보가 떴다. 당시 제약 영업에 종사하고 있었던 나는 샌프란시스코 시내에서 의사 대여섯 명과 점심을 먹기로 했었다. 진료실에 앉아 창밖을 바라보니 유니언 스퀘어에 있는 애플 스토어 주변에 사람들이 모여 있었다. 스케줄을 마치고 나도 그곳으로 가서 흐느끼고 있는 낯선 사람들 틈에 끼었다. 건물 정면에 사진, 인용문, 메시지를 붙이는 사람들도 있었고, 보도에 꽃다발을 놓는 이들도 있었다.

또 한 번 나답지 않은 행동이 나왔다. 나답지 않게 그날은 사람들 앞에서 감정을 숨기지 못했다. 스티브 잡스는 내게 아주 큰 영향을 미친, 내 인생 최고의 멘토였다. 그는 우리 시대 가장 영향력 있고 상징적인 몽상가이자 핵심 기술의 창시자였고, 리더였다.

스티브 잡스와 개인적인 친분이 없음에도 그를 잃은 슬픔에 눈물을 쏟는 수백 명의 사람들. 그 틈에 내가 있었다. 내게 주어졌던 기회, 스티브 잡스와 개인적으로 알고 지내며 그와 매일 교류했다는 사실이 감사했다. 스티브 잡스는 지금의 내 삶에 영감이 되어준 사람이다.

스티브 잡스와 함께 일하기 전까지 내게 가장 든든한 멘토이자 버팀목이 되어준 사람은 우리 부모님이었다. 부모님은 항상 나답게 살라며 흔들림 없이 굳건하게 응원해주었다. 언제나 딸을 자랑스러워 했고, 변함없이 믿어주었다. 내가 조언을 구할 때마다 대화의 마무리는 한결같았다. "우리는 널 믿는단다. 어떻게 하는 게 좋을지는 네가 가장 잘 알 거야." "그냥 너답게 살거라." 애플에 면접을 보러 가기 직전에 들었던 말도 이랬다. 부모님의 지지는 날 떠난 적이 없었다.

대학을 졸업하고 샌프란시스코에서 살고 있을 때 어머니가 그 끔찍한 질병을 진단받았다. 유방암 3기였다. 이제 어머니와 내가 역할을 바꿀 때였다. 어머니보다 아홉 살 연상이자 앞서 전립선암을 이겨냈던 아버지는 어머니에게 정서적 지원자가 되어주었다. 어머니가 병마와 싸우는 동안 나는 어머니의 주 간병인이자 버팀목이 되었다. 인생을 통틀어 가장 힘든 경험이었다. 어머니가 목숨을 걸고 싸우는 동안, 나는 부모님과 더 많은 시간을 함께할 수 있도록 삶을 통째로 바꾸었다.

어머니가 받았던 양측 유방 절제술은 예정보다 더 오래 걸려 일곱 시간 만에 끝났다. 거듭되는 지연에 대기 시간이라는 말이 무색해진 지 오래였다. 결과를 기다리며 복도를 왔다 갔다 하던 내 안에 불안이 가득 찼다. 마침내 수술이 끝나고 아버지와 오빠, 내게 면회가 허락되었다. 바스락거리는 재질의 흰 시트가 깔린 병원 침대에는 내가 아는 것과 전혀 다른 모습의 어머니가 누워 있었다. 눈은 감겨 있고, 창백한 얼굴은 잔뜩 부은 채로.

마치 죽은 사람 같았다. 침대에 누워 있는 사람은 전혀 우리 어머니 같지 않았다.

'엄마는 어디 있지? 우리 엄마가 아닌데. 엄마가 사라졌어. 우리 엄마는 도대체 어디에 있는 거야?' 감정에 북받쳐 눈시울이 뜨거워졌다. 나는 어머니가 눈을 뜨기 전에 서둘러 병실을 뛰쳐나갔다. 내가 슬퍼하는 모습을 어머니에게 보여주고 싶지 않아서였다. 마음을 가다듬고 어머니가 깨어날 무렵 병실로 돌아갔다. 사실, 정반대의 결과

가 나왔을 수도 있었다. 두 번 다시 어머니를 부르지 못할 수도 있었다. 부모님 두 분 다 암을 이겨낸 지금은 여전히 부모님이 내 인생에 함께하고 있다는 사실에 하루하루 감사할 뿐이다.

이상하게 들리겠지만, 어머니를 간호하며 겪었던 감정적 고통에도 감사하다. 그 고통의 시간 덕분에 우리 모녀의 관계가 더욱 깊어졌고, 유대가 더욱 강해졌다. 그동안 어머니가 늘 내 곁을 지켜주었던 것처럼 그때는 내가 어머니 곁을 지켰다. 몇 년 뒤, 어머니는 내 사촌과 이모에게도 똑같이 해주었다. 우리는 소중하게 아끼는 일에 고통을 느낀다. 고통이 훌륭한 스승이 될 수 있는 것도 이 때문이다. 이를 잊어서는 안 된다.

훗날 인도에 갔을 때 세 명의 스와미(힌두교 종교지도자)와 대화할 기회가 있었다. 나는 어머니가 암에 걸렸던 이야기를 하며 물었다.

"왜 착한 사람들에게 나쁜 일이 일어나는 걸까요?"

놀랍게도 세 명의 성자에게서 돌아온 대답은 거의 같았다.

"좋고 나쁨은 존재하지 않습니다. 그저 인간이 이름 붙인 개념일 뿐이지요."

지금 생각해보면, 그들은 우리가 그렇게 바라보기로 선택한다면 모든 경험이 배움의 기회라는 말을 하고 있었다. 아버지와 내가 어머니에게 했던 것처럼, 어머니가 내 사촌과 이모에게 했던 것처럼, 우리는 오늘 겪은 고통의 경험으로 내일 누군가에게 위로와 위안을 줄 수 있다.

고통스러운 경험을 걸림돌로 바라볼 수도 있지만, 이는 제한된 마인드의 시각이다. 아무리 고통스러운 경험이라도 훌륭한 스승이 되어 우리에게 성장 마인드를 심어주고 기적을 경험하게 해줄 수 있다. 긍정적 마인드가 스트레스를 활용할 힘을 주듯이 우리가 고통을 스승으로 받아들인다면 고통 또한 성장의 촉매가 될 수 있다.

우리는 평생 A에서 B로 가기 위해 애쓰며 산다. 그러나 우리가 타고 있는 비행기가 단순히 돌아가거나 지연되는 데서 끝나는 것이 아니라 추락할 때도 있다. 그러면 엄청난 고통이 발생하면서 우리 삶 전체와 정체성을 무너뜨린다.

생명을 위협하는 질병이 때로는 모든 것을 바꾸어놓기도 한다. 암에 걸리기 직전 또는 비행기가 추락하기 직전에 우리가 무엇을 하고 있었는지는 중요하지 않다. 인생에서 가장 중요한 프로젝트를 마무리하고 있었든 신제품을 출시하고 있었든 자본을 조달하고 있었든 간에 더는 중요하지 않다. 이 모든 일이 대수롭지 않아진다. 앞으로 중요한 일은 오로지 생존, 그리고 이 순간 이후 달라질 삶의 모습이다.

진료실에 들어갈 때까지만 해도 머릿속에는 조만간 열릴 이사회 걱정뿐이다. 그러나 잠시 뒤, 진료실에서 나올 때는 더 이상 주변 세상이 눈에 들어오지 않는다. *이제 내 인생은 어떻게 되는 걸까*라는 생각에 (우선순위, 관점, 사고 과정을 포함한) 모든 게 달라진다.

우리의 존재는 진단 전과 진단 후로 나뉜다. 진단을 받고 나면 한동안 절망과 무력감에 휩싸인다. 우리는 스트레스를 관리하고, 회복탄력성을 구축하고, 건강한 라이프스타일을 추구하고, 질병 예방에 힘쓰는 등 최선을 다해 통제 가능한 일을 통제한다. 그러나 결국 죽음이란 우리가 통제할 수 있는 것이 아니다. 그러므로 인생을 당연하게 여겨서는 안 된다. 우리는 반드시 목적과 열정을 가지고 최고의 삶을 살아야 한다.

암처럼 예상하지 못한 사건이 비즈니스에 불어닥치기도 한다. 그럴 때면 우리는 불확실성과 격변을 어떻게 이겨내고 살아남느냐 하는 문제에 맞서게 된다. 회사의 자본이 바닥나거나 현명치 못한 결정이 내려질 수 있다. 회사를 벼랑 끝으로 몰고 가는 세력이 있을 수도 있다. 스티브 잡스의 경우처럼 이사회가 등을 돌릴 수도 있다.

도대체 이런 상황을 어떻게 바꿀 수 있을까? 어떻게 하면 걸림돌을 기회로 바꿀 수 있을까?

멈추고 호흡하고 호기심을 품기로 선택한다. 그리고 자신에게 묻는다. 지금 내가 보지 못하는 이 상황의 긍정적인 면은 무엇인가? 긍정적인 면을 전혀 발견하지 못했다면(암담한 시기에 이는 자연스러운 일이다), 마음대로 추측해봐도 좋다. 아니면 이번에는 이렇게 묻는다. *내가 얻어야 할 교훈이 무엇일까? 모르겠다*라는 말은 사전에서 없앤다. 오히려 이러한 제약을 발판삼아 상황을 새롭게 바라보고, 예상치 못한 해결책을 생각해낼 수도 있다.

실패는 없다

애플의 CEO로 복귀하기 전, 스티브 잡스는 기업가가 겪을 수 있는 가장 큰 '실패'를 경험했다. 모두가 아는 것처럼, 세상을 완전히 바꿔놓은 회사를 자기 손으로 일궈냈던 그는 결국 그 회사에서 해고당했다.

그는 이를 '실패'로 규정하고 혁신을 그만둘 수도 있었다. 그러나 더는 애플의 CEO가 아니라고 해서 더는 자기 웰빙의 CEO가 아니라는 뜻은 아니었다. 그는 이 고통스러운 상황을 다른 회사를 시작할 기회로 바라보았다.

"그때는 몰랐지만, 애플에서 해고당했던 게 결국엔 내게 일어난 가장 좋은 일이었습니다."

그는 훗날 이렇게 회상했다.

"성공에 대한 중압감이 사라졌고, 다시 모든 것에 확신이 없는 초심자의 가벼움이 생겼습니다. 덕분에 인생에서 가장 창의적인 시기가 열렸습니다."

사업을 포함한 삶의 모든 영역에는 '실패'의 가능성이 항상 존재한다. 회사가 자본을 잃거나 끝내 성공하지 못할 수도 있다. 큰돈을 들여 개발한 시제품이 특허를 받지 못하거나 경쟁사를 이기지 못할 수도 있다. 내면의 비평가는 모든 사람의 귓전에서 부정적인 말을 쉴 새 없이 쏟아낸다.

- *결정을 올바르게 내리지 못했어.*
- *더 잘할 수 있었는데.*
- *내가 이 일을 망쳤어.*
- *나는 실패자야.*

나는 '실패'는 존재하지 않는다고 믿기로 선택했다. 다시 제자리로 돌아가 전진하는 데 필요한 피드백, 통찰, 지혜를 주는 경험만 있을 뿐이다.

스티브 잡스가 '실패'해서 해고당한 것은 아니었다. 그는 이사회 임원들의 피드백을 받았고, 그 피드백을 활용해 앞으로 나아갔다. 뼈아픈 경험이었지만, 그는 고통을 성장의 밑거름으로 이용했다. 고통은 그의 스승이 되었다.

우리가 내리는 결정 중에는 틀린 것도 있다. 안 좋은 선택을 할 수도 있고, 한 발 뒤처질 수도 있고, 우리를 함정에 빠뜨리려는 상황에 부딪힐 수도 있다. 중압감이 쌓이고, 불안이 팽배해지고, *실패했어? 실패했지?*라는 말이 귓전에 맴돌 때 우리는 어떻게 해야 할까? 고통받는 순간에는 터널 끝에 반짝이는 빛이 보이지 않는다.

우리도 스티브 잡스처럼 해야 한다. 고통을 성장의 도구로 바라보고, 이를 통해 배우고, 숨겨진 기회를 발견해야 한다. 다시 한번 말하건대 세상에 '실패'란 존재하지 않는다. 그저 초기의 실망이 있을 뿐이다. 실패를 성공의 *결여*로 인식할 것이 아니라 통찰과 성장을 *얻을* 기회로 바라보라. 즉 고통 + 반성 = 성장이다.

죽음, 신체적·정서적 상실

가까운 사람이 죽으면 한순간에 세상이 낯설어진다. 눈앞은 한없이 어두워지고 하늘이 무너져 내리며 가차 없는 고통만 가득해진다. 한 사람이 경험하게 되는 수많은 상실은 그때마다 저마다의 슬픔을 수반한다. 모든 사람의 슬픔은 개인적이고, 슬픔의 과정은 순서나 정해진 일정 없이 비선형적이다.

우리가 알다시피 상실의 가장 흔한 형태는 죽음이다. 사랑하는 사람을 잃는다는 것은 언제나 비극적이지만, 예상치 못한 죽음일 때는 훨씬 더 비극적이다. 상실은 인생의 가장 큰 스트레스가 될 수 있고, 삶의 모든 것을 바꿔버리기도 한다. 살다 보면 문자 그대로 '죽음에 의한 박탈'을 의미하는 사별을 경험하는 때가 온다. 세상을 떠난 사람이 나와 어떤 관계였느냐에 따라 슬픔도 다를 것이다. 배우자를 잃은 고통은 부모 또는 자녀를 잃은 고통과 또 다르다. 그때마다 각기 다른 희망과 기대가 산산조각나기 때문이다.

관계의 끝은 또 완전히 다른 유형의 상실이다. 관계의 끝은 개인의 삶과 직장 생활 어디서나 발생한다. 모두가 우정이나 연애의 끝을 경험해보았을 것이다. 직장에서는 가깝게 지냈던 동료가 사직하거나 해고당하는 일이 생길 수 있다. 그렇게 퇴사한 동료가 회사를 옮기면 그 관계는 끝나거나 아예 달라질 것이다. 이와 같은 관계의 상실 또는 변화가 생기면 마음이 힘들어진다. 한때 누군가와 나눴던 깊은 유대감 없이 앞으로 어떻게 살아가야 할지 고민에 빠지기도 한다.

어떻게 하면 그 고통을 다스리고 살아남을 수 있을까? 관계가 끝나도 온전할 방법이 있을까? 정답은 마음챙김이다. 반드시 고통을 온전히 느끼고 달랜 이후에 다음 단계로 넘어가야 한다. 연애를 끝낼 때나 분노를 느낄 때는 이 과정이 특히 더 중요하다. 분노는 새로운 관계를 만들어나갈 기회를 망칠 수도 있다. 고통을 그대로 바라보는 것은 그 자체로 치유가 되는 실용적인 방법이다.

상실을 겪고 고통스러울 때는 무엇보다 자신을 부드럽게 대해야 한다. 통제할 수 없는 사건이나 사람들, 괴로운 감정을 기반으로 자신을 평가해서는 안 된다. 고통을 느끼고 회복할 수 있도록 자기 자신에게 충분한 시간을 허락해야 한다. 정해진 시간표에 따라 치유되기를 기대하지 말고, 주저 없이 주변에 도움을 요청해야 한다.

고통이 언제 찾아올지, 그 고통에 어떤 반응을 보이게 될지 예측할 수 없다는 것을 나도 경험해봐서 잘 안다. 하지만 자신에게 상냥하기로 선택하고 깨어 있는 반응을 보이기로 선택한다면 어떤 고통이 찾아와도 회복하고 앞으로 나아갈 수 있다.

4년간의 연애를 끝내고 일곱 달이 지났을 때 (그리고 상실의 아픔을 여전히 이겨내지 못하고 있던 때) 한 '친구'로부터 이메일을 받았다. 이메일에는 그 친구와 내 전 남자친구에 관해 내가 그동안 모르고 있었던 내용이 담겨 있었고, 그 사실을 알게 된 나는 충격을 받아 온몸이 마비되는 것 같았다. 그 두 사람은 그동안 나를 포함한 모든 지인을 속여가며 끔찍한 행동을 하고 있었다. 한때 내게 백마 탄 왕자님이었던 전 남자친구는 알고 보니 악당이었고, 내 (전) 친구는 그의 공범이었다. 이메일의 내용은 로맨틱했던 내 러브스토리를 산산이 무너뜨렸다. 산산조각난 내 마음은 분노로 가득 찼다. 섬뜩했다. 그러다 결국 그간 살아왔던 내 인생의 모든 일에 의문을 품는 지경에 이르렀다. 뼛속까지 부서지는 것 같았다.

이메일을 읽고 처음에는 나 자신을 비난했다. 두 사람의 정교한 거짓말과 속임수를 알아차리지 못했다는 사실에 화가 났고 환멸을 느꼈다. 배신감에 어쩔 줄을 몰랐다. 시간이 흐른다 해도 새로이 다가올 시간을 견딜 수 없을 것처럼 힘들었다. 정신이 고통을 처리하지 못하자 그 고통이 육체를 지배하기에 이르렀다. 얼굴이 점점 창백해졌고, 계속해서 속이 안 좋았다. 너무 메스꺼워서 음식을 먹지 못하자 몸무게가 순식간에 7킬로그램이 줄었다. 남들이 보기에도, 내가 느끼기에도 산송장이 된 것 같았다. 어느 순간부터는 도저히 움직일 수 없어 침대에 몸을 웅크리고 가만히 누워 있기만 했다. 고통과 공허함에 굴복한 나는 도무지 일어날 재간이 없었다. 내게는 아무런 의미도 목적도 없었다. 회복할 수 없을 정도로 갈가리 찢겨버린 느낌이었다.

이런 경우 우리가 할 수 있는 선택은 두 가지다. 하나는 자기 파괴적인 길이라는 사실을 알면서도 절망에 굴복하는 것이고, 다른 하나는 아무리 불편할지라도 지금 일어나고 있는 일에 직면해 온전히 집중하는 것이다. 멈추고, 호흡하고, 그저 계속해서 호흡하기로 선택하면 된다. 시간이 지나면, 우리가 생각하는 것보다 더 빠르게 희망과 결단, 자존감이 돌아올 것이다.

내가 잘못한 것은 없었다. 이 사람에게는 내 인생을 망칠 자격이 없었다. 공허함에 어쩔 줄 몰라 하면서도 나는 거기서 멈췄다. 그리고 호흡했다. 훌훌 털고 일어나기로 마음먹었다. 그러나 당장은 어떻게 앞으로 나아가야 할지, 이미 일어난 일을 어떻게 넘어가야 할지 도무지 알 수가 없어서 지금 내가 할 수 있는 일이 무엇인지 생각해보기로 했다.

우선 비난하지 않기로 했다. 친구들과 가족들에게 히스테리 부리듯 전화하지 않기로 했다. 이 상황을 처리하려면 혼자만의 시간이 필요하다고 생각했다. 내 방식대로 나 자신을 치유하기로 했다. 나는 매일 명상하고 요가하며 더 강해지기 위해 할 수 있는 모든 일을 실천했다. 그렇게 나는 6개월 동안 온전히 이 깊은 정서적 고통을 다뤘다. 친한 친구들과 가족들은 내게 무슨 일이 생겼다는 사실을 눈치챘지만 아직 나는 마음을 터놓을 준비가 되지 않은 상태였다.

너무도 힘들었던 이 시기에 내가 곧장 주변 사람들에게 다가간다면, 내 결정과 사고 과정, 나아가 이 일에 대처하고 완전히 치유할 능력에까지 영향을 받을 것 같았다.

시간을 들여 이 일에 대해 충분히 생각한 뒤, 나는 고통을 직면하기로 마음먹었다. 최대한 침착하고 냉정한 상태로 전 남자친구에게 연락했다. 명확하고 솔직한 대답을 듣고 싶었다. 그리고 상대방이 내 제안을 거절했을 때, 나는 이 관계를 끝내고 그를 내 인생에서 완전히 잘라내기로 선택했다. 이 고통을 내려놓기로, 더는 이 고통을 내 삶의 일부로 남겨두지 않기로 마음먹었다. 그제야 절친한 친구들과 가족들에게 사실을 털어놓고 내가 왜 반년 동안이나 은둔해 있었는지 설명할 수 있었다. 그렇게 시간이 흐르자 슬픔이 잦아들었고, 나는 더 멀리, 더 높이 나아갔다.

모든 사람이 다르듯 고통을 다루는 방법도 모두 다르다. 내 경우에는 혼자만의 시간을 보내며 고통과 슬픔을 처리하기로 선택했지만, 사실 타인의 도움을 구하는 것이 유용할 때가 많다. 무엇을 선택하든, 자신에게 시간을 주는 것이 중요하다. 스스로 그 고통을 느낄 시간을 허락하고, 그런 다음 고통을 받아들여야 한다.

고통을 통해 앞으로 나아가고 성장하려면, 돌아보고, 용서하고, 놓아주어야 한다.

성장을 낳는 트라우마

시간이 지나자 고통을 뒤집을 수 있게 되었다. 나는 그 고통을 활용해 (나 자신을 바꾸는 일로 시작하여) 내 삶을 바꾸고 상황을 개선하겠다고 다짐했다. 이 경험 이후 나는 홀리스틱 헬스 코칭을 공부하기 위해 학교로 돌아갔고, 얼마 뒤 요가의 발상지인 인도로 여행을 떠났다. 그 당시 경험했던 모든 고통과 눈물, 파괴적인 생각이 결과적으로는 내 발전에 힘을 실어주었다.

고통은 스승이 되어, 내게 자기 웰빙의 CEO가 되는 길을 열어주었다.

트라우마는 초반의 해로움보다 더 오래가는 이득을 낳기도 한다. 트라우마적 상황에서 살아남은 사람들은 그 트라우마를 겪은 뒤 삶에 긍정적 변화가 생겼다고 말하는 경우가 많다. *외상 후 성장*이라고 부르는 것인데, 이는 아주 다양한 형태를 띤다. 외상 후 성장에는 다음과 같은 특징이 있다.

- 삶에 대한 이해 및 인식 향상
- 타인과 더 의미 있는 연결을 해야 할 필요성을 깨달음
- 더 깊은 자아감
- (각자에게 어떤 의미에서든) 더 강한 영성

외상 후 성장은 우리를 더욱 강하고 현명하게 만들어주며 정서 지능을 높여준다. (자신과 타인의 감정을 읽고 관리하는 능력을 뜻하는) 정서 지능은 우리가 반드시 소유하고 가꿔야 할 필수적 특성이다. 여기에

는 타인과의 관계 및 신뢰를 증진하기 위해 사회적 기술을 활용하는 것도 포함된다. 정서 지능이 높은 리더는 동료 및 팀원을 이해하기 위해 노력하고, 그들과 소통하고 연결되기 위해 노력한다. 심리학자들은 트라우마가 된 사건이 공감과 이타심을 증가시키기도 한다는 사실을 발견했다. 고통을 잘 활용한다면 궁극적으로 더 나은 삶을 살고 더 나은 비즈니스를 만들 수 있다는 것이다.

고통을 통해 성장하면 정신과 마음이 더욱 강해진다. 나는 감정적으로 고통스러웠던 과거의 어떤 경험도 전혀 후회하지 않는다. 그러한 경험이 모여 나를 목적과 열정을 좇아 살게 하는 디딤돌이 되었고, 내 평생의 사랑인 남편을 만나게 하는 디딤돌이 되었다. 그런 경험까지도 내 여정의 소중한 일부다.

해야 할 일, 성취해야 할 목표가 너무도 많은 직장에서 개인적인 고통까지 처리하는 사치를 누릴 수 없다고 생각할지 모르지만, 사실 이는 꼭 필요한 일이다. 고통이라는 감정이 수면으로 다시 떠오르기 전까지 우리는 그저 무시하거나 피하고 있을 뿐이다. 일례로, 내 고객인 제이크를 다시 생각해보자. 제이크도 이혼으로 겪는 고통을 처음에는 그저 참아보려고 했으나 결국 팀원과의 관계 및 일의 효율성에 해를 입었다. 이후 고통을 직접적으로, 그리고 의도적으로 다루기 시작하자 직장에서의 인간관계가 개선되었다.

고통의 원인이 무엇이든, 고통은 삶의 다른 영역으로 스며들어 다른 사람과의 관계나 직무에 영향을 준다. 가정에서 받는 고통이 업무 효율에 영향을 미칠 수 있고, 조직 내의 불화가 가정으로 번질 수 있고, 회사의 어느 한 부서에서 발생한 차질이 다른 부서에 부담과 갈

등을 일으킬 수 있다. 어느 경우든 가능하다. 삶의 어느 영역도 완벽하게 독립적일 수는 없다.

비즈니스에서 '학습 조직' 마인드를 채택하고(4장 참고) 개인과 팀 내에서 회복탄력성을 강화하는 것이 중요한 까닭이다. 이 둘은 서로 밀접하게 연결되어 있다. 학습 마인드를 갖춘 탄력적 조직은 고통스러운 좌절이나 내부 갈등을 배움의 기회로 여기고, 비판하는 태도 대신 호기심 어린 태도로 해결한다. 이런 조직은 조직 임파워먼트empowerment(조직의 구성원에게 그들이 조직 내에서 중요한 일을 할 수 있는 권한과 능력을 갖추고 있다는 확신을 심어주는 것-옮긴이), 목적, 신뢰, 책임 원칙을 기반으로 구축한 강한 문화를 지니고 있다.

마음챙김은 결과적으로 조직의 학습·적응·회복 능력을 향상시킨다. 강력한 마음챙김 요소를 갖춘 웰니스 프로그램이 있으면 직원과 팀원들이 잠재적 위기에 맞닥뜨려도 한 걸음 물러나 어떤 선택권이 있는지 평가하고 과정을 조정할 수 있다. 나아가 이러한 도구가 있으면 (7장에서 살펴본 바와 같이) 스트레스 요인에 적응하는 능력 또한 상승한다. 올바른 마음챙김 및 커뮤니케이션 도구를 갖춘 조직은 외상 후 성장을 경험할 수 있다.

그러나 이러한 도구가 없으면 개인과 기업은 희생자 의식에 빠지기 쉽다. 그 편이 고통과 그에 따르는 어려움을 진솔하게 마주하는 것보다 더 쉬운 길이기 때문이다. 우리는 타인이나 우리 자신을 비난한 다음에야 모든 일이 어쩌다 이 지경이 되었는지 의문을 품는다. 어떤 상황에 처했을 때 이를 평가하고 교훈을 얻어야 고통스러운 감정을 해결할 수 있는데, 희생자 의식은 이를 회피하는 것이 목적이라서 역효과를 낳는 경우가 많다. 희생자 의식에 굴복하는 것으로 고통에 반응한다면 고통은 스승이 되지 않는다. 그저 무거운 짐이 되어 우리의 어깨를 짓누르고 회복탄력성을 약화시킬 뿐이다.

고통은 우리를 더 강하게 만들 수 있다. 외상 후 성장은 연민, 힘, 인내를 가르쳐준다. 자신이 더 깊은 구렁텅이로 가라앉도록 내버려두지 말고, 고통을 성장의 도구로 인식하여 다시 일어나야 한다.

그러기 위해서는 고통스러운 경험에 어떻게 반응할지 선택하는 것이 중요하다. 목회자 찰스 스윈돌Charles Swindoll이 말했듯, "인생은 우리에게 일어나는 일 10퍼센트와 이를 받아들이는 우리의 반응 90퍼센트로 이루어진다." 어떤 인생을 살고 싶은지 선택하는 것은 우리에게 달려 있다.

지금 당장 깨어 있는 마음으로

디스트레스와 고통으로 힘들 때, 심지어 세상이 무너지고 인생이 난장판이 된 것 같을 때도 멈추고 호흡하라. 그리고 감정에 저항하는 대신 깊이 들여다보기를 선택하라. 고통을 밀려왔다가 쓸려가는 파도로 바라본다. 의심, 두려움, 압박, 슬픔, 상실 등 어떤 고통을 경험하고 있든, 이러한 감정을 밀어내거나 부인하면 더 오래 지속될 것이다. 우리는 개인 또는 팀의 일원으로서 고통을 마주하고 고통을 통해 배우고 성장해야 한다.

어렵더라도 자신의 감정을 사랑하는 연습을 해야 한다. 어둠과 그림자가 있기에 우리 삶을 비춰주는 빛이 더욱 값진 것이다. 우리에게는 *느끼고, 받아들이고, 용서하고, 놓아주고, 앞으로 나아갈* 능력이 있다는 사실을 잊지 말고, 어둠에도 감사할 줄 알아야 한다.

앞날이 다 계획되어 있다고 생각할 수 있다. 어떤 사람이 되고 싶은지, 어떤 삶을 살고 싶은지 이미 다 안다고 생각할 수 있다. 이루고 싶은 목표를 이미 갖고 있을 수 있다. 심지어 향후 50년간의 계획을 모두 세워놓았을 수 있다. 그러나 이 모든 것이 눈 깜짝할 사이에 사라져버릴 수도 있다.

정서적 또는 육체적 고통, 끔찍한 질병, 사업 '실패' 등으로 인생의 지도가 갈기갈기 찢겨나가 어쩔 줄 모르고, 상처받고, 공허해질 수도 있다. 원인이 무엇이든 이러한 사건이 일어난다는 것은 우주가 우리의 바람과는 다른 계획을 세우고 있다는 증거다. 물론 이 사실을 받아들이는 일이 쉽지 않을 수 있다.

만약 의심스럽다면 뉴스를 틀어보라. 또 다른 총기 난사 사건, 테러, 비행기 사고, 전쟁, 팬데믹, 지진, 허리케인 등 비극적인 일이 어딘가에서 늘 일어나고 있다. 참사는 끝이 없다.

아침마다 우리는 무슨 일이 일어날지 모르는 상태로 일어난다. 혹시 지금이 우리에게 주어진 마지막 시간일지, 혹시 오늘이 사랑하는 사람에게 허락된 마지막 날일지 생각하지 않은 채 알람을 끄고 이를 닦는다. 그저 *출근 준비를 하고 아이들 등교시킬 시간이네*라고 생각하며 눈을 뜬다. 우리는 눈감을 때까지 평생 어딘가를 향해 달려간다.

인생은 한순간에 끝날 수 있기에 내일이나 은퇴 후가 아니라 지금 당장 깨어 있는 마음으로 최고의 인생을 사는 것이 중요하다.

스트레스를 피할 수 없는 것처럼 고통도 피할 수 없다. 최고의 삶을 산다는 것은 매일, 특히 꼼짝도 못 할 것 같아 보이는 순간에도 앞으로 나아갈 수 있도록 고통을 이용하기로 선택하는 것이다.

이 모든 것이 *우리*의 선택에 달려 있다.

고통이 자신을 파멸시키도록 내버려두겠는가? 아니면, 오프라 윈프리의 말처럼 "상처를 지혜로 바꾸어" 고통을 통해 더욱 강하고 현명해지는 길을 택하겠는가?

정신 건강을 지원하는 직장 문화를 조성하라

리더라면 직원들의 정신 건강을 위한 교육, 지원, 자원 등을 제공하는 프로그램을 마련한다. 또 정신 건강상의 문제를 겪고 있는 직원들을 더욱 잘 지원할 수 있도록 관리자를 위한 프로그램도 준비해야 한다.

모든 직원은 적절한 지원과 인정을 받고 싶어 한다. 꼭 힘든 시기만이 아니라 일상 업무에서도 직원들이 든든하다고 느끼게 하는 것이 리더의 의무다. 직원들의 노고와 성과를 인정하면, 직원들은 즐거운 마음으로 계속해서 잘하려고 노력할 것이다.

고객의 고충을 해결하라

일반적으로 사람들은 고통을 잊거나 즐거움을 추구하기 위해 돈을 쓴다. 문제가 고통스러울수록 이를 해결하기 위해 기꺼이 돈을 낼 것이다. 따라서 기업가, 비즈니스 리더, 직원들은 고객의 고충에 집중하여 그들의 고통을 완화하거나 치유할 수 있는 해결책을 마련해야 한다.

그렇다면 새로운 아이디어나 신제품, 솔루션 등이 정말로 고객의 고충을 해결할 수 있을지는 어떻게 알 수 있을까? 두 가지 질문에 답해보면 된다. 회사의 제품이 어떤 문제를 해결할 것인지 간결하게 설명할 수 있는가? 이 설명을 활용해 잠재 고객에게 제품 구매를 유도하고 구매자가 후회하지 않게 할 자신이 있는가?

두 질문에 모두 그렇다고 대답할 수 있다면, 축하한다! 그렇지 않다면, 계속 노력해야 한다. 고객의 고충을 명확하게 알지 못하고 실행 가능한 솔루션을 제공하지 못한다면 결국 비즈니스는 치명적인 결과를 맞이하게 된다.

피드백 샌드위치 모델을 실천하라

동료나 직원들에게 비평 혹은 건설적인 피드백을 제공할 때 샌드위치처럼 의견 사이사이에 칭찬을 넣으면 상대방이 느낄 고통을 최소화할 수 있다.

1. 먼저, 긍정적인 말로 상대방을 칭찬한다. "~하시는 게 참 좋네요" 또는 "~해주셔서 감사합니다."
2. 그런 다음, 염려되는 점을 언급한다. "~하시면 더 좋을 것 같습니다", "~면이 염려됩니다", "~면을 더 알고 싶습니다."
3. 긍정적인 말로 마무리한다. "전반적으로 ~노력을 해주셔서 정말 감사합니다."

이는 내가 배웠던 신경 언어 프로그래밍모델을 활용한 접근법이다. 긍정적인 피드백 사이에 우려 섞인 의견을 배치하면 듣는 사람에게 공격적인 느낌을 주지 않고 문제를 전달할 수 있다.

실천 단계

깨어 있는 방식으로 고통을 다뤄라

극심하게 고통받는 시기에는 더 나빠질 수 없을 만큼 최악의 상황에 갇혔다고, 평생 이런 끔찍한 기분으로 살게 될 것 같다고 생각한다. 이러한 절망감에서 벗어나려고 자살을 시도하는 사람들이 있을 정도다.

그러나 고통을 제대로 다루려면 먼저 고통을 깊이 느끼고, 경험을 깨어 있는 마음으로 돌아볼 시간이 필요하다. 일어난 일과 우리의 감정을 정확히 인지하고 받아들인 뒤, 자기 인식을 얻어야만 마침내 내려놓고 나아갈 수 있다.

고통을 통해 배우고 성장할 수 있어야만, 고통스러운 경험을 통해 더 좋은 사람, 더 강한 사람으로 거듭날 수 있어야만 우리는 비로소 후회 없이 과거를 돌아볼 수 있게 된다. 고통이 오늘날의 우리를 만들어주었기 때문이다.

고통은 상황과 사람에 따라 매번 다르다. 그러므로 고통을 이해하거나 고통에 반응하는 데 올바른 방법이란 존재하지 않는다. 고통을 다루는 일에도 단계가 있고 시간이 걸린다. 단순히 멈추고, 호흡하고, "그래, 이제 다 잊었어!"라고 말할 수 있는 문제가 아니다. 단계별로 나아가고, 때로는 고통이 다시 찾아오리란 사실을 유념하면서 질병으로 이어질 수 있는 만성 스트레스의 구렁텅이에 빠지지 않도록 노력해야 한다. 고통이라는 감정을 다뤄야 하는 것은 단순히 고통을 견뎌내기 위해서가 아니다. 성장과 행복을 추구하며 고통을 활용해 배움을 얻고 더 나은 사람이 되기 위해서다.

다음과 같은 방법으로 고통을 다뤄보자(필요에 따라 수정이 가능하다).

1. *일어난 일을 인정한다.* 갑자기 엄청난 혼란이 당신의 세상을 뒤흔들 때, 이를 인정한다. 이것이 첫 단계다. 우리는 충격을 받으면 불신과 부정으로 반응하는 경우가 많다. "이건 꿈일 거야" 또는 "나한테 이런 일이 생길 리 없어." *이러한 방어 기제가 즉각적인 충격을 완화할 수는 있지만, 방어적인 반응임을 인식하고 인정해야 다음 단계로 넘어갈 수 있다.*
2. *고통을 느끼고, 처리하고, 받아들인다.* 호흡하고, 마음에 귀 기울이고, 감정을 관찰한다(다음 쪽의 '감정의 셀프 체크인을 연습하라' 참고). 저항하면 지속되므로 감정을 밀어내거나 무시해서는 안 된다. 자신의 감정을 밀려왔다 쓸려가는 파도로 바라보고, *이 또한 지나갈 것*이라고 되뇐다. 자신의 감정을 판단하지 않는다. 좋고 나쁨을 떠나 있는 그대로 바라본다. 감정이 격화되지 않도록 노력하고, 감정에 따라 행동할 필요가 없음을 기억한다. 자신의 감정을 바라보고, 인정하고, 받아들이고 사랑하는 연습을 한다.
3. *자신의 고통을 되돌아보고 이를 통해 배운다.* 한 걸음 물러나 생각이나 감정은 나 자신이 아니라는 사실을 기억한다. 경험에서, 그리고 내가 보인 반응에서 의미와 교훈을 찾는다(즉 세상과의 연결에 집중한다). 호기심을 갖는다. 그리고 묻는다. *여기서 배워야 할 점은 무엇일까?* 잘 모르겠다면, 멈추고, 호흡하고, 다시 묻는다. *당장 눈에 보이지 않지만,*

이 상황에서 비교적 긍정적인 면이 무엇일까? 자신의 사전에서 '모르겠다'라는 문장을 지워버리고, 교훈을 발견할 때까지 계속 생각해본다. 이 작업은 시간이 걸리는 경우가 많으므로 꾸준히 '깨어 있기 위한 셀프 체크인'을 하며 묻는다. *내가 여기서 배우고 있는 것은 무엇인가? 오늘 나 자신을 위해 할 수 있는 일 한 가지는 무엇인가?*

4. *용서한다.* 다른 누군가를 용서함으로써 자신에게 자유라는 선물을 베푼다. 용서란 타인을 향해서든 자신을 향해서든 더 이상 나쁜 감정의 무게를 짊어지지 않기로 선택하는 일이다. 우리가 그동안 어려운 상황에서 얼마나 성장했는지, 또 용서하고 나면 마음이 얼마나 가벼워지고 자유로워질지를 생각한다면 용서가 더 쉬워진다.
5. *내려놓고 앞으로 나아간다.* 고통과 용서의 교훈을 배웠으니, 과거의 무거운 짐을 내려놓고 앞으로 나아간다. 돌아보지 않는다. 고통을 내려놓고, 새롭고 더 현명해진 자신에게 적응한다. 더 강한 사람, 깨우친 사람이 되었으니 그에 걸맞게 자신의 이야기를 고쳐 쓴다. 자신의 성장과 발전을 축하한다.

감정의 셀프 체크인을 연습하라

고통스러운 경험을 다루는 방법으로서 또는 별도의 인식을 위한 연습으로서 감정의 셀프 체크인을 연습한다. 자신에게 다음의 질문을 던지고, 자신의 감정을 더욱 잘 이해할 수 있도록 결과를 기록한다.

- 이 감정이 어디에서 생겨났는가?
- 내가 알아차리기 전까지 이 감정은 어디에 있었는가?

- 내가 더는 느끼지 못할 때 이 감정은 어디로 갔는가?
- 처리하지 않은 감정을 몸속에 쌓아둔 적이 있는가?
- 감정을 억누를 때 어떤 일이 생기는가?
- 내 감정을 판단할 때 어떤 기분이 드는가?
- 어떻게 해야 감정을 가라앉힐 수 있는가?
- 나 자신과 내 감정은 어떤 관계인가?
- 느껴지는 감정대로 행동한다면 어떻게 될까?
- 느껴지는 감정대로 행동하지 않는다면 어떻게 될까?

11장

프라나: 몰입의 에너지

번아웃의 길을 걷고 있는가, 활력이 넘치는 길을 걷고 있는가?

*막힘없이 흐르는 프라나*는 우리를 고통에서 꺼내어 목적지로 데려다주는 자동차와 같다. 목적지로 데려가는 동안 치유를 촉진하고, 고통을 달래며, 고통을 통해 성장할 수 있도록 힘을 실어준다. 나아가 우리가 고통을 딛고 일어나 발전하여 더 멀리 나아갈 수 있게 한다.

*프라나*는 호흡과 생명력을 뜻하는 산스크리트어다. 프라나는 생명 에너지의 보편적 원리이며, 우리의 삶과 웰빙을 규정한다. 우리를 살아 숨 쉬게 하고 번영하게 하는 본질인 것이다.

기업의 경우 직원의 몰입과 현금 흐름이 우리 몸의 프라나와 같다. 직원들, 그리고 직원들이 번영하고 생산하는 능력이 곧 회사의 프라나다. 직원이 없으면 회사가 존재할 수 없다. 프라나가 없으면 우리도 존재할 수 없다.

프라나가 막힘없이 흐를 때 일과 생활에 완전히 몰입할 수 있는 에너지가 생긴다. 두려움, 피로, 고통, 불확실성, 만성 스트레스 때문에 프라나가 차단되기도 한다. 막힘없이 흐르는 프라나를 경험하는 가장 쉬운 방법은 우리 안에 있다. 그런 프라나를 지닌 사람이라면 한눈에 알아볼 수 있다.

배배 꼬여서 물이 나오지 못하는 호스의 모양처럼 호흡이 어려울 정도로 몸을 구부려야 하는 요가 동작들이 있다. 호흡이 힘들거나 완전히 멈추면 프라나가 막힌다. 이는 긴장을 풀고 심호흡하라는 신호다. 의식적으로 호흡하면 숨이 온몸을 타고 돌면서 동작이 편안해지고 프라나가 원활하게 흐르게 된다. 이는 깨어 있는 상태로 호흡할 때 가능한 일이다.

살면서 마주하는 힘든 일은 우리 앞에 장애물을 던지며, 우리를 뒤튼다. 우리는 이 스트레스를 내면화하고, 그러면 프라나가 가로막히면서 우리의 생명력이 감소한다. 이 장에서는 장애물을 인식하고 없애는 방법, 호흡과 에너지를 다시 흐르게 하는 방법을 살펴볼 것이다.

프라나는 물과 같이 모든 생명체 안에 존재한다. 프라나를 맑은 강줄기를 따라 흐르는 깨끗한 물이라고 시각화해보자.

나무가 강물에 떨어지면, 물의 흐름이 부분적으로 차단된다.

댐이 건설되면, 물의 흐름이 거의 완전하게 막힌다.

눈이 녹거나 비가 내리면, 물의 흐름이 거세진다.

ACE 스트레스 관리법(5장 참고)과 밀접하게 관련이 있는 비유다.

쓰러진 나무는 급성 스트레스와 같다. 우리는 나무가 언제 쓰러질지 예측할 수 없고, 구체적인 결과에 대비할 수 없다. 그러나 이 일이 일어나는 즉시 인지한다면 우리는 상황을 바꾸거나 적응하거나 받아들일 수 있으며, 그에 따른 스트레스 요인에 적절히 대응할 수 있다.

댐으로 물의 흐름이 막힌 것은 만성 스트레스와 비교할 만하다. 만성 스트레스는 우리 안에 자유롭게 흐르는 프라나를 거의 완전히 차단하여, 댐에 갇힌 강물처럼 결국 썩어 유독하게 만든다. 실제로 댐은 생태계의 웰빙에 심각한 악영향을 끼치는데, 만성 스트레스라는 댐 또한 우리의 개인적인 웰빙에 똑같이 치명적이다.

유스트레스는 녹은 눈, 산의 샘물, 비와 같아서 맑은 물로 강을 불리고 (우리의 회복탄력성이 비축되어 있는) 지하 대수층을 적시며 바다로 막힘없이 흘러간다.

이 비유를 내면에 흐르는 에너지의 강을 채우는 방법인 7A에도 적용할 수 있다.

- 명료함, 순수함, 프라나의 흐름을 채택한다Adopt.
- 프라나라는 강의 흐름을 통제하려는 대신, 자연의 흐름에 맡기고 지켜볼 시간을 갖는다Allocate.
- 댐을 제거하거나 수문을 열거나 댐 주변에 새로운 수로를 건설함으로써 상황을 바꾼다Alter.
- 강물이 쓰러진 나무 주변으로 흐르도록 적응한다Adapt.
- 자연을 통제할 수 없다는 사실을 받아들이고Accept, 자연의 길을

가도록 허락한다.

- 건강한 생태계와 연결한다Attend.

프라나는 피로와 스트레스, 부정, 고통 속에 있는 불순물을 씻어낼 것이다.

어떻게 하면 이를 거스르려는 흐름과 싸우지 않고 현재의 흐름을 자연스럽게 바꿀 수 있을까?

에너지, 유스트레스, 황홀경

기는 전통 중국 의학에, 프라나는 힌두 문화에 뿌리를 두고 있다. 대부분의 고대 문화에는 이와 비슷한 용어가 있다. 일본의 기, 히브리의 루아흐ruach, 이슬람의 바라카baraka 등이다. 최근 들어 '기'라는 개념이 서양 의학의 관심을 끌고 있다. 요가처럼 물 흐르듯 부드러운 무술인 태극권의 건강상 이점을 연구하는 논문도 늘어나는 추세다. 하버드 의과대학과 브리검 여성병원은 정신·몸·움직임 연구소를 통해 태극권을 비롯한 비서방 국가의 통합 치료에 따르는 건강상의 이점을 공동으로 연구했다.

요가 및 요가의 호흡법인 프라나야마pranayama의 건강상 이점을 증명하는 연구도 점점 늘어나고 있다. 연구 결과, 요가나 호흡법을 규칙적으로 수련하면 삶의 질과 심혈관 건강이 향상되고, 스트레스와 불안이 감소하며, 회복을 돕는 수면이 촉진되고, 만성 통증과 염증이 억제되며, 유연성, 집중력, 균형 감각, 지구력이 강해진다.

이 같은 수련은 만성 스트레스와 급성 스트레스를 유스트레스의 유익한 에너지로 바꾸는 하나의 방법이다. 앞에서 말했듯, 급성 스트레스는 생산적으로 활용될 수 있으나, 지속 가능한 에너지는 아니다. 반면, 유스트레스는 지속적인 성과를 내는 에너지가 흐르는 집중 상태, 몰입 상태로 이어진다. 프라나와 목적이 어우러진다면 우리는 유스트레스를 에너지의 저장고로 활용할 수 있다.

몰입 상태를 묘사하는 말은 어디에나 있다. 리더, 혁신가, 운동선수, 음악가, 예술가, 외과 의사는 물론이고 일상에서 만나는 사람들도 하나같이 남들의 시간은 빠르게 흐르는데, 자신의 시간은 느려지는, 일종의 황홀경에 빠진 적이 있다고들 말한다. 나는 이를 무한한 가능성의 몰입을 촉발하는, 프라나가 흐르는 상태라고 부른다. 깊은 곳에서 끌어올린 이 에너지를 활용할 때 우리는 자연스럽게 최고의 능률을 발휘한다. 특히 더 높은 목적을 위해 일할 때 우리는 최고의 잠재력에 접근하게 된다.

집중, 몰입, 실현

몰입flow은 수십 년 동안 연구 주제가 되어왔다. 심리학자 미하이 칙센트미하이Mihaly Csikszentmihalyi는 1975년부터 몰입을 주제로 글을 쓰기 시작했고, 그의 저서《몰입의 경영》에서 몰입에 도움이 되는 기업 문화를 창조한 유명 CEO들을 소개한다.

인도에서 내가 침묵의 수도승과의 강렬한 만남을 통해 경험했던 것(1장 참고)도 바로 몰입이었다. 이 경험은 내 머리와 가슴 사이의 틈을 메워주며, 둘을 일직선상에 놓아주었다. 내게는 영적인 경험이었지만, 과학적으로 머릿속을 들여다보며 이를 관찰할 방법도 있다. 신경과학자들은 (집행 기능을 담당하는 부위이자 내면의 비평가인) 전전두엽 피질이 지나치게 우세할 때 우리의 창의적 몰입 상태가 막힌다는 것을 발견했다. 한마디로, 분석하다가 마비된다는 것이다.

그러나 (근육 기억을 담당하는) 소뇌도 같이 활동할 때는 우리의 창의적 잠재력이 분출된다. 다시 말해, 머리와 가슴, 그리고 심장과 두뇌를 통합시키면, 막혀 있던 프라나가 다시 흐르고, 프라나의 흐름이 더욱 일정해진다. 본질적으로, (내면의 비평가 잠재우기, 명료성 키우기, 휴식하기, 신체 활동 매일 하기, 적절한 놀이 및 회복 시간 갖기 등) 이 책에 나오는 모든 조언, 비즈니스 실천 전략, 실천 단계가 프라나의 흐름에 도움을 준다.

머릿속에 갇히지 않도록 조심해야 한다. 그러나 집중력은 꼭 필요하다. 정신이 흩어지고 산만해지면 프라나 몰입 상태에 들어갈 수 없다. 조지타운대학교의 칼 뉴포트Cal Newport 교수가 "딥 워크deep work"라고 부르는, 그 의미 있는 작업에 대해 꾸준히 관심을 가져야 한다. 일반적으로 효과가 없다고 밝혀진 멀티태스킹에서 벗어나 모노태스킹, 즉 한 가지 업무에만 집중해야 한다는 말이다.

요가가 깨어 있는 움직임이라면 모노태스킹은 깨어 있는 작업, 즉 그 순간에 완전히 집중하는 행위다. 집중과 몰입은 우리의 프라나를 막힘없이 흐르게 함으로써 우리에게 활기 넘치고 충만한 삶을 부여한다.

프라나의 역할

새로운 고객이 올 때면 나는 제일 먼저 이렇게 묻는다. "뭘 하고 싶으세요?" 그런 다음, 그들이 겪고 있는 어려움, 불만족, 제한된 믿음이 무엇인지 확인한다. 이렇게 하면 어떤 이유로 프라나가 가로막혔는지, 어떤 이유로 번아웃에 빠졌는지 정확히 파악할 수 있고, 이를 파악해야 고객들이 다시 몰입하도록 도울 수 있기 때문이다.

프라나가 막히면, 계속 바쁘지만 최고의 능력을 발휘하지는 못하게 된다. 침대에 누워 있긴 하지만 회복을 돕는 수면을 취하지는 못한다. 활기차게 일에 몰두하지 못하고 모든 것을 해내려다가 지칠 것이다.

매일매일 해야 할 일 목록을 하나씩 지워가고 있더라도 여전히 성취감을 느끼지 못하고 있을 것이다. 많은 일을 성취했음에도 하루 전체가 무의미하게 느껴질 것이다.

다크서클이 드리운 충혈된 눈에 지저분한 머리, 느슨하고 비뚤어진데다가 커피로 얼룩진 넥타이, 너절한 정장 차림의 한 남자가 커피 자판기 앞에 쭈그리고 있다고 상상해보자. 남자는 무기력하고 우울하다. 효율적으로 처리할 수 없는 온갖 일로 가득한 나날을 보내는 이 남자는 생명력, 즉 프라나의 고갈을 경험하고 있다. 이게 바로 프라나가 가로막힌 사람의 모습이다.

이제 이 남자에게 프라나가 흐르고 있다고 상상해보자. 남자는 행복하고, 잘 차려입었으며, 활기차고, 눈이 반짝거리며, 맵시 좋은 정장 차림에 발걸음도 가볍다. 프라나 몰입 상태로 일하는 이 남자에게는 모든 일이 물 흐르듯 순조롭다. 그는 진정으로 몰두한다. 이 남자의 프라나는 정점에 있다. 맑은 강줄기를 따라 흐르는 물처럼 그의 프라나는 아무런 방해를 받지 않고 거침없이 흐른다.

한 회사의 모든 직원이 막힘없는 프라나를 보여준다면 어떨까? 어느 회사에서든 성공에 가장 크게 기여하는 구성원은 직원들이다. 직원들이 곧 회사의 생명력이자 에너지다. 이들이 회사의 프라나다. 직원들이 매일 활기차게 출근해 일에 몰두한다면, 자유롭게 흐르는 프라나를 경험하고 있는 것이다.

프라나가 눈에 보이지 않는다고 생각할 수 있으나, 기업 내에 흐르는 프라나의 상태를 개선하고 최적화하면 프라나는 구체적이고 측정 가능한 모습으로 나타난다. 몇 가지 예를 들면, 직원의 몰입도가 향상되고, 성과가 개선되며, 결근율이 떨어지고, 보험료가 감소하며, 전반적으로 강력한 직장 문화가 형성되고, 비즈니스 성과가 향상된다.

조직 내 프라나의 흐름을 원활하게 만들기 위해서 나는 기업 고객들에게 '기업 웰니스 평가CWA, Corporate Wellness Assessment'를 실시하게 한다. 프라나나즈 기업 웰니스 평가는 기업과 직원들이 겪는 고충과 장애물을 파악하여 직원의 프라나, 마인드, 행동에 영향을 미치는 직장 내, 그리고 직장 주변의 물리적·사회적 환경을 직접 평가한다.

우리는 회사를 하나의 인격체로 바라보고 회사 전반의 웰빙을 전체론적으로 분석한다. 기업은 '웰니스 문화' 및 '직원 몰입' 점수를 받는다. 만약 이 점수가 낮으면, 우리는 점수를 높이기 위해 맞춤형 웰빙 솔루션을 설계하고 구현한다. 재미있는 그룹 과제, 게임, 체험 워크숍과 같은 활동을 통해 기업 문화의 핵심에 깨어 있는 웰니스를 심어줄 수 있다.

같은 방식으로 개인 고객에게도 맞춤 솔루션을 제공한다. 내 고객인 제시카의 경우(3장 참고) 〈포천〉지 선정 500대 기업의 임원이었는데 지나치게 많은 출장 일정 때문에 규칙적으로 운동하기 힘들었고, 자기 삶의 통제권을 쥐고 있다고 느끼지도 못했다. 에너지가 고갈되어 기진맥진한 상태가 일상이 되었을 때 나는 제시카가 루틴과 습관을 점진적으로 개선하도록 도왔다. 특히 자신의 에너지 수준에 집중하며 매일 '깨어 있기 위한 셀프 체크인'을 하라고 적극적으로 권했다. 제시카는 자신의 답변을 글로 기록함으로써 에너지 수준과 습관의 연관성을 눈으로 직접 확인할 수 있었고, 언제 에너지가 최고점에 있는지도 알 수 있게 되었다. 그렇게 나는 제시카가 막혀 있던 자신의 프라나를 흐르게 하고 최적화할 수 있도록 힘을 실어주었다.

제시카가 그랬던 것처럼 여러분도 행동과 인식이 결합하는, 에너지의 최고점을 찾아낼 수 있다(이 장의 '실천 단계' 참고). 가장 중요한 것은 A(현재 위치)에서 B(목적지)로 가는 길을 찾는 것이다. 프라나는 제한된 믿음, 두려움, 불안, 스트레스, 번아웃과 같은 방해물을 제거해야 흐를 수 있다. 저항이 가장 적은 경로를 찾아 자연스럽게 흐르도록 만들어야 한다.

막힘없이 흐르는 프라나

요가 수업 시간에 선생님이 호흡을 통제하는 수련인 프라나야마를 가르쳐줬을 때 처음으로 프라나를 알게 되었다. 나는 곧 프라나라는 개념에 사로잡혔다. 그리고 지금까지도 프라나는 내가 내 삶을 이해하고 통제하는 데 도움이 되고 있다.

호흡을 의식함으로써 우리는 프라나가 얼마나 잘 흐르고 있는지 관찰할 수 있고, 언제든지 호흡 수련을 통해 프라나를 차단하거나 흐르게 할 수 있다. 이 장의 실천 단계에 효과가 입증된 호흡 수련법 두 가지를 소개한다.

- 프라나는 호흡이다.
- 프라나는 에너지다.
- 프라나는 생명력이다.
- 프라나가 없으면 우리는 죽은 것과 다름없다.

살아 숨 쉬는 한, 우리 안에는 언제나 프라나가 흐른다. 우리가 인생을 어떻게 살기로 선택했느냐에 따라 프라나의 상태가 결정된다. 깨어 있고 건강한 선택을 하면 프라나는 막힘없이 흐른다. 오토파일럿 모드로 살면 프라나는 수축되고 일그러진다.

주도적으로 행동할 준비가 되면 변화는 따라온다. 그러려면 반드시 실천하여 변화를 만들겠다고 자신과 약속해야 한다. 다른 사람이 요청해서가 아니라 우리가 자신을 위해서 해야 할 일이다.

직장 상사 또는 배우자의 요청으로 나를 찾아오는 고객을 상대하기가 가장 까다롭다. 자기 실현 욕구나 필요가 없는 경우에는 변화를 만들어내기 무척 어렵기 때문이다. 어떤 이익을 얻을 수 있느냐의 문제는 전적으로 얼마만큼의 노력을 쏟느냐에 달려 있다. 실천할 준비가 되지 않았다면 계속 험난한 길을 걷게 된다. 반드시 깨어 있는 변화를 만들겠다는 의지가 마음에서 우러나와야 한다.

여느 선생님이나 코치와 마찬가지로 내게도 마술 지팡이를 휘둘러서 누군가를 목적지로 이동시킬 재간은 없다. 변화할 의지와 능력, 그리고 의욕이 있고 그럴 준비도 되어 있는 사람이어야 나도 마음챙김을 실천하도록 도와줄 수 있다.

프라나가 가로막히면 자신의 욕구를 채우고 진정한 자기가 되는 일에 방해를 받는다. 프라나를 막힘없이 흐르게 하고 가장 편안한 길을 걸으면 그 누구도 우리를 막을 수 없다!

그러면 우리는 리더든 부모든 애인이든 친구든 동료든 평생 맡게 되는 모든 역할에서 집중된 에너지를 발휘하며 최고의 자기를 드러낼 수 있게 된다.

프라나가 최상의 상태로 흐르면, 엄청난 활력이 느껴지고 긍정적인 변화가 겉으로 드러난다. 이는 평행한 삶을 사는 다른 사람들을 끌어당긴다. 막힘없이 흐르는 프라나는 우리 자신뿐만 아니라 주변 사람들에게도 더 높은 자각과 의식을 촉진한다.

시간 관리는 에너지 관리

많은 기업가가 마음챙김, 회복탄력성, 명료함, 전반적인 웰빙을 얻기 위해 나를 찾는다. 이들 중에는 과도하게 오랜 시간 일하고 자신의 웰빙을 우선시하지 않아, (피로, 몸살, 수면 장애, 소화 장애 등의 증상을 포함한) 부신피로와 같은 질병을 키워버린 경우가 꽤 있다.

마이클이라는 고객은 한 통의 모닝콜을 받은 후에 나를 찾아오기로 마음먹었다. 그는 수개월간 잠도 거의 못 자고 하루에 16시간씩 무리하게 일했다. 제대로 먹지도 자지도 못했고, 친구를 만나거나 가족과 함께 보내거나 체육관에 갈 시간도 없었다. 또 만성적인 요통과 잦은 두통에 시달리고 있었다. 어느 날 한계에 다다른 마이클은 투자자들과 회의를 하다가 중간에 의식을 잃고 병원에 실려 갔다. 부신피로 때문이었다. 마이클이 번아웃을 향해 달려가고 있다는 데에는 의심할 여지가 없었다. 그의 생명력인 프라나는 회복 시간 없이 과로하는 습관에 방해를 받았다. 나는 그가 우선순위를 다시 정하고, 마인드를 바꾸고, 더 나은 습관을 만들도록 도왔다. 결과적으로 삶의 모든 영역에서 마이클은 가파르게 성장했고, 자신을 자기 웰빙의 CEO로 승진시킬 수 있게 되었다.

에너지가 고갈된 상태로는 일에 몰두할 수 없다. 쉽게 산만해지고 결국엔 잘못된 선택을 하게 된다. 결과적으로 성과는 더 저조해진다. 우리가 예민하고 피곤해질수록 회사의 상황은 점점 더 힘들어진다. 아침에 눈을 뜨면 하루를 살아갈 에너지도, 어려운 결정을 내릴 에너지도 없다. 마이클은 '바빴'지만 효율적인 리더는 아니었다. 나를 찾아오기 전까지 그는 잘 사는 것being well보다 잘하는 것doing well을 우선시했으나, 결국 아무것도 얻지 못했다.

고객이 내게 스트레스를 관리할 수 있도록 효율적인 시간 관리법을 알려달라고 하거나 그냥 하루가 더 길었으면 좋겠다고 얘기할 때면, 나는 시간 관리는 시간이나 사람이 아니라 에너지를 관리하는 것에 더 가까운 일이라고 대답한다.

프라나와 마찬가지로 시간도 아주 유용하다. 우리는 목표를 달성하기 위해 에너지를 관리하고 최적화함으로써 우리에게 주어진 시간을 최적화할 수 있다. 하루 중 에너지가 가장 넘치는 시간은 언제인가? 자신의 에너지 수준이 시간대에 따라 어떻게 달라지는지 알면 시간을 보내는 방법을 최적화할 수 있다.

이를테면 나는 남편처럼 아침형 인간이 아니라서 하루를 시작하기까지 시간이 좀 걸리는 편이다. 그래서 가능하다면 오전에 회의 일정을 잡지 않고 점심때 운동 시간을 넣어, 활기차고 몰입한 상태로 출근하는 것을 좋아한다.

고객들은 우리가 너무나도 잘 알고 있는 기업가의 스트레스, 즉 자금 부족, 회사의 방향과 집중 분야의 상실, 급성장, 통제력 상실, 미지의 세계에 대한 두려움, 수면과 자기 관리의 부족, 지속적인 스트레스와 불확실성 같은 문제로 나를 찾는다. 그러면 나는 고객이 직장과 가정에서 원하지 않는 일을 멀리하고 원하는 일에 가까워질 수 있도록 그들을 도와 로드맵을 구상한다.

막혀 있던 프라나의 길이 트이면, 최고의 자기가 될 수 있는 에너지, 추진력, 창의력이 생긴다. 최고의 자기에 도달하면, 그들은 스트레스를 더욱 잘 인지하게 된다. 그러면 7A를 실천하고 건강한 라이프스타일을 추구하기 위해 더 나은 선택을 하게 되고, 결과적으로 점점 스트레스를 완화시킬 수 있게 된다.

누구든 진보적으로 생각하고 활기차게 깨어 있으려면, 프라나가 언제 막히는지 인식하고 걸림돌을 제거하여 생명력이 막힘없이 흐를 수 있게 해야 한다.

성공하는 리더를 위한 3C

효과적인 리더가 되어 영향력을 행사하려면 궁극의 부와 웰빙이 필요하다. 막힘없이 흐르는 프라나와 에너지 없이는 목표를 달성할 수 없다. 그뿐만 아니라 일과 삶에 대한 수요와 압박이 누적되어 큰 부담을 느낄 것이다. 결국 에너지가 고갈되고 통제력이 상실된다. 해결책은 에너지를 끌어올리기 위해 엄청난 양의 카페인을 들이붓는 것이 아니다. 우리에게 필요한 것은 에너지 드링크나 커피가 줄 수 없는 진정한 집중력이다.

CEO인 고객들을 만나면서 그들의 주된 공통점을 하나 발견했다. 그건 바로 눈에서 레이저를 쏘는 것처럼 집중하는 능력이다. 이미 극도의 집중력을 발휘하고 있는 고객들도 있지만, 그중에는 좀 더 집중하려고 애쓰는 고객들도 있다. 고도의 집중력은 엄청난 능력이며, 비즈니스를 성공적으로 이끌기 위한 필수적인 능력이지만, 지나친 집중은 건강과 웰빙에 해로울 수 있다.

쉬지 않고 오랜 시간 일해야 성공할 수 있다고 믿는 사람이 많다. 이들은 자기 관리를 희생하는 것이 오히려 역효과를 낳을 수 있다는 사실을 인식하지 못한다. 놀이 및 회복 시간을 희생하고 친구 및 가족들과의 연결을 소홀히 하면, 초반에 내가 그랬던 것처럼 악순환에 휘말리게 된다. 이들은 에너지에 대한 잘못된 인식과 편리성 때문에 가공식품으로 눈을 돌리고 시간을 조금 더 벌어보려고 운동을 거르지만, 자신의 웰빙을 내려놓을수록 집중력과 생산성은 떨어진다. 자신도 모르는 사이에 녹초가 되어 오히려 성공에서 멀어지는 것이다.

회의에 참석하기 위해 온종일 바쁘게 뛰어다니는 리더들이 있다.

그들은 엄청난 에너지와 활동량을 자랑하지만, 집중력이 없다. 집중하지 않고서 어떻게 회사의 비전을 실현하고 이를 넘어설 수 있겠는가? 이들이 하는 일은 사실 썩 효율적이거나 의미 있지 않다.

집중력이 결여된 지나친 에너지, 창의력과 명료함이 결여된 활동의 소용돌이에 휘말리지 않도록 조심해야 한다. 이는 결국 권태, 좌천, 또는 실직으로까지 이어질 수 있다.

우리가 추구하는 몰입은 강박이 아니라 깨어 있는 집중력을 심어준다. 육체적 건강과 웰빙을 돌보고, 놀이와 회복을 위해 적절한 시간을 할애하고, 우리 몸이 재부팅할 수 있도록 휴식 시간을 보장한다. 몰입은 우리 몸의 자연스러운 리듬과 함께 움직인다.

훌륭한 리더가 되려면 건강하고 깨어 있는 행동을 모델링해야 한다. 리더의 선택이 웰니스에 역행한다면 웰니스 문화는 회사에 뿌리내리지 못할 것이다. 반대로 프라나가 막힘없이 흐르도록 전념한다면, 그 노력은 자기 자신과 회사 모두에 엄청난 성과를 가져다줄 것이다. 파급효과가 큰 프라나는 다른 사람들에게까지 긍정적인 영향을 준다. 회사에 프라나가 흐르면, 직원의 몰입도와 비즈니스 성과도 향상될 수밖에 없다.

프라나의 흐름을 활성화하는 열쇠는 행동과 인식의 교차점에 있으며, 내가 3C라고 부르는 명료Clarity, 집중Concentration, 자신감Confidence이 있어야만 이를 결합할 수 있다(이 장의 비즈니스 실천 전략 참고).

생존을 넘어 성공으로

홀리스틱 헬스를 공부하기 위해 학교로 돌아갔을 때 전체론적 접근법이 단순히 하나의 힘만 갖는 것은 아니라는 사실이 분명해졌다. 전체론적 접근 방식은 전체 시스템을 다루기 때문에 효과가 있는 것이다. 사람들이 스트레스를 줄이고 싶다거나 잠을 못 잔다고 말할 때, 문제는 어느 한 곳에만 있는 것이 아니다. 문제를 알려면 기저를 이루는 전체 상황을 포괄적으로 살펴야 한다. 더 큰 그림을 보면, 이들의 문제는 커리어, 재정, 인간관계, 육체적 활동, 식습관, 자기 인식, 환경, 전반적인 라이프스타일과 웰빙까지 전체 삶과 연관되어 있다.

(기업에 맞춤형 하이터치 하이테크 웰니스 프로그램을 제공하는) 프라나나즈를 처음 시작할 때 나는 완전히 몰두해 있었고 신이 났다. 당시 내 안에는 오염되지 않은 프라나가 자유롭게 흐르고 있었다. 덕분에 오랜 시간 일하고도 나쁜 습관에 빠지지 않을 수 있었다. 그러자 놀랍게도 일이 전혀 힘들지 않았다. 그때도 지금도 나는 규칙적으로 프라나의 흐름을 활용할 수 있다.

내가 오랜 두려움을 자신감으로 바꾼 이후 친구들은 내 하루가 그들의 이틀보다 더 긴 것 같다며 놀라곤 했다. 곧 친구들은 내 안에 엄청난 에너지와 창의적인 아이디어가 넘쳐흐른다는 사실을 알아차렸다.

나는 더 이상 앞날을 걱정하며 밤잠을 설치지 않는다. 내 프라나는 이제 두려움과 불안의 방해를 받지 않는다. 내 노력은 이제 강물처럼 자연스럽게 흘러가는 것 같다. 나는 다른 무엇보다도 프라나를 가장 먼저 관리했다. 그 덕분에 안으로는 최고의 자기에 도달할 수 있었고, 밖으로는 최고의 리더가 될 수 있었다.

막힘없이 흐르는 프라나를 통해 얻은 에너지가 없었더라면, 이런 라이프스타일을 유지하다가 곧 지치거나 생산성의 덫에 빠지고 말았을 것이다. 그러면 내가 받은 유스트레스는 만성 스트레스가 되었을 것이고, 수면 부족과 나쁜 습관이 빠르게 쌓였을 것이다.

마음챙김과 프라나를 위해 시간을 내는 일은 시간을 빼앗는 것이 아니다. 오히려 시간을 버는 일이다. 강에 빠져 강물의 흐름을 부분적으로 막는 나무처럼, 일상의 스트레스와 걸림돌은 결국 프라나의 흐름을 가로막기 때문이다.

피곤하거나 짜증나는가? 프라나의 막힌 부분을 뚫어야 한다는 신호다. 자신에게 항상 물어야 한다. 무엇이 몰입을 방해하고 있는가? 과로나 (초콜릿과 커피에 의존하며 하루에 15시간씩 일하는) 자기 관리 부족이 원인일 가능성이 크다. 일에 아무리 대단한 열정을 쏟는다고 해도 우리는 한낱 인간일 뿐이다. 자기 웰빙을 돌보지 않고서는 최고의 성과를 유지할 수 없다. 이를 무시하면 결국 감당할 수 없는 대가가 따라온다. 그 대가는 번아웃, 최악의 경우 과로사다.

프라나를 자유롭게 흐르게 하여 가장 저항이 없는 편안한 길로 나아가라. 그러면 (프라나가 막혀 있더라도 가능한) 생존을 넘어서서 막힘없는 프라나가 필요한 번영의 길로 도약할 수 있다. 막힘없는 프라나는 몰입, 활력, 기쁨, 성공을 낳는다.

멈추고 호흡하고 선택하라.

몰입은 선택이다.

프라나의 흐름도 선택의 영역이다.

더 건강하고 깨어 있는 선택을 함으로써 더 몰입하고 활력 넘치는 삶을 살기로 선택한다. 그러면 *잘하는* 동시에 *잘 살 수* 있게 된다.

우리는 프라나를 활용하여 최고의 성과와 최대의 잠재력을 실현할 수 있다. 이제 누구도 우리를 막을 수 없을 것이다!

호흡한다. 다시 한번 의식적으로 호흡한다.

기분이 어떤가?

자, 이제 무엇을 하겠는가?

3C를 통해 프라나의 흐름을 활용하라

프라나의 흐름을 활성화하는 열쇠는 행동과 인식의 교차점에 있다. 3C를 통해 프라나의 흐름을 촉진하자.

1. *명료*Clarity: 성공을 위해 필요한 행동이 무엇인지 이해할 수 있도록 명료하고 뚜렷한 목표를 갖는다. 눈으로 볼 수 있도록 최고의 결과를 기록하고, 온종일 틈틈이 들여다본다. 명상하고, 매일 일곱 시간에서 아홉 시간 동안 잠을 잔다. 자주 논다. 깨끗하고 영양분이 풍부한 자연식품을 섭취한다.
2. *집중*Concentration: 의도한 행동에 완전히 집중하고 몰입한다. 미루지 않도록 타이머를 사용한다. 해야 할 일과 선호도에 따라 타이머를 25분에서 45분 사이로 설정한다. 타이머가 울리면 (원하는 경우) 2분에서 5분 정도 쉬고, 다시 타이머를 설정한다. 이를 적절히 반복한다. (우선순위를 지정하고 미리 일을 분배함으로써) 모든 방해 요소를 차단하고 현재에 집중한다. 집중.
3. *자신감*Confidence: 우리는 현재의 순간과 눈앞에 놓인 과제에 너무 몰두한 나머지 우리의 에고를 돌보는 일에 소홀하게 된다. 에고를 모든 억제로부터 자유롭게 하여 우리가 무엇이든 할 수 있다고 느끼게 한다.

내면의 비평가가 아니라 내면의 코치에게 귀 기울일 때, 그리고 모든 어려움을 성장의 기회로 바라볼 때, 기회의 마인드를 강화할 때 우리는 막을 수 없는 존재가 된다. 최고의 자기가 어떤 모습인지 시각화하여 글로 적는다. 그런 모습에 가까워지도록 작은 발걸음을 내딛는 동시에 이를 끊임없이 반복함으로써 머리와 마음속에 깊이 각인한다.

스티브 잡스처럼 집중하라

커리어와 관련하여 내년에 이루고 싶은 목표 열 가지를 적는다. 스티브 잡스라면 이렇게 말했을 것이다. "종이 한 장을 꺼낸 뒤 이렇게 생각하죠. '우리 회사가 내년에 단 한 가지 일을 할 수 있다면, 그게 무엇이어야 할까?' 말 그대로, 다른 모든 일을 접는 겁니다."

스티브 잡스는 임원 세미나에도 이 전략을 적용했다. 세미나 마지막 날에 팀원들을 모아놓고 화이트보드 옆에 서서 애플이 다음에 무엇을 해야 할지 제안을 받았다. 그리고 우수한 제안 열 가지를 추린 다음 여기서 최우수 제안 세 가지를 골랐다. 회사의 팀원들에게 이와 비슷한 접근 방식을 시도해보자.

1. 목표를 확실하게 정한다.
2. 전략을 추린다.
3. 에너지를 집중한다.

기업 웰니스 평가를 실시하라

조직 내에 영향력 있는 웰니스 문화를 구축하려면, 인사팀과 함께 기업 웰니스 평가를 수행할 기업 웰니스 컨설턴트를 고용한다. 이는 직원들의 현재 상태를 평가하고 그들의 요구 및 관심사를 알아낼 효과적인 첫 단계다.

기업 웰니스 평가 결과는 직원들의 구체적 요구 및 관심사와 회사의 비전 및 목표를 기반으로 맞춤화된 기업 웰니스 솔루션을 설계하고 구현하는 데 필요한 모든 정보를 제공할 것이다. 이를 활용하면 현재 상황에서 원하는 상황으로 웰니스 문화를 전환할 방법을 찾을 수 있다. 무엇보다 행복하고 건강한 직원들과 함께 강력한 직장 문화를 만드는 방법을 알 수 있다. 그리고 기업 웰니스 평가는 일의 진행 정도를 측정할 기준도 제공한다. 기업 웰니스 평가는 직원들의 참여와 웰빙을 증진하는 효과적인 웰빙 프로그램을 지닌 기업과 그렇지 못한 기업을 나누는 척도가 된다.

최상의 에너지 수준을 찾아라

에너지와 생산성, 성과를 최적화하려면 먼저 최상의 에너지 수준을 찾아야 한다. 어쩌면 이미 이 상태를 느꼈을 수도 있지만, 확실히 하기 위해 온종일 또는 며칠간 자신의 상태를 추적한다. 매일 틈틈이 잠시 멈추어 '깨어 있기 위한 셀프 체크인'을 실천한다(5장 참고). 자신에게 묻는다. *지금 기분이 어떤가? 피곤한가, 활기찬가, 축 처지는가? 왜 이런 기분이 드는 걸까? 음식 때문인가, 수면 주기 때문인가, 회의 때문인가, 대화 때문인가, 활동 수준 때문인가?* 0에서 10까지(10이 가장 높은 강도)의 척도로 에너지 수준을 평가한다. 이런 식으로 자신의 에너지 수준을 측정하는 습관을 기른다. 웨어러블 디바이스wearable devices를 활용하여 활동을 모니터링하고 추적하는 것도 좋은 방법이다. 날짜와 시간을 정해 대답을 기록하고 하루를 마무리하기 전에 이를 검토하며 패턴을 찾는다.

하루 중 에너지가 가장 넘치는 시간을 정확히 집어낸다. 결과로 보았을 때 나는 아침형 인간인가? 오후 3시가 되면 한계에 부딪히는가? 에너지가 가장 넘치고 생산적인 시간을 구체적으로 파악했다면, 그 시간에 가장 중요한 프로젝트 또는 가장 하기 싫은 업무를 처리한다. 미루지 않도록 끝내 버리는 것이다.

그저 시간 관리에 애쓰며 시간을 낭비할 것이 아니라 에너지 수준을 끌어울리고 이를 관리하는 방법을 익힌다. 눈에서 불이 나올 듯 집중하려면 열심히가 아니라 똑똑하게 일해야 한다.

우짜이 프라나야마를 배워보자

*프라나야마*는 '호흡 조절'을 뜻하는 산스크리트어다. 빠르든 느리든 얕든 일반적이든 호흡의 특징이 곧 프라나의 특징이다. 무섭거나 긴장하면 호흡이 얕아지거나 빨라질 것이다. 차분할 때는 호흡이 느리고 깊고 조화로울 것이다. 자기 호흡의 특징과 운율을 의식한다.

다양한 호흡법이 있지만, 여기서는 내가 규칙적으로 연습하는 호흡법 두 가지를 소개하겠다. 이 방법대로 호흡하면 즉시 효과를 얻을 것이다.

*우짜이*를 번역하면 '승리 호흡'이라는 의미이지만 일반적으로는 '바다 호흡'으로 불린다(기도가 좁아지면서 나는 소리가 마치 잔잔한 바다에서 나는 소리 같아서 붙은 별칭-옮긴이). 수천 년 동안 하타 요가 수련에서 쓰인 우짜이를 연습하면 몸과 마음의 긴장이 풀리고 활기가 돌 것이다. 요가 수련 중 우짜이에서 나는 소리는 우리의 호흡과 동작을 조화롭게 해주고 요가 수련을 더욱 리듬감 있고 역동적으로 만들어준다.

우짜이는 심장과 폐의 기능을 전반적으로 향상시켜준다. 이 호흡은 짜증과 불안의 감정을 내보내고 심신을 진정시켜준다. 단순한 수련으로 강력한 이점을 얻을 수 있는 것이다. 우짜이 호흡의 효과는 다음과 같다.

- 에너지 증대
- 프라나의 흐름 촉진
- 혈중 산소 농도 증가

- 체온 상승
- 긴장 완화
- 혈압 조절
- 심신의 해독
- 명상을 할 때처럼 존재감과 자기 인식 상승

다음과 같은 상황에서 우짜이 호흡법을 활용하라.

- 불안하거나 긴장했을 때: 우짜이 호흡은 불안과 스트레스를 가라앉히고 마음을 진정시키는 효과가 있다. 마음에 화나 걱정이 들어설 때마다 활용하라.
- 하타 요가를 수련할 때: 요가 수련 중에 우짜이 호흡에 집중하면 한 동작에서 다음 동작으로 넘어갈 때 집중력과 균형감각을 잃지 않도록 도움이 된다.
- 운동할 때: 달리기나 자전거 타기 같은 유산소 운동을 할 때도 우짜이 호흡이 유용하다. 실제로 훈련 루틴에 우짜이를 도입하여 호흡의 효율성을 향상시킨 올림픽 선수들도 있다.

우짜이 연습하기

1. 양발을 바닥에 내려놓고 똑바로 앉든 다리를 꼬고 앉든 편안한 자세를 취한다.
2. 처음에는 입을 벌리고 우짜이 호흡의 소리와 느낌을 경험해본 다음, 입을 다물고 연습한다.

3. 입을 벌리고 천천히 숨을 들이마시면서 아랫배에 숨을 채우기 시작한다. 들이마신 호흡을 갈비뼈 밑을 지나 위로 올라오게 하고, 마지막으로 가슴과 목구멍으로 가져온다.
4. 깊이, 천천히 숨을 내쉰다. 목구멍을 살짝 수축시킨다. 안경에 입김을 분다고 상상하면서 호흡으로 선명하게 "하아" 소리를 낸다.
5. 내쉬는 호흡이 편안해지면, 들이쉴 때도 마찬가지로 목구멍을 수축시킨다("하아"). 들이쉬고 내쉴 때 모두 목구멍을 통제할 수 있게 되면, 입을 다문 채 코를 사용해 같은 방식으로 호흡한다.
6. 입을 벌렸을 때처럼 계속해서 목구멍을 수축시킨다. 목구멍을 수축시키면 똑같이 "하아" 소리가 날 것이다(어떤 사람들은 우짜이 호흡을 〈스타워즈〉의 다스 베이더에 비유하기도 한다).

카팔라바티 프라나야마를 배워보자

카팔라바티Kapalabhati 호흡법은 "머리를 밝게 해주는 호흡"으로 알려진 고급 수련이다. *카팔라바티*는 '두뇌'를 의미하는 산스크리트어 단어인 *카팔라kapala*와 '빛'을 의미하는 산스크리트어 단어 *바티bhati*에서 유래되었다. 그러나 에너지와 따뜻함을 불어넣는다는 "불의 호흡"으로 더 널리 알려져 있다. 이 호흡법은 심신을 정화하고, 원기를 회복시키며, 활력을 불어넣는다. 이 호흡법을 수련할 때는 밝은 빛으로 가득 채워지는 두개골을 시각화한다. 카팔라바티라는 이름도 여기서 나왔다. 이 호흡을 수련할 때면 나는 불 뿜는 용이 되었다고 상상하곤 한다.

카팔라바티 호흡법은 머리와 몸속의 스트레스와 독소를 배출하는 데 도움이 된다. 카팔라바티 호흡법은 강력하게 내쉬고 부드럽게 들이쉬는 활동으로 이루어져 있다.

카팔라바티를 수련하는 사람들은 대개 이를 규칙적으로 연습한다. 이 호흡법이 활력을 주고 열기를 솟구치게 해주기 때문이다. 이뿐만 아니라 카팔라바티 호흡법은 다음과 같은 무수한 이점을 제공한다.

- 정신을 맑게 하고 기운을 북돋움
- 집중력 향상
- 폐를 비롯한 호흡계 정화
- 횡격막 및 복근 강화
- 독소 배출
- 혈액을 정화하여 세포에 산소 공급
- 체온 상승

다음과 같은 상황에서 카팔라바티 호흡법을 활용하라.

- 아침에: 상쾌한 모닝콜로서 또는 명상을 대신하여. 아침에 가장 먼저 수련하여 에너지를 느껴본다.
- 추울 때: 불의 호흡이라고 불리는 카팔라바티는 신체 내부에서 열을 발생시키므로 아무리 추운 날에도 몇 번만 반복하면 금세 몸이 따뜻해진다.
- 오후에: 오후에 힘이 빠진다면, 카팔라바티 호흡을 몇 차례 반복하여 심신에 에너지를 불어넣는다. 남은 하루를 힘차게 보낼 수 있을 것이다.

즉 언제든 좋다. 단 한 번의 깨어 있는 호흡으로도 막힌 길을 뚫어 생명력과 활력이 흐르게 할 수 있다. 카팔라바티 호흡을 연습할 때 들숨은 부드럽고 섬세해야 하고, 날숨은 강하고 힘차야 한다는 사실을 기억하라. 느긋하게 시작하여, 차차 호흡의 속도를 높여라. 호흡이 편안하다면 연습 시간도 늘려간다. 아래 사항을 참고하여 연습한다.

1. 양발을 바닥에 내려놓고 똑바로 앉든 다리를 꼬고 앉든 편안한 자세를 취한다. 양손을 아랫배에 얹는다.
2. 맑은 숨을 코로 깊이 들이마시고, 입으로 내쉰다.
3. 코로 깊이 들이마신 숨을 배에 가득 채운다.
4. 빠르고 힘차게 배꼽을 척추 쪽으로 당기면서 폐에 찬 숨을 모두 내보낸다. 이때 횡격막을 움직여야 한다.
5. 배에 힘을 풀고 자연스럽게 다음 호흡을 진행한다. 그런 다음, 다시 강하게 숨을 내쉰다.
6. 처음에는 15초에서 30초 동안 연습한다(너무 어지럽다면 시간을 줄여도 좋다). 점진적으로 시간을 늘려간다.
7. 연습을 마무리할 때는 다시 평상시의 호흡으로 돌아온다.
8. 1분에서 2분간 눈을 감고 조용히 앉아서 평소대로 호흡하며 몸의 감각을 관찰한다.

카팔라바티 호흡을 수련할 때 주의할 점

임신 중이거나 생리 중이라면, 고혈압, 위염, 복통, 심장 질환, 뇌전증을 앓거나 뇌졸중 이력이 있다면 카팔라바티를 수련해서는 안 된다. 대신, 길고 깊게 숨 쉬는 호흡법을 연습하라.

카팔라바티 호흡법을 연습하는 도중에 어지럽거나 불안하다면, 속도를 늦추거나 완전히 멈추고 평소의 규칙적인 호흡으로 돌아간다. 현기증이 있다면 이 호흡법을 연습할 때 특히 더 주의한다.

12장

목적: 삶의 의미와 가치

자신이 어떤 사람인지 알고 있는가? 앞으로도 지금처럼 살고 싶은가? 훗날 어떤 사람으로 기억되고 싶은가?

살다 보면 언젠가 이러한 질문에 대답해야 할 순간이 찾아온다. 그동안 얼마만큼의 성취를 이루었든 멈추고, 호흡하고, 지금 무슨 일을 하고 있는지 평가 또는 재평가하기로 선택하라.

내 목적은 무엇인가? 목적이 바뀐 적이 있는가?

나는 어떤 사람인가? 자기 감각이 변한 적이 있는가?

내가 원하는 영향력을 발휘하고 있는가? 세상을 더 좋은 곳으로 만드는 데 이바지하고 있는가?

머리와 가슴이 한데 모인다면 어떤 모습일까?

자신을 자기 웰빙의 CEO로 승진시키기 위해서는 반드시 3P가 필요하다. 고통을 스승으로 삼고, 프라나를 막힘없이 흐르게 하고, 삶의 목적을 확인해야 한다. 열정이 엔진에 시동을 걸고 목적이 기어를 바꾸어 우리라는 자동차를 전진시킨다. 다시 말해, 최고의 자기를 향해 빠르게 달려가려면, 열정이라는 엔진과 의미라는 드라이브 기어가 필요하다.

의미 있는 삶: 매슬로의 욕구 단계

인간의 욕구는 눈에 보이는 것에서부터 보이지 않는 것에 이르기까지 다양하다. 이러한 욕구를 바라보는 한 가지 방법으로, 에이브러햄 매슬로Abraham H. Maslow의 욕구 단계 이론을 들 수 있다. 가장 아래 위치한 생리적 욕구는 음식, 물, 집을 포함한 생존을 위한 가장 기본적인 욕구를 의미한다. 우리가 가장 먼저 채우려는 욕구다. 생리적 욕구가 충족되면 다음은 안전과 일자리, 건강에 대한 욕구를 채우려 한다. 그런 다음에야 우리는 사회적 욕구, 애정과 소속의 욕구를 해결하려고 한다. 이후에는 가장 복잡한 욕구인 존경과 자아실현의 욕구가 뒤따른다. 최상위의 두 가지 욕구는 생존에 굳이 필요해 보이지 않으므로, 간과하기 쉬우나, 번창과 혁신에는 필수적이다.

모든 사람이 피라미드의 아랫부분에 해당하는, 가장 기본적이고 근본적인 욕구인 생리적 욕구를 실현하기 위해 애쓴다. 생리적 욕구는 집과 음식으로 충족되는 욕구로, 생존에 매우 중요하다. 그러나 진정으로 최고의 삶을 살고 싶다면 피라미드의 꼭대기에 도달하여 자신의 목표를 찾기 위해 노력해야 한다. 우리는 반드시 목적과 열

매슬로의 욕구 5단계

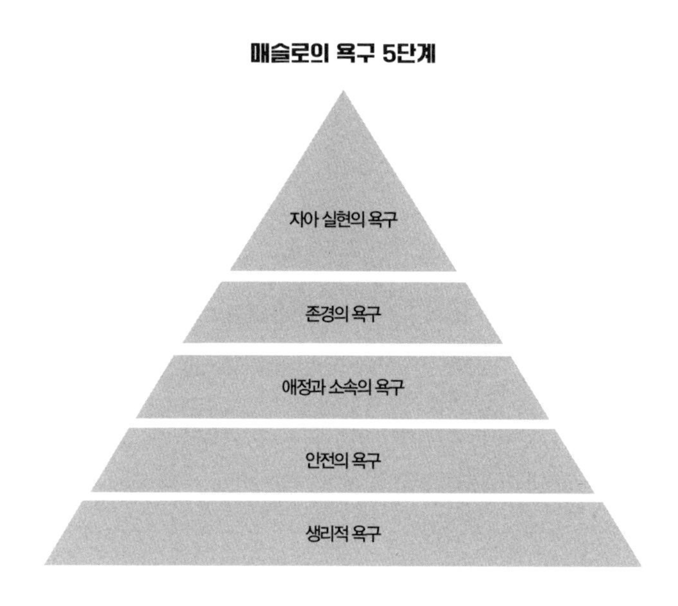

정, 의미 있는 삶을 살아갈 방법을 찾아야 한다.

이는 개인뿐만 아니라 회사에도 똑같이 적용된다. 지금 회사의 문화는 어떤가? 직원들의 근무 의욕은 어떤가? 직원들은 어떤 포부를 안고 있는가?

직원들이 매슬로의 피라미드 맨 아래에 있는 기본적인 생존 욕구만을 실현하려고 애쓰고 있는가? 직원들이 소속감이나 자존감, 자아 실현과 같은 수준 높은 욕구를 느끼지 못하고, 오토파일럿 모드에 빠진 채 그저 먹고살기 위해 월급날만 바라보며 일하는가?

아니면, 직원들이 더 수준 높은 성취를 이루려고 노력하는가? 뚜렷한 목적을 가지고 몰입해서 일하는가? 자신이 회사에 기여하고 있다는 확신을 품고, 다른 직원들의 도움과 지원을 받으며, 자신의 목표를 달성하고 있는가? 이런 모습의 회사라면, 모두의 프라나가 막힘없이 흐르고 있을 것이다. 모든 직원이 저마다 좋아하는 일에 최선을 다하기 위해 에너지와 의도를 발산하며 최고의 역량을 발휘하고 있을 것이다.

직원의 개인적 목표와 커리어상의 목표가 조직의 목표와 일치하면, 회사의 목적 문화culture of purpose가 강해진다. 그러면 사람들은 그저 일터에 나간다는 마인드가 아니라 목적의식을 갖고 출근하게 된다. 목적 있는 기업의 높은 에너지 수준은 높은 직원 참여율과 혁신 분야의 높은 투자 비율로 분명하게 드러난다.

목적, 의도, 영감

목적은 개인의 신념 및 가치와 관련이 있을 뿐만 아니라 다양한 의미를 지니고 있다. 더 의미 있고 의식 있는 삶을 살려면, 목적이 개인의 에고나 두려움에 기반한 것이 아니며, 다른 사람이 정해줄 수 있는 것도 아니라는 사실을 반드시 이해해야 한다. 누군가에게는 신으로부터 받는 고귀한 가르침 또는 영적 소명이 목적일 수도 있다.

종교적 의미를 넘어, 나는 목적을 자기 실현의 방식으로서 선하게 행동하는, 아주 인간적인 것으로 생각한다. 목적은 우리를 충족시키고 다른 사람을 돕게 한다. 물질계를 항해하는 우리에게 버팀목이 되고 동기를 부여하는, 기쁨과 치유의 원천이다. 목적은 우리가 이 세상에서 이루고 싶은 것, 즉 우리 삶의 사명이다.

목적은 부족한 점을 붙잡고 씨름하는 대신 우리에게 주어진 모든 것을 활용하겠다는 선택이다. 가장 수월한 길을 걸어라. 자신에게 기쁨을, 타인에게 가치를 가져다주는 장점에 집중하라.

어쩌면 기회를 만드는 능력 또는 강력한 기술을 활용하여 충족되지 않은 욕구를 만족시키는 데에서 목적과 행복을 얻을 수도 있다. 그렇다면 이것이 바로 목적이다. 의미 있는 삶을 살기 위해서 우리가 암을 치료해야 할 필요는 없다. 남들이 보기에 크든 작든 관계없이 목적을 갖는다는 것은 모두가 열망하는 일이다.

목적에는 두 가지 유형이 있다. 거시적 차원에서는 우리의 존재 이유인 삶의 목적이 있다. 미시적 차원에서는 일상적으로 우리가 특정한 의도나 야망을 품고 행동하게 하는 목적이 있다. 우리가 하는 모든 일에 목적을 불어넣을 수 있다. 심지어 청소처럼 평범해 보이는 집안일에도. 깨끗한 집은 매력적이고 건강한 주거 환경을 조성한다. 깨끗한 사무실은 매력적이고 건강한 환경이 되어줄 뿐만 아니라 능률을 올려주기까지 한다. 깨끗한 병원은 생명을 구한다.

신념과 열정을 공유하고, 의미 있는 삶을 살고, 영향력 있는 사업을 운영하고 싶다고 해서 반드시 스티브 잡스처럼 상징적인 리더가 될 필요는 없다. 나 자신과 다른 사람들을 행복하게 만드는 방식으로 이 세상에 기여하고 있다면, 당신은 올바른 길을 걷고 있는 것이다.

스탠퍼드대학교의 연구에 따르면, 자기 삶에서 의미를 느끼는 사람들이 가장 만족스럽게 세상을 살아가며, 이들이 생각하는 삶의 의미는 고귀한 목적을 위해 노력하는 삶, 베푸는 삶과 밀접하게 연관되어 있다. 조사 결과, 자기 일에서 의미를 찾는 직원들이 직업 만족도 및 몰입도가 더 높을 뿐만 아니라 해당 조직에서 근속할 가능성이 세 배 높은 것으로 나타났다.

그러니까 중요한 것은 우리가 무엇을 원하는가다.

간단하지만 심오한 이 질문은 내가 고객들에게 빠뜨리지 않고 묻는 것이기도 하다. 그러면 보통 돈, 성공, 배우자와의 관계, 휴가와 같은 대답이 돌아온다. 사실 이런 것들은 그들이 정말로 원하는 것이 아니다. 그들의 대답을 종합해보면, 근본적인 바람은 언제나 다음의 다섯 가지(특별한 순서는 없다) 중에 하나 또는 둘 이상의 조합으로 귀결된다.

- 행복
- 소속감
- 사랑
- 진실하고 진정한 삶
- 안전

돈은 드러나지 않은 깊은 욕망을 실현하는 데 별 도움이 되지 않는다. 프라나, 열정, 목적을 갖춘 최고의 삶을 살고 있지 않다면, 돈이 가져다줄 수 있는 것은 기껏해야 안락함 정도다.

목적이 무엇인지, 또는 인생에서 기본적인 욕구 이상의 의미를 찾았는지 묻고 싶을 때 나는 다음과 같은 질문을 던진다.

눈감기 전, 지금까지 살아온 방식에 만족한다고 말할 수 있겠습니까?

열정을 목적이라는 (나무처럼) 견고한 토대만 있다면 얼마든지 불붙일 수 있는 불꽃이라고 생각해보자.

사람은 변하고, 인생은 예기치 못하게 흘러가며, 불꽃은 사라진다. 하지만 목적만 있다면 열정은 다시 살아날 수 있다. 열정이 다시 살아나면, 의미가 부족해질 일은 결코 없을 것이다.

의미, 성취, 열정, 의도, 모두 우리 삶에 목적을 준다. 거시적으로 봤을 때, 그리고 어느 순간에나 우리는 이러한 욕구를 제공하는 것들과 멀어지지 않도록 꾸준히 노력해야 한다.

변화와 성장을 이끄는 목적

마음챙김이 내면의 견고한 토대가 되면, 7A 전략을 통해 스트레스와의 관계를 바꾸고, 회복탄력성을 높이고, 행복하고 연결된 삶을 살 수 있다. 최고의 자기로 발전하기 위한 단계를 하나씩 밟아가며 매일 깨어 있는 선택을 할 수 있게 된다.

다시 말해 깨어 있는 선택을 하고 건강한 습관을 기르면, 매슬로의 피라미드 꼭대기에 있는, 목적 있는 삶을 향해 올라갈 수 있다. 또 목적이 있으면, 깨어 있는 선택과 건강한 습관이 지속적인 변화로 뿌리내리기에 더욱 쉬워진다.

매슬로의 욕구 단계를 반영하는 또 하나의 피라미드가 있다. 바로 로버트 딜츠Robert Dilts가 (문화인류학자인 그레고리 베이트슨에게 영향을 받

아) 제시한 '변화의 논리적 단계'다. 이 피라미드는 사람과 조직이 변화하고 혁신하는 과정을 여섯 단계로 제시한다.

환경이나 상황과 같은 하위 단계의 항목을 변경하더라도 상위 단계에 영향을 줄 수는 없다. 그러나 상위 단계에서 변화가 일어나면 그 영향이 아래로 흘러 내려와 모든 단계에 미친다. 예컨대 앨릭스라는 고객은 상사들과 잘 어울리지 못한다는 이유로 한때 이직을 밥먹듯 했다. 그저 그는 매번 상사 운이 없었을 뿐이라고 생각했다. 같은 문제가 반복되고 있었으므로 또 다른 사람과 일해보기 위해 환경을 바꾸는 것은 해결책이 될 수 없었다. 앨릭스는 3단계로 손을 뻗어 갈등 해결과 커뮤니케이션에 관련된 새로운 기술을 습득했다. 그러

변화의 논리적 단계

자 단기적으로는 커뮤니케이션과 인간관계가 약간 향상되었다. 그러나 상담을 통해 그의 신념과 정체성을 더 깊이 들여다본 결과 사각지대가 드러났다. 모든 상황에서 공통분모는 앨릭스였다. 앨릭스는 제한된 믿음으로 상사를 비난함으로써 원치 않는 결과에 대한 책임을 회피하고 효과적인 해결책을 찾지 못하고 있었다. 앨릭스가 자기 인식과 정체성에 관해 생각을 바꾸자 모든 하위 단계에서도 변화가 일어났고, 그 변화는 꾸준히 유지됐다.

우리는 목적 있는 삶을 향해 발전하려고, 목적 있는 조직을 이끌려고 노력한다. 그리고 결국 그런 목적이 미래의 변화와 발전을 촉진한다. 우리의 현실은 각각의 단계로 구성되어 있으며, 나는 고객들을 코칭할 때 이 모델을 지속 가능한 변화를 위한 일반적인 로드맵으로 활용하여 개인 및 기업 고객의 실천 계획을 수립한다. 이 피라미드를 들여다보면 신념, 실천, 행동이 서로를 어떻게 강화하는지에 대한 통찰을 얻을 수 있다. 변화의 논리적 단계를 활용하면 리더 및 조직으로서의 효율을 촉진 또는 제한하는 요소를 식별하는 데 도움을 받을 수 있다.

스누즈 버튼

내가 제약 영업 분야에서 일했던 것이 벌써 10여 년 전의 일이다. 처음에는 무척 즐거웠다. 도전 의식을 불러일으키는 새로운 일이었고, 성공을 결심하게 된 계기이기도 했다. 두뇌 운동을 할 수 있는 새로운 업무가 매일 나를 기다리고 있었고, 나는 그 일을 굉장히 빠르게 익혔다.

그러나 얼마 지나지 않아 하루살이처럼 살아가는 회사 생활이 지루해졌다. 매일 아침 일어나 회사 차를 끌고 나가 동네 의원, 대형 병원을 돌아다니며 하루에 여덟 명의 의사를 만났다. 대기실에 앉아 의사를 기다리고, 일주일에 서너 번씩 점심 약속을 잡았다. 이게 내 일상이었다.

매일 아침 지상 최악의 소리는 알람시계에서 울리는 알람이었다. 알람 소리가 들리면 깜짝 놀라 잠에서 깼지만 내 마음은 이렇게 외쳐댔다. *안 돼! 나 너무 피곤하단 말이야.* 그러면 나는 스누즈 버튼을 누르고 이불을 둘둘 말았다.

아침마다 무엇을 포기하면 몇 분이라도 더 잘 수 있을지 고민하며 머리를 쥐어짜곤 했다. 주로 아침을 거르는 쪽을 택했다.

그 스누즈 버튼이 내게 엄청난 트리거가 되었다. 알람이 울리자마자 가뿐하게 몸을 일으키고 싶었다. 도대체 왜 이걸 못하는 걸까? 나는 몇 시간을 자든 간에 늘 피곤한 상태로 눈을 떴다.

그전에 야후에서 일할 때도 마찬가지였다. 언젠가부터 아침마다 스누즈 버튼을 누르고 있었다. 그 이후로 식습관도 개선하고 더 건강한 라이프스타일을 실천하고 있었는데도 여전히 아침에 내가 바라는 만큼의 활력과 에너지가 나오지 않았다. 이 일을 계기로 나는 아침에 이런 불쾌한 기분을 느끼지 않으려면 도대체 어떻게 해야 할지 생각해보았다. 어떻게 하면 아침에 알람 없이도 가뿐하게 일어날 수 있을까?

물론, 라이프스타일을 충분히 개선하지 못했다는 것이 문제였다.

더 건강해지는 것만으로는 충분하지 않았다. 내게 필요했던 것은 두 피라미드의 꼭대기에 있는 것, 바로 삶의 목적이었다. 진정한 삶의 욕구가 채워지지 않고 있었다.

이 사실을 완전히 깨닫기까지는 시간이 좀 걸렸다. 그리고 내가 놓친 것이 무엇인지 찾는 데까지는 더 오랜 시간이 걸렸다. 그러나 결국 그렇게 해서 나는 인도의 숲속 깊숙한 동굴에서 침묵의 수도승을 만나게 되었고, 내 안에 흩어진 조각들을 한데 모아 더 높은 목적을 찾을 수 있었다.

목적 있는 삶

어떻게 해야 할까? 목적과 의미 있는 삶을 살 수 있게 하는, 세상에 남기고 떠날 유산을 만들 수 있게 하는 열정을 어떻게 찾아야 할까? 답은 간단하다. 가슴을 믿으면 된다. 우주가 보내는 신호에 귀 기울이고 진정한 열정을 추구하면 된다. 화나고, 실망하고, 낙담해도 괜찮다. 그저 목적을 찾는 일을 포기하지 않으면 된다.

앞서 말했듯, 오토파일럿 모드에서 벗어나려면 때로는 충격이 필요하다. 예기치 않은 사건이 일어나 인생을 뒤집어놓기도 한다. 또는 우리가 자체적으로 그러한 기폭제를 만들어야 할 때도 있다. 그리고 가끔은 이 두 가지 일이 한 번에 일어나기도 한다.

나는 의식적으로 인도 여행길에 오름으로써 나만의 기폭제를 만들어냈다. 나의 참된 자기가 더 높은 목적을 갈망하고 있다는 것과 그 목적이 웰니스와 관련되어 있다는 것까지는 알고 있었지만, 더 뚜렷한 확신을 얻고 싶었다. 또 요가와 명상 수련이 그런 생각을 하게 했으니, 인도에 가면 최소한 한 가지는 얻을 수 있겠다 싶었다. 그래서 곧장 지구 반대편으로 날아갔다.

생각해보면 큰 기회를 잡았던 것이다. 안전지대를 벗어나게 되었으니 말이다. 공포와 의심의 순간이 펼쳐지기도 했지만, 초월과 확인의 순간도 찾아왔다. 그토록 바라던 것을 마침내 찾게 되었다.

"학생이 준비되면 스승이 나타난다."

내 인생을 바꿔준 침묵의 수도승을 만난 뒤, 어느 스와미에게 전해들은 명언이다. 내게 꼭 들어맞는 말이었다. 나는 꾸준히, 그리고 깊이 요가와 명상을 수련한 뒤, 나만의 기폭제를 만듦으로써 나 자신을 준비시켰던 것이다.

그 덕분에 침묵의 수도승을 만나게 되었고, 영원히 내 안에 기억될 만큼 값진 시간을 보냈다. 인도에서의 경험과 정글 한복판 수도승의 돗자리에 앉아서 보낸 시간은 내가 올바른 길을 가고 있다는 확신을 주었다. 모든 것이 명확해졌다. 우주의 신호를 알아볼 수 있게 되었고, 내가 하는 일이 옳고 의미 있음을 깨닫게 되었다. 나 자신과 더 깊이 연결되는 경험은 인생을 바꿀 용기를 주었다. 행복하지 않다면 직장을 그만두고 열정을 좇아야 한다는 깨달음을 얻었다.

그렇게 해도 되었고, 그렇게 했다.

여행에서 돌아온 다음 날, 곧장 회사를 그만두었다.

열정과 목적을 찾기 위해 반드시 인도 여행처럼 극적인 행동에 나설 필요는 없다. 누구에게나 그런 여유가 있는 것은 아니다. 누구나 직장을 당장 그만둘 수 있는 것도 아니다. 그러나 일상 속에서 목적을 찾는 일은 누구나 할 수 있다. 사실 목적 있는 삶은 나날이 만들어지는 것이다. 이는 마음챙김 수련을 통해 머리와 가슴을 깨우고 이 둘의 연결을 강하게 만드는 일로, 언제나 진행형이다.

스탠퍼드대학교에서 가장 인기 있는 수업으로 손꼽히는 수업 중에 '인생 설계'라는 수업이 있다. 이 수업의 주요 목적은 학생들이 원하는 직업과 원하는 삶을 발견할 수 있도록 디자이너처럼 생각하는 법을 가르치는 것이다. 이 수업을 만든 사람들은 자신이 올바른 길을 가고 있는지 알고 싶으면 몰입과 에너지를 단서로 삼으라고 말한다.

마리 퀴리를 예로 들 수 있다. 몰입과 에너지가 그녀의 목적을 이끌었다. 마리 퀴리는 마침내 두 개의 노벨상을 받으며 역사상 가장 뛰어난 과학자로 손꼽히게 되었다. 그러나 대단한 에피파니를 경험한 것은 아니었다. 마리의 목적은 수년간 연구실에서 "조용히 마리에게 다가갔다." 마리는 그저 "의미, 몰입, 자유를 통해 깊은 성취감"을 주는 일에 전념했고, 시간이 흐르면서 그녀의 목적이 결정체를 이루었다.

내 경험상 그렇게 하기 위해서는 우선 우리가 정말로 원하는 것이 무엇인지 들을 수 있도록 머리를 잠재우고 가슴에 다가가야 한다. 다음으로, 무엇이 우리를 행복하게 하는지 정확히 찾아내기 위해 직관이 이끄는 대로 탐구해야 한다. 탐구 활동에는 실험과 시험은 물론이고, 우리에게 영감, 의미, 연결을 부여하는 것이 무엇인지 깊이 파고드는 일도 포함된다. 진정한 열정을 찾으려면, 지나치게 생각하지 말고 믿음으로 크게 한 걸음 나아가야 한다. 반드시 에피파니를 겪어야만 목적을 찾을 수 있는 것은 아니다. 그저 꾸준히 찾아보면 된다. 목적을 찾는 일을 진행 중인 프로젝트라고 생각하라. 의도와 끈기만 있으면, 목적 있는 삶을 구축하고 추구할 수 있다.

나처럼 안전지대를 벗어나야 할 수도 있다. 하지만 일단 진정한 열정을 명료하게 파악하고 나면, 그 열정을 추구할 용기는 따라오는 경우가 많다. 바로 이때 깨어 있는 지도 제작자가 되어 열정을 기반으로 길을 닦고, (13장에서 다룰) 목적으로 가득 찬 삶을 구축하게 된다. 이 지도를 통해 우리는 진정한 자기로 거듭날 수 있다. 그렇게 되면 우리는 열정과 재능을 세상과 공유하며 세상을 더 나은 곳으로 만들 수 있다.

나는 프라나나즈라는 회사를 차리기로 마음먹었다. 인도에서 혼자 6주를 버텼으면, *기회의 땅이라는 미국*에서 회사 하나쯤은 차릴 수 있지 않겠어. 이런 생각이 들었다. 물론 처음에는 쉽지 않았다. 사실, 힘들고 어려운 시간이 대부분이었고, 두려움도 다가왔다. 사방이 가로막히고 방해물이 생길 때면 자기 탓을 하기 쉽다. 어려움에 맞닥뜨리면, 이를 열정과 꿈을 좇지 말라는 신호로 여기는 사람들도 있다. 어떤 사람들은 포기하거나 더 작은 것에 만족하기도 한다. 위험을 감수하며 가슴과 직관을 따르기보다 익숙한 것, 편안한 것, 덜 의미 있는 것을 선택하는 것이다.

두려움과 의심이 차오르던 순간 나는 노력조차 해보지 않는다면 이 일에 실패하는 것보다 더 크게 후회하게 되리란 사실을 깨달았다. 내게 진정한 실패는 시도조차 하지 않는 것이었다. 후회하고 싶지 않았다. 나는 두려움이 나를 지배하도록 내버려두지 않았다. 나를 잘 알지도 못하면서 듣기 싫은 소리를 내뱉는 친구나 가족도 있었지만, 내 직관은 내 결정이 옳다고 말해주었다. 온갖 의심과 어려움 속에서도 앞만 보고 달린다면, 이는 진정한 열정을 찾았다는 또 하나의 신호다. 나는 기쁨, 진실, 진정한 자기를 경험할 가능성을 날리고 싶지 않았다. 프라나나즈를 그만두는 일은 결코 선택지에 없었다.

나는 이 일이 단지 생존이 아니라 번영의 문제라는 사실을 알고 있었다.

나를 행복하게 하는 일은 다른 사람들이 최고의 삶을 살 수 있도록 돕는 것이었다.

스티브 잡스는 말했다. "가슴이 하는 말과 직관을 따를 용기를 가져라." "우주에 흠집을 내라." 이게 정확히 내 목표였고, 여러분의 목표도 이와 같길 바란다. 이러한 목적의식을 지니고 있으면 진정으로 원하는 삶을 살게 될 것이다. 열정을 찾는다는 것은 에너지, 창의성, 의도, 명료함, 영감을 얻을 수 있는 최고의 잠재력을 발견하는 것이다.

기억하라. 삶의 목적과 진정한 열정을 발견하는 일은 한 번의 에피파니로 찾아오지 않는다. 시간이 지나면서 서서히 드러날 것이다. 머리로는 알아낼 수 없다. 목적과 열정은 가슴을 통해 들어올 것이다. 그게 무엇이든 자연스럽게 기쁨과 즐거움을 느끼는 일에서 찾게 될 것이다. 진정한 열망을 탐색하라. 우주에 귀 기울여라. 알람 없이도 번쩍 일어나게 하는 일이 무엇인지 찾아보라. 무엇이든 가장 즐거운 일을 하라.

더 큰 명료함과 창의성에 다가갈 수 있도록 매일 마음챙김 수련을 한다. 7A 전략으로 스트레스를 관리하고, 회복탄력성을 기르고, 건강하고 깨어 있는 선택을 하는 습관을 만든다.

3P를 최적화하여 잠재력을 최대한 발휘한다. 고통을 최고의 스승으로 여긴다. 막힘없이 흐르는 프라나를 통해 필수적인 에너지를 받는다. 그리고 삶에 목적 또는 의미를 주는 것을 파악할 수 있도록 열정을 추구한다.

매일, 매 순간 의지를 갖고 산다. 행동하는 것, 생각하는 것, 느끼는 것, 말하는 것, 냄새 맡는 것, 바라보는 모든 것에 깨어 있어야 한다. 삶의 목적이 무엇인지 확신이 없을 때도 이렇게 하면 하루하루를 의미 있게 만들 수 있다. 전구에 반짝 불이 들어오듯 확실한 순간이 오길 기다리지 않는다. 오토파일럿 모드에 빠지지 않고, 언제나 목적 있는 삶을 살아갈 수 있도록 변화를 이루면서 삶을 의미 있게 만든다.

가슴에 귀 기울여, 가치 있는 일을 하면, 이 세상을 더욱 밝게 만들 수 있을 것이다. 자신의 의미를 깨달으면, 목적을 이루게 될 것이다. 그러려면 늘 자신에게 물어야 한다.

머리와 가슴이 연결되면, 목적과 커리어, 관계는 어떤 모습일까?

어떻게 하면 항상 가슴과 연결되어 있을 수 있을까?

어떻게 하면 긍정적인 영향을 줄 수 있을까?

일일 계획을 세워라

모든 감각에 귀를 기울이고 *이 순간의 목적 또는 계획이 무엇인가?*라고 묻는다.

전화벨이 울리거나 이메일 또는 문자메시지가 들어온다. 그럴 때 자신에게 묻는다. *이 순간의 목적 또는 계획은 무엇인가? 전화기를 확인하면 정신이 산만해지고 프라나의 흐름이 깨지겠는가?*

일상적인 업무 회의를 떠올려본다. 안건은 있겠지만, 계획도 있는가? 회의에서 다루고 싶은 내용을 넘어서서 자신과 다른 참석자들을 위해 그 이상의 계획을 정확히 세워야 한다.

이를 실천할 수 있는 간단한 방법을 몇 가지 소개한다.

- 침대에서 일어나기 전에, 탐험하는 날을 보낼지 생산적인 날을 보낼지 계획한다.
- 출근하기 전에, 새로운 것 또는 도움이 되는 것을 배우기로 계획한다.
- 회의를 시작하기 전에, 더 열심히 경청하기로 또는 더 열심히 주도하기로 계획한다.

전화 통화, 회의, 회사 모임에서 언제나 계획된 행동을 함으로써 자신의 행동을 더욱 의미 있고 강력하게 만들 수 있다. 계획을 실천함으로써 삶의 목표와 메시지가 어떻게 일치해나가는지 눈여겨본다.

목적을 완수한 사례를 공유하라

목적을 중시하는 문화는 꼭대기에서 시작해 조직 전체로 퍼진다. 리더로서, 팀원들 또는 동료들이 각자 지향하는 목적과 일에 미치는 영향에 관해 서로 이야기할 시간을 갖게 하라. 모든 팀이 그런 시간을 가져야 한다.

가장 자랑스러운 계약 또는 그동안 완수한 프로젝트에 관해 편하게 대화하며 어떤 식으로 목표를 진행시켰는지 설명한다. 그러면 매주 회의를 원활하게 시작할 수 있다.

조직의 목적을 실현하는 개인과 팀을 알아볼 수 있는 프로그램을 만드는 것도 가치 있는 일이다.

인생 선언문을 쓰라

창업 선언문은 회사의 본질적 목적을 규정한다. 회사가 무엇을 상징하는지, 왜 존재하는지를 기술한다. 창업 선언문은 북극성처럼 모든 이에게 회사가 나아가고 있는 방향을 알려준다.

세계에서 가장 유명한 회사의 창업 선언문을 자세히 살펴보라. 애플의 초기 창업 선언문을 보면 다음과 같은 구절이 등장한다. "인류를 발전시키는 정신의 도구를 만들어 세상에 공헌한다." 이 문장은 *무엇*이 아니라 *왜*에 초점을 맞추고 있다.

인생 선언문은 다른 사람을 돌보는 것이든 세상을 바꾸는 것이든 우리의 목적을 포함하고 있어야 한다. 버진 그룹 회장인 리처드 브랜슨Richard Branson의 인생 선언문은 이렇다. "삶의 여정을 즐기고, 실수를 통해 배운다."

아직 인생의 목표를 몰라도 걱정하지 마라. 약간의 브레인스토밍만 거치면 된다. 다음 질문에 답하면서 영감을 얻어보자.

- 내가 원하는 핵심 감정은 무엇인가? (매일 느끼고 싶은 감정이 무엇인가?)
- 핵심 가치는 무엇인가?
- 시간 가는 줄 모르고 하게 되는 일이 무엇인가?
- 내 장점은 무엇인가? 무엇을 잘하는가?

- 나는 어떤 가치를 창출하는가? 누구에게?
- 어떤 일을 할 수 있는가? (영감과 활력을 주는 일을 선택한다.)
- 개인적으로 또는 직업적으로 내가 바라는 결과는 무엇인가?
- 어떤 사람으로 기억되고 싶은가?

항상 이유를 포함시킨다. 겉으로 드러나는 것 이상으로 더 깊이 파고든다. 가슴과 직관에 귀를 기울인다.

안전지대를 벗어나라

최선을 다해 (두려움 없이 지내는 공간인) 안전지대를 벗어난다. 노력해야만 달성할 수 있는 빈도와 기간을 설정한다. 예를 들어 처음에는 하루에 한 번 또는 일주일에 한 번씩 안전지대를 벗어나 한두 가지 일을 해보는 것으로 시작한다. 그리고 자신에게 묻는다.

실패의 가능성을 배제한다면, 내게 활력이 될 만한 일은 무엇일까?

나는 세상에 어떤 유산을 남기고 싶은가?

스티브 잡스처럼 대단한 유산을 남길 필요는 없다. 역사책에 이름을 남길 필요도 없다. 우리가 원하는 것이라면 무엇이든 유산이 될 수 있다. 유산의 단 한 가지 조건은 우리를 행복하게 만들어주는 천직이어야 한다는 것뿐이다.

살면서 쌓아온 지혜를 자녀들에게 남기는 것이 유산이 될 수도 있다. 자녀가 당신의 유산이 될 수 있다. 배우자를 자랑스럽게 하고 배우자와 깊이 연결되는 것도 유산이 될 수 있다. 또는 고객 충성도를 유지하는 동시에 직원들의 복지를 향상시킴으로써 매년 '가장 일하기 좋은 직장' 목록에 회사의 이름을 올리는 것이 목표가 될 수 있다. 이 모든 것이 유산이 될 수 있다.

우리가 원하는 것 대부분은 안전지대 밖에 있다. 익숙한 것에서 벗어나 낯선 세상으로 모험을 떠나야 한다. 그래야 불편한 것도 편안하게 받아들일 수 있게 된다. 불편하고 낯선 세상이 바로 마법이 일어나는 곳이고 우리가 *우주에 작은 흠집을 낼 수 있는* 곳이다.

직관을 믿는 법을 배워라. 신호를 알아차리고 받아들이는 연습, 모든 것과 연결되는 연습을 해야 한다.

13장

MAP: 인생의 지도를 그려라

지도에는 여러 기능이 있다. 지도를 보면 주변 세계가 한눈에 들어오고, 세계를 향한 항해 계획을 세우는 데도 도움을 얻을 수 있다. 지도를 보면 우리가 그동안 어디에 있었는지, 지금 어디로 가고 있는지, 어디에 도달하게 될지 알 수 있다. 인생의 여정을 계획할 때 지도는 매우 유용한 도구다.

지도는 이야기다. 우리의 지도를 어떻게 만드느냐(그리고 꾸준히 고치느냐)의 문제는 우리의 이야기를 어떻게 만드느냐(그리고 다듬느냐)의 문제다.

우리는 모두 지도 제작자다. 그러나 우리의 경험을 책임지고 자기 웰빙의 CEO가 될 수 있도록 깨어 있는 지도 제작자가 되는 것을 가장 큰 포부로 삼아야 한다.

이 책의 내용은 결국 모든 것을 담고 있는 마지막 단계로 향한다. 1부에서는 잘 사는 삶의 토대가 되는 마음챙김을 다루었다. 마음챙김은 건강하고 행복한 삶, 자기 실현, 성공한 삶을 꿈꾸는 모든 사람에게 필수적인 요소다. 우리를 고립시키고 방해하여 오토파일럿 모드로 살게 떠미는 세력이 너무나도 많은 오늘날에는 특히 마음챙김이 중요하다. 가슴과 머리를 일깨우고 이 둘의 연결을 강화하면 *잘 사는* 동시에 *잘할 수* 있게 된다.

그러려면 꾸준히 규칙적으로 마음챙김 수련을 함으로써 어떻게 최고의 삶을 살 것인지 고민하고, 깨어 있는 선택에 필요한 집중력과 자기 인식을 길러야 한다. 마음챙김의 여정은 끝없이 발전하며 깊어지지만, 한편으로는 우리가 딛고 있는 땅처럼 견고하다.

2부에서는 행동과 마인드를 개선하고 더욱 연결된 삶을 살게 하는, 건강한 선택에 유용한 전략이자 상호 연결된 도구인 7A를 소개했다. 7A의 주요 목표 가운데 하나는 우리 삶에 만연한 스트레스를 관리하는 것이다. 모든 스트레스가 나쁜 것은 아니지만, 스트레스를 관리하거나 통제하지 않으면 만성 스트레스로 악화하여 건강에 치명적인 영향을 미칠 수 있다. 스트레스 때문에 제대로 숨도 쉬지 못하는 경우까지 있을 정도다.

*멈추고 호흡하고 선택하기*와 ACE는 스트레스를 인지하고 관리하고 극복하는 방법이다. 이 두 가지를 익히면 멈추고, 현재에 머무르고, 깨어 있는 선택을 하는 데 도움이 되어, 더 이상 스트레스에 지배당하지 않고 스트레스를 장악할 수 있게 된다.

스트레스 관리는 필수적이지만, 충분히 이루어지지는 않는다. 7A는 스트레스의 파괴적 영향으로부터 우리를 지켜주는 회복탄력성을 기르는 데 도움이 된다. 또 성장의 기회로서 스트레스 요인을 포용하고 자기, 타인, 세상, 우주를 포함한 모든 연결을 구축하는 데에도 도움이 된다. 마음챙김과 7A는 우리가 건강한 삶을 구현하고 거기서 벗어나지 않도록 매일, 심지어 매 순간 활용할 수 있는 기본 요소다.

3부에서는 고통, 프라나, 목적을 의미하는 3P를 다루었다. 고통을 최고의 스승으로 여기면 우리가 무엇을 가장 아끼고 사랑하는지를 알 수 있게 된다. 고통을 스승으로 삼으면 두 가지를 깨달을 수 있다. 첫 번째는 고통에 어떻게 반응하는지를 봄으로써 자신이 어떤 사람인지 알 수 있게 되는 것이다. 두 번째는 고통을 통해 성장하고 진화하고 목적을 찾을 수 있게 되는 것이다. 고통을 떠나 목적지까지 데려다주는 수단이 바로 프라나다. 이 필수 에너지가 내면에 막힘없이 흐르면, 우리가 프라나의 흐름을 활성화시키면, 깨어 있고 건강한 선택을 하는 데 큰 도움이 된다. 프라나는 직장에서나 가정에서나 최고의 성취를 이루고 유지시켜주는 연료다.

이 모든 수단, 수련, 선택의 목적은 삶의 목적을 파악하고 목적에 따라 살아가는 것이며, 이는 궁극적으로 인생에 열정과 의미를 부여해준다.

마지막 장에서는 이 책의 세 부분을 모두 연결하여 깨어 있는 지도 제작자가 되는 방법을 설명한다. 깨어 있는 지도 제작자가 되면 충만하고 의미 있는 삶을 주도적으로 꾸려나갈 수 있게 된다.

MAP, 최고의 삶을 살기 위한 방법

MAP은 최고의 삶을 살기 위한 전체론적 접근법을 기억하기에 유용한 약어다. 목적 있는 삶을 계획하는 지도map의 비유로도 사용할 수 있다. 약자가 의미하는 바는 다음과 같다.

- M : 마음챙김에 숙달하기Master
- A : 스트레스 관리와 회복탄력성 구축을 위한 더 나은 선택 적용하기Apply(7A)
- P : 자신을 자기 웰빙의 CEO로 승진시키기Promote(3P)

마음챙김은 내가 하는 코칭, 기업 프로그램, 이 책, 내 삶의 기반이다. 어떤 상황을 마주하든 마음챙김 수련이 큰 힘을 실어줄 것이다. 마음챙김을 하면 의도하는 대로 행동하게 되고, 결국 더욱 현명하고 건강한 선택을 할 수 있게 된다. 오토파일럿 모드에서 빠져나와 상황을 인식할 수 있도록 잠시 멈추고 호흡하라.

건강한 습관을 만들고, 스트레스를 관리하고, 회복탄력성을 기를 수 있도록 더 나은 선택을 하려면 전체적이고 건강한 라이프스타일을 추구하겠다는 다짐이 필요하다. 7A 전략을 실천하면, 스트레스 많은 세상에서 기민하고 탄력적이며 충족된 삶을 사는 데 필수적인 연결고리를 구축할 수 있다.

MAP 피라미드를 보면 알 수 있듯, 자신을 자기 웰빙의 CEO로 승진시키는 것이 궁극적인 목표다. 3P를 활용하면 꾸준히 발전하여 최고의 잠재력에 도달할 수 있다.

피라미드

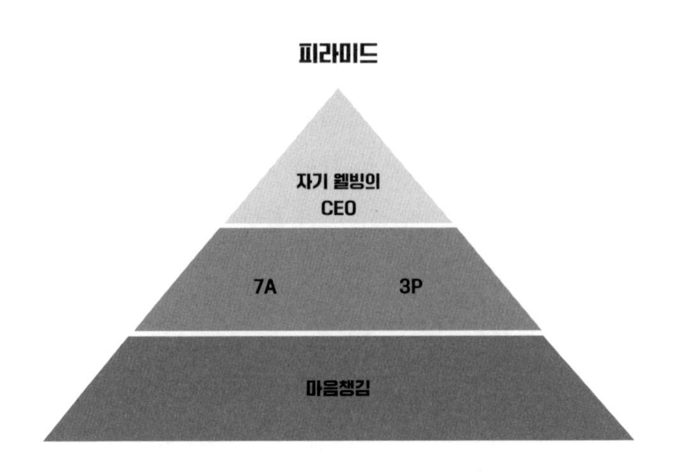

MAP은 진정한 자기의 발견, 더 나은 선택, 목적 있는 성장을 향해 깨어 있는 여정을 헤쳐 나가도록 도와주는 전체론적 방법이다. 깨어 있는 지도 제작자가 된다는 것은 모든 것을 일관된 서사로 녹여낸다는 의미다. 우리는 모두 과거(오랜 집안 내력)로부터 오늘날의 우리를 형성한 일련의 개인적이고 직업적인 경험을 지니고 있다. 또 미래를 향한 일련의 열망, 꿈, 비전을 지니고 있다. 이 둘이 합쳐져서 우리 삶의 지도를 형성한다.

우리는 경험을 묘사하고, 개인적인 현실을 정의하고, 또 훗날 되돌아볼 수 있는 흔적을 남기며 살아간다. 우리가 헤매고 멈추면서 생긴 흔적과 발자국들이 결국 우리 인생의 풍경이 된다.

그러니까 우리는 경험의 융합체인 셈이다. 과거의 풍경, 소리, 느낌, 냄새, 심지어 맛까지 합쳐져서 현재의 우리가 만들어졌다. 그리고 이를 표현하면 이야기가 된다. 인간은 이야기꾼이고, 이야기는 의미를 담는 그릇이다. 이야기는 자기, 타인, 세계, 우주에 대한 인식을 전달하는 방식이다. 그러므로 우리는 모두 의미를 만드는 이들이다.

내가 지도 제작이라는 은유를 사용하는 것은 이러한 이야기들이 과거를 이해하게 해줄 뿐만 아니라 미래로 나아갈 때 길을 잃지 않도록 우리를 인도해주기 때문이다. 과거의 흩어진 점과 미래의 계획을 연결한 지도는 우리가 누구인지, 어떤 사람이 되어가고 있는지에 관한 이야기인 셈이다.

깨어 있는 지도 제작자는 예기치 못한 변화나 피할 수 없는 인생의 커브볼 앞에서도 주도적으로 대응할 능력을 갖추고 있다. 깨어 있는 지도 제작자는 일이 일어난 후에 반응하는 것이 아니라 선제적으로 대응하며, 변화를 걸림돌이 아닌 기회로 바라본다.

지도는 반드시 우리가 조정하고 다듬어나가야 할 도구다. 지도는 곧 이야기이므로 우리는 반드시 자신에 관한 이야기를 고쳐나가야 한다(이 장의 실천 단계 참고). 우리가 항상 무슨 일인가를 하고 있듯 우리의 이야기와 지도도 반드시 진행 중이어야 한다.

어쩌면 이것이 번영하는 사람과 어찌어찌 살아남는 사람의 차이일 수도 있다. 우리 지도는 살아 있는 유기체와 같아서 항상 성장하고 진화하며 끊임없이 현재에 관여한다. 우리 삶은 경험을 어떻게 인식하느냐, 그 경험에 어떻게 반응하느냐에 따라 다르게 형성될 것이다. 아무리 여러 번 멈추고 돌아가더라도 우리의 현실은 우리가 이를 새롭게 바라보고, 마주 대하고, 현재의 우리와 앞으로 바라는 우리의 모습을 만들어줄 디딤돌로 받아들일 때 의미를 갖게 된다. 깨어 있는 지도 제작자가 된다는 것은 지난날을 의식적으로 돌아보고 앞으로 나아갈 경로를 의도적으로 계획한다는 의미다. 깨어 있는 지도 제작자가 된다는 것은 자기 목적에 가장 적절한 방식으로 삶의 이야기를 만들어가도록 주도권을 얻어 그에 걸맞게 행동한다는 의미다.

부정적인 스토리텔러 vs. 긍정적인 스토리텔러

*호모사피엔스*의 가장 두드러진 특징에 대해 이야기할 때면 사람들의 의견이 항상 갈린다. 그들이 주장하는 특징으로는 두개골의 크기, 직립 보행, 다른 손가락들과 맞댈 수 있는 엄지 등이 있다.

조너선 갓셜Jonathan Gottschall은 인간의 고유한 특성으로 이야기를 꼽았다. 그는 우리를 (자신의 저서 《스토리텔링 애니멀》에서) “스토리텔링 애니멀”이라고 부른다. 우리가 매일 억지로 이야기하고 꿈꾼다는 말이 아니다. 그는 “인간은 이야기 안에서 살아간다”라고 말한다. 즉 어떤 의미에서는 우리가 곧 이야기라는 것이다.

우리는 모두 이야기꾼이며 지도 제작자다. 문제는 ‘이 과정이 깨어 있는가?’라는 것이다.

심리학자 댄 P. 맥애덤스Dan P. McAdams는 인간의 심리적 진화를 들여다볼 수 있는 간단한 방법을 제안한다. 아주 어릴 때부터 우리는 다양한 행동적 특성과 역할을 실험하는 배우가 된다. 쉬지 않고 배우처럼 행동하다가 10대가 되면 어떤 사람이 되고 싶은지 더욱 진지하게 생각하면서 에이전트의 역할도 겸하게 된다.

성장기에는 우리의 선택이 늘 이성적이거나 일관적이지 않다. 아직 우리의 삶에 관한 일관성 있는 이야기를 구성하지 못했기 때문이다. 그러다 성인이 되면서 우리는 비로소 작가가 되어 우리 삶의 이야기를 능동적으로 구성해나간다.

이게 바로 깨어 있는 지도 제작자가 된다는 것의 의미다. 어떻게 오늘의 내가 되었는지, 내일은 어떤 사람이 되길 바라는지에 관한 이야기를 깨어 있는 마음으로 구성하는 것이다. 이것이 내가 여러분에게 주는 과제다.

우리가 항상 자신의 이야기를 만드는 일에 깨어 있는 것은 아니다. 이를테면, 우리의 마음속 원숭이는 한없이 돌아가는 루핑 필름looping film (영상이나 사운드 필름을 원형으로 맞붙여 영상이나 소리가 반복되게 만든 필름-옮긴이)처럼 똑같은 이야기를 계속 반복하는 경향이 있다. 심란하고 불안하면 우리 이야기는 반드시 지난날의 후회와 앞날의 걱정으로 채워지게 되어 있다. 심란한 마음과 과거를 곱씹는 행동은 우리를 부정의 구렁텅이로 몰아넣고 프라나의 흐름을 막는다. 도움이 되는 이야기를 만드는 데 역효과를 낳을 뿐이다.

나는 고객에게 리셋 버튼을 누르게 함으로써 이전보다 더 긍정적인 마인드를 갖게 한다. 이때 내가 본질적으로 하는 일은 그들이 부정적이고 무심한 스토리텔러가 아니라 깨어 있고 긍정적인 스토리텔러가 되도록 돕는 것이다. 그렇기에 감사 일기 쓰기와 '새롭고 좋은 일이 뭐가 있나요?'라는 질문이 강력한 도구가 된다.

리셋 버튼을 누르는 것과 스트레스 상황을 반가운 도전으로 바라보는 것은 우리의 이야기를 고쳐 쓰는 일과 같다. 이렇게 하면 우리의 에너지를 고갈시키고 앞길을 막는 방식이 아니라 활력을 불어넣는 방식으로 이야기를 풀어나갈 수 있게 된다. 이렇게 하면 (긍정적인 이야기를 들려주는) 우리 내면의 코치를 먹이고 (부정적인 이야기를 들려주는) 내면의 비평가를 굶길 수 있다.

깨어 있는 지도 제작자가 되는 것은 현재를 인식하면서 더 큰 그림을 보는 일이다. 잠시 멈추고, 호흡하고, 현재와 자신과 주변 사람들에게 집중함으로써 전진하는 현재의 이야기를 만들어나갈 수 있다.

과거의 이야기도 만들 수 있다. 이 책에서 우리는 마인드를 바꾸거나 개선했을 때 다른 영역에서 일어나는 긍정적인 변화를 살펴보았다. 지난 경험을 어떻게 바라볼 것인지 선택함으로써, 지난 경험을 어떻게 MAP과 서사로 통합할 것인지 선택함으로써, 지난 경험에 어떤 의미를 부여할 것인지 선택함으로써 우리는 정체성을 형성해나간다. 과거를 이야기하는 방식을 보면 현재 우리가 어떤 사람인지 알 수 있다. 과거의 이야기는 결국 미래에 접근하는 방식을 결정한다. 나이가 들고 성장할수록 우리의 이야기도 함께 성장해야 한다. 그렇지 않으면 이야기도 늙고 정체해서 우리의 때 지난 모습만 담게 되므로 우리도 최고의 자기에 도달할 수 없다.

우리를 짓누르는 묵직한 바위처럼 과거를 고정된 것으로 생각할 수 있지만, 사실 과거는 늘 유동적으로 변화한다. 나이가 들어 새로운 경험과 통찰이 생기면 과거의 이야기들은 고쳐질 수 있고, 또 그래야만 한다. 깨어 있는 지도 제작자가 되려면 반드시 그래야 한다.

우리의 이야기와 지도는 우리와 함께 발전해야 한다. 이 둘을 다듬고 고쳐야 꾸준히 성장할 수 있다.

자신의 이야기를 고쳐라. 지도를 바꿔라.

점 연결하기

어린 나이에 삶의 목표를 깨닫는 사람들이 있다. 실제로 가능한 일이다. 이를테면 의사를 꿈꾸는 다섯 살짜리 아이가 결국 그 꿈을 이루고 의사라는 직업을 사랑하게 되는 경우가 그렇다.

지금까지 내가 걸어온 길을 돌아보면, 삶의 초반부터 내 웰빙의 CEO가 되기까지 걸어왔던 모든 길은 직선도, 지름길도, 평탄한 길도 아니었다. 내 지도는 엉망진창이었다. 이리저리 방향이 바뀌었고, 길은 빙글빙글 꼬여 있었다.

많은 사람의 지도가 탐험과 실험으로 얼룩져 지저분하다. 한동안은 인생이 그저 끝없이 펼쳐진 푸른 하늘을 순항하는 것처럼 보여서 행복한 앞날이 펼쳐져 있다고 생각할 수 있다. 그러나 순항하는 듯했던 비행기가 불시착하면서 지도는 산산조각나고 계획은 엉망이 되어버린다.

우리가 나아가는 방향은 끊임없이 변화하므로 우리도 항상 유연한 태도를 유지하며 중심을 고쳐 잡아야 한다. 나는 내 지도에 생긴 모든 점을 계획적이든 아니든 현재의 나로 이끌어준, 의미 있는 경험으로 보기로 선택했다. 내 청사진이 지금과 다르길 바란다면, 그건 내가 다른 사람이 되고 싶어 하는 것과 마찬가지다.

내 지도에 생긴 점들이 결국 나라는 사람이 누구인지 말해주기 때문에 이 점들을 끌어안기로 했다. 이란에 살던 우리 부모님이 정든 고국을 떠나 '휴가지'로 왔던 미국에 재정착했을 때 나는 겨우 두 살이었다. 부모님은 이란의 전통과 문화를 고수했지만, 내가 어린 시절을 보낸 고향은 캘리포니아의 팰로앨토다.

너무 어렸던 나는 우리 가족의 이주를 기억하지 못하지만, 내 지도에 처음으로 찍힌 두 점인 이란과 캘리포니아에는 아주 큰 의미가 있다. 그 첫 번째 여정이 없었더라면 오늘날의 나도 존재하지 않았으리라. 이란에 머물렀더라면, 이란 혁명 때문에 나는 세상을 탐험하기는커녕 여자 혼자서는 바깥에 나가지 못할 정도로 억압적인 문화 속에서 지금과는 매우 다른 교육을 받았을 것이다. 혁명 이후 나라는 변했지만, 그곳에 머물렀더라면 내 열정과 목적, 커리어를 발견하지 못했을 것 같다. 대신 20대 초반에 결혼해 아이들을 낳았을 것이다. 내 지도가 지금과는 180도 달랐을 것이다.

나는 이 점들을 깨어 있는 눈으로 들여다보고 연결하여 내가 어떻게 지금의 모습이 되었는지, 내가 성장하는 데 이 점들이 어떤 도움을 줬는지 알아보기로 했다. 세계를 향한 탐험과 여행은 어릴 때부터 시작되었다.

우리 아버지는 여행업에 종사한다. 그리고 프랑스와 독일에 친척들이 있어서 내가 어릴 때부터 10대 때까지 우리 가족은 여름방학 대부분을 유럽에서 보냈다. 나는 이러한 경험을 통해 넓은 관점을 얻게 되었고, 스스로 세계 시민이 된 것 같다고 생각했다.

대학에 다닐 때 나는 캠퍼스 파티에 참석하는 대신, 당시 가장 좋아하는 도시였던 샌프란시스코의 밤 문화를 탐험했다. 졸업 후 샌프란시스코를 떠나고 싶지 않았다. 그래서 다양한 사람들과 어울리며 그곳에서 살 수 있게 해줄 직업을 찾기로 했다.

스물한 살 때 우연히 애플에서 면접 제안을 받았지만, 이미 말했듯 처음에는 마음이 내키지 않았다. 샌프란시스코에 살면서 일하기로 이미 마음을 정했기 때문이었다. 그러나 스티브 잡스의 제안을 받고 마음이 바뀌었다. 엄청난 기회라는 걸 알았기 때문에 제안을 받아들였다. 쿠퍼티노와 가까운 애서턴의 부모님 댁에서 사는 것으로 타협을 봤다. 그러면 월세에 돈을 쓰지 않아도 됐고 샌프란시스코에서 매일 통근할 필요도 없었다. 나는 내 지도에 있는 이 점을 임시적인 것으로, 주어진 기회를 잡을 멋진 탐험으로 바라보았다.

물론, 내가 스티브 잡스의 비서가 되기 위해 심리학 학위를 받은 것은 아니었다. 그러나 돌이켜보면, 우리가 의도한 경로에서 약간(또는 엄청) 틀어진 방향이 전혀 예상치 못한 방식으로 미래를 열어주기도 한다는 것만은 분명하다.

애플을 떠난 뒤, 나는 한 달 동안 이탈리아로 여행을 떠나 내 독립심을 탐험하고, 사람들이 다니지 않은 새로운 길을 찾고, 새로운 경험을 했다. 이 시기에 여러 회사가 높은 연봉과 좋은 복지 혜택을 제시하며 일자리를 제안했다. 내 커리어 지도의 첫 점이었던, 스티브 잡스 밑에서 일한 경험이 수많은 기회의 문을 열어준 것이었다.

새로운 시도를 하고 싶은 마음에 몸이 근질근질했던 나는 모든 제안을 거절하고, 소규모 테크놀로지 스타트업에서 일하기로 했다.

스타트업에서 일해보고 나니, 내가 직접 요가 스튜디오와 웰니스 센터를 차려보고 싶어졌다. 그래서 강도 높은 요가 강사 프로그램까지 수료했다. 그러나 당시의 남자친구는 내게 영업직을 제안했다. 기분이 나빴다. *영업*이라니? 영업직이라는 말을 들으니 전형적인 사기꾼, 지저분한 외판원의 모습밖에 떠오르지 않았지만, 남자친구의 설득 끝에 결국 야후의 영업 사원에 지원했다.

영업 사원직에 지원해 면접을 봤는데 제안받은 직책은 임원직이었다. 내가 얼마나 놀랐겠는가? 나는 요가 스튜디오를 열고 싶다는 생각을 접어둔 채 야후의 제안을 받아들였고, 이 커리어는 내 마지막 직장이 된 아스트라제네카의 제약 영업으로 연결되었다.

앞에서 줄곧 얘기했듯이 이 일은 내 인생에 가장 중요한 전환점을 만들어주었다. 이후 나는 인도에 가게 됐고, 홀리스틱 헬스를 공부하기 위해 학교로 돌아갔다. 그리고 내 회사인 프라나나즈를 설립했고 이 책을 쓰게 되었다. 나는 의미 있고 목적 있는 미래를 살겠다고 굳게 다짐했지만, 어떤 길을 어떻게 돌아가게 될지는 알 수 없다. 다만 내가 아는 것은, 계속해서 흩어진 점들을 연결하며 내 의미와 목적을 정의하고 내 이야기를 고쳐나가야 한다는 사실이다.

우리의 지도는 계속 변하고 있다

우리가 운 좋게도 삶의 목적을 파악하고, 무엇이 우리 삶에 의미와 열정을 불어넣는지를 알고, A에서 B까지 어떻게 가야 할지 명확한 비전을 갖고 있다고 할지라도 때때로 인생은 우리를 향해 커브볼을 던질 것이다. 이렇게 앞이 가로막히거나 멀리 돌아가야 하는 일이 생기기 때문에 우리는 지도를 다시 들여다보고 때로는 작게, 때로는 근본적으로 경로를 수정해야 한다.

즉 깨어 있는 지도 제작자가 되려면 우리는 민첩해야 하고, 주변 상황을 꿰뚫고 있어야 하며, 변화에 대비해야 한다. 이런 특징은 나를 포함한 거의 모든 사람의 여정에서 중요한 역할을 한다. 걸림돌이 우리 삶의 목적을 수정하게 만들지는 않더라도 우리의 계획, 길, 지도를 재고하고 조정하게 만들 수는 있다.

변화 때문에 힘들어하는 고객이 아주 많다. 롭(5장 참고)은 중년의 위기를 겪고 있는 것 같다며 날 찾아왔다. 수면 부족, 나쁜 습관, 외로움, 만성 스트레스, 단절된 삶을 살던 그는 거울에 비친 자신의 모습이 낯설게 느껴질 정도로 지쳐 있었다. 그는 관점과 우선순위를 바꾸고 싶어 했다. 사람들과의 관계, 그리고 자녀들을 위해 삶의 여유를 만들고 싶어 했다. 더는 외로움을 느끼고 싶지 않았고, 지속적인 스트레스를 받고 싶지 않았다. 그럼에도 자신이 설립한 기술 스타트업에 전념했다. 기업가가 되는 것이 여전히 삶의 목표였기 때문이다.

롭은 과도기에 있었지만, 모든 걸 바꾸고 싶어 하지는 않았다. 나는 그가 개인적 스트레스를 완화하고, 이전보다 건강한 습관을 기르고, 회사의 커뮤니케이션과 문화를 개선할 수 있도록 도왔다. 개인의 위기를 배움과 성장의 기회로 바꿈으로써 롭은 회사를 성장시키는 동시에 자신의 스트레스 수준을 극적으로 줄일 수 있었다. 그의 지도에는 돌아가는 길이 그려졌지만, 그의 직업적 목적지는 동일했다.

여러분도 직업적 변화와 개인적 변화를 마주하게 될 것이다. 그중에는 강제적인 변화도 있을 것이다. 직장에서 해고당하거나 이직해야 할지도 모른다. 회사가 다른 회사에 인수합병되는 일이 생길 수도 있다. 아니면 롭과 내 경우처럼, 스스로 변화를 만들게 될지도 모른다. 지금 하는 일이 더는 삶의 목적에 부합하지 않는다거나 삶에 영감을 주지 않는다고 생각하게 될 수도 있다. 어느 경우든 유동적이고 변화무쌍한 세상에서 대부분은 여러 번 자신의 모습을 변화시킨다.

인생의 지도를 다듬고 고칠 때 다음과 같은 방법을 적용하면 깨어 있는 지도 제작자의 태도를 유지할 수 있다. 아래는 내가 이 책에서 얘기한 내용을 요약한 것이다.

- *멈추고 호흡하고 선택하기.* 이 방법을 활용하면 한 걸음 물러나 현재에 집중하고 더 나은 선택을 할 수 있다.
- 궁극적 부는 웰빙이라는 사실을 기억한다. 회사와 일상에 웰니스 문화를 심는다.
- 자신에게 적합한 마음챙김 수련을 시작하고 온종일 틈틈이 '깨어 있기 위한 셀프 체크인'을 하는 습관을 들인다.
- 머리와 가슴의 연결을 강화한다.
- 마인드를 개선하고, 내면의 비평가가 아닌 내면의 코치에게 귀 기울인다.
- 비판하지 않고 호기심을 갖는다.
- '실패'란 없다. 발전을 위한 피드백만 존재한다는 사실을 인식한다.
- 행동을 개선한다. 지속적인 작은 변화는 삶 전반에 파급효과를 일으켜 궁극적으로 큰 결과를 낳는다.
- 스트레스를 관리하고 회복탄력성을 비축하면, 힘든 일이 생기더라도 이를 걸림돌이 아니라 기회로 만들 수 있다.
- 통제할 수 있는 일에 집중한다. 바로 그곳에 에너지가 흐른다.
- 필수 에너지인 프라나가 막힘없이 흐를 수 있도록 마음챙김 수련을 하고, 건강한 선택을 하고, 긍정적인 마인드를 갖는다.

- 어려운 상황에 따르는 고통을 온전히 마주하고 그 고통을 스승 삼아 성장할 기회로 인식한다. 고통 속에서 긍정적인 면과 교훈을 찾는다.
- 자기 자신을 시작으로 하여 가족, 친구, 동료, 공동체, 세계, 우주와 연결하고 소통한다.
- 놀이 및 회복 시간을 갖는다. 더 큰 명료함, 창의성, 에너지, 기쁨을 얻으려면 반드시 재부팅하고 충전해야 한다.
- 직업적으로나 개인적으로나 자기 웰빙의 CEO로서 학습 문화를 구현한다. 변화를 예측하여 민첩하게 대응하는 데 도움이 될 것이다.
- 가슴을 따른다. 최대한의 잠재력을 발휘할 수 있도록 목적과 계획을 갖고 행동한다.

최고의 투자, 최고의 수익

마음챙김을 향한 내 여정은 길고 구불구불했다. 이 길에는 흥분과 모험이 가득했다. 나는 세계를 여행하며 앞에 놓인 모든 장애물을 용감히 견뎌냈다. 어떤 어려움을 마주해도 쓰러지지 않았고, 승리를 거두기도 했다. 그러는 동안 각계각층의 특별한 사람들을 만나 함께 시간을 보냈다.

대학을 졸업하자마자 다양한 회사에서 다양한 직책을 경험하며 결국 내 운명의 일을 시작할 준비를 할 수 있었다는 것에 참 감사하다. 그때만 해도 주변의 CEO와 리더들이 내 미래의 고객이 되리라고는 생각지도 못했다.

깨어 있는 눈으로 내 지도를 들여다보면, 의도치 않게 이란을 떠난 일에서부터 이 책을 출간하는 것에 이르기까지 모든 일이 지금의 내가 사람과 회사의 변화를 통해 우주에 흔적을 만드는 기업가가 되는 데 꼭 필요했다는 사실을 알 수 있다. 내 지도에 찍힌 모든 점을 깨어 있는 눈으로 연결하지 않았더라면 내 진정한 열정과 목적을 찾을 수 있었을까? 지금처럼 성공한 CEO가 될 수 있었을까?

내 열정은 내 직업이 되었다.

나는 목적을 찾았다.

나는 내 웰빙의 CEO다.

여러분도 이렇게 되길 바란다.

평균 이상의 성공을 바라는 야심가이자 부지런히 일하는 완벽주의자의 성향을 지닌 고객이 많다. 지칠 대로 지쳐서 번아웃 직전이거나 이미 번아웃 상태이거나 경고 신호를 받은 사람들이다. 이미 깨어 있는 선택, 건강한 선택을 하기 시작했지만, 웰니스에 포괄적으로 접근하지 않은 탓에 최대한의 잠재력을 발휘하지 못한 경우도 있다. 이게 여러분의 이야기일 수도 있다.

웰니스 스펙트럼에서 어느 위치에 서 있든 우리 각자가 걷는 길에는 공통점이 많다. 우리는 공통적으로 실패, 고통, 외로움, 거절, 실망, 조롱, 죽음을 두려워한다. 우리를 방해하고 무너뜨릴 수 있는 세상에 맞서 싸운다. 우리의 머리와 가슴을 단절시킬 수 있는 세상. 오토파일럿 모드 속에서 건강하지 않은 선택을 하도록 우리를 밀어붙이는 세상.

우리는 미지의 것에 대한 두려움과 후회로 몸부림친다. 세상에 어떤 영향력과 유산을 남기게 될지 궁금해한다.

충만하고 충실한 삶을 살기란 쉽지 않다. 요가처럼, 마음챙김처럼, 이는 지속적으로 헌신해야 하는 수련이다. 원하는 지도를 만들 수 있도록 주도적으로 판단하고 그에 걸맞은 행동을 하겠다는 선택이다. 자기 웰빙의 CEO가 되기 위한 투자는 최고의 수익을 가져다줄 것이다.

최고의 삶을 선택한다.

그 이하의 것에 만족하지 않는다.

아직 목적을 찾지 못했다면 꾸준히 탐색한다. 하루하루 목적을 갖고 산다. 절대 멈추지 않는다.

도중에 분명 걸림돌, 시련, 고통을 경험하게 될 것이다. 이들이 우리의 길을 방해하도록 내버려둔다면, 그 고통이 프라나를 막을 것이다. 고통이 우리를 방해하게 내버려두지 마라. 우리가 발전하고 성장할 수 있도록 고통을 이용해야 한다.

프라나가 자유롭게 흐를 수 있게 한다. 깨어 있는 삶에 대해 그동안 배운 모든 것을 적용한다. 소음과 혼란에서 벗어나 직관에 귀 기울인다.

머리를 일깨운다.

가슴을 일깨운다.

머리와 가슴을 연결한다.

깨어 있는 의식으로 신호를 인지한다.

가슴과 직감을 따를 용기를 갖는다.

우리에게는 이 세상을 더 살기 좋고 의미 있는 곳으로 만들 능력이 있다. 우리는 진정한 자기에 접근하여 그 모습대로 살도록 허락하기만 하면 된다.

여정을 즐겨라.

어디에서 출발하든, 우리는 모두 자기 웰빙의 CEO가 될 수 있다. 우리가 해야 할 일은 첫걸음을 내딛는 것이다.

멈추고

호흡하고

선택하라.

흩어진 점을 연결하라

일, 직장, 비즈니스에서 흩어진 점을 연결한다는 것은 성공이든 실패든 각각의 사건이 더 큰 계획의 일부라는 직관과 관점을 갖는다는 의미다. 과거의 점들을 연결하여 현재와 미래의 기회를 정확히 포착함으로써 꾸준히 혁신한다. 매일매일 몇 개의 점을 연결하고 있는지 파악한다.

리처드 브랜슨도 점의 연결을 중시한다. 그의 만트라는 ABCD로, "Always Be Connecting Dots(항상 점을 연결하라)"라는 의미다. 점을 연결한다는 것은 내게 다음과 같은 의미를 갖는다.

- 다양한 사람과 연결함으로써 다양한 재능, 경험, 관점을 확보한다.
- 고객과 비즈니스를 연결함으로써 피드백을 받고, 참여도를 높이고, 통찰력을 얻는다.
- 고객의 문제점을 연결함으로써 제품 및 서비스를 개선하거나 생산한다.
- 다양한 지역과 분야의 아이디어를 연결함으로써 고정관념에서 벗어나 독특한 콘셉트를 창조한다.
- 비즈니스에 새로운 비즈니스 모델을 연결함으로써 혁신과 수익성을 향상시킨다.

- 미디어 채널과 마켓 네트워크를 연결함으로써 도달 범위와 영향력을 확대한다.
- 고객을 서로 연결함으로써 공동체 의식을 함양한다.

큰 그림을 보고 상상력을 발휘해 불가능하고 비범해 보이는 연결을 시도함으로써 더 나은 제품, 더 나은 방법, 더 나은 팀, 더 나은 프로젝트 등을 만드는 데에서 능력을 발휘한다. 이 방법을 따르면 당신의 아이디어는 다른 누구도 상상할 수 없을 만큼 독특할 것이다.

항상 연결되어 있어야 한다.

성공을 위한 커리어 또는 비즈니스 로드맵을 만들어라

GPS와 마찬가지로, 로드맵이 있으면 현재 위치에서 목적지로 가는 데 도움이 된다. 지연, 우회, 사고를 최대한 피하려면 전략적이고 실용적으로 접근해야 한다. 실용적인 접근의 첫 번째 단계는 핵심 가치와 목적에 부합하는 명확한 장기 비전을 갖는 것이다. 큰 꿈을 꾸고 성공에 집중하라.

비전을 활용하여 로드맵을 만들어보자. 다음 질문에 답해보라.

- 내 사업 목표 또는 커리어 목표는 무엇인가?
- 나는 무엇을 원하는가?
- 그것을 원하는 이유가 무엇인가?
- 목표 달성을 위한 내 전략은 무엇인가?
- 잠재적 장애물은 무엇이며, 이를 완화하거나 극복할 방법은 무엇인가?
- 큰 그림을 봤을 때 실천해야 할 계획은 무엇인가?

- 기준이 될 만한 중요한 기점은 언제인가?
- 어떻게 이 기점들을 세부적으로 쪼갤 수 있는가?
- 지금 실천할 수 있는 첫 번째 단계는 무엇인가?

로드맵을 꾸렸다면 팀원들과 공유하여 당신의 현재 상태 및 목적을 모두에게 명확히 인지시켜야 한다. 전략과 실행 단계를 확인하고, 그에 따라 우선순위를 정하여 적절하게 일을 위임한다.

마지막으로, 비즈니스 세계의 지형은 끊임없이 움직인다. 업계 및 비즈니스 전반의 동향과 신규 개발 정보를 가까이하여 변화를 예상하라. 잠시 물러나 상황을 멀리서, 전체적으로 바라본다.

지도의 점을 연결하라

깨어 있는 지도 제작자는 오늘날의 자신을 만들어준 모든 경험에서 교훈을 얻는다. 이들은 자신이 지나온 길을 잊거나 얼버무리지 않는다.

지금까지의 인생 전체를 돌아보고, 이를 자신에 대한 큰 그림, 즉 내면의 지도 또는 세상에 대한 인식이 만들어낸 일련의 경험으로 바라보는 시간을 가져본다. 내면의 지도는 미시적 수준에서 시작되며, 인생의 주요 사건뿐만 아니라 이미지, 소리, 느낌, 냄새, 맛에 대한 수많은 감각 기억으로 구성되어 있다. 그렇게 시작된 지도는 바깥으로 뻗어나가 우리가 이러한 경험을 인식하고, 반응하고, 의미를 만들어내는 방식에 영향을 미친다. 그리고 이 세상에서 우리의 위치, 삶의 비전에 관해 더 큰 그림을 만든다.

현실에서 결정을 내리기 위해 그동안의 경험을 어떻게 활용해왔는가? 그동안 어떤 중간 기점들을 만들어왔는가? 어떤 길을 따라왔는가?

최선을 다해 흩어진 점을 연결한다. 작은 점 하나하나가 얼마나 중요한지, 그것들이 현재 우리 모습에 어떤 영향을 주었는지, 지금 우리가 무엇을 하고 있는지 정확히 인지하라. 오늘날에 이르기까지 이 지도가 우리의 현실을 구조화했고, 우리의 관점과 경험을 형성해왔다는 사실을 기억한다.

이야기를 고쳐 지도를 수정하라

어쩔 줄을 모르겠다거나 불행하다거나 불만족스럽다면, 자신이 어디로 가고 있는지 모르겠다면, 지도를 수정한다. 현재의 경험을 바꾸려면 원하지 않는 것에서 벗어나 원하는 것을 향해 나아가야 한다. 그러려면 자기 삶에 관한 이야기, 더는 자신에게 도움이 되지 않는 관점에 근거한 이야기를 수정해야 한다.

이야기는 의미를 전달하는 수단으로, 인간은 이야기꾼이다. 즉 우리에게 무슨 일이 일어나는지가 아니라 그러한 사건과 경험에 우리가 어떤 의미를 부여하느냐가 훨씬 더 중요하다. 우리는 이야기를 전달하고, 의미를 만들어 낸다. 이러한 이야기가 우리의 신념이 된다. 우리의 신념이 고통을 초래한다면, 오래된 이야기를 수정하여 신념을 새롭게 고쳐야 한다.

고통은 위대한 스승이다. 고통은 우리가 이야기를 수정해야 한다는 신호이기도 하다. 무엇 때문에 고통을 느끼는가? 고통에서 벗어나 목적을 향해 나아가는 데 프라나를 어떻게 이용할 수 있는가?

어쩌면 예정보다 늦거나 멀리 돌아가게 될 수도 있고, 심지어 불시착한 상태일 수도 있지만, 그래도 여전히 존재하고 있으니 앞으로 나아갈 새로운 길을 찾으면 된다. 우리의 이야기가 어떻게 우리를 지금의 모습으로 이끌었는지 바로 보고 인정한다. 더는 도움이 되지 않는 무거운 짐이 무엇인지 파악한다. 감사하는 마음으로 기꺼이 그 짐을 내려놓는다. 지난날 또는 어린 시절의 무거운 짐을 계속해서 들고 있을 필요는 없다.

짐을 내려놓기로 선택한다. *다음 단계로 나아가려면 우리는 무언가를 내려놓아야 한다.*

감사의 말

제가 열정과 목적을 발견하고 추구할 수 있었다는 사실에, 제 나날을 풍요롭게 해주는 사람들, 자기 웰빙의 CEO가 되기로 선택한 멋진 사람들과 교류할 수 있었다는 사실에 깊이 감사드립니다. 제 고객들을 비롯해 지금까지 제 여정에 함께해주신 모든 분에게 감사드립니다.

저를 고용하고, 이 책을 쓰도록 영감을 준 스티브 잡스에게 특히 감사드립니다. 작가의 길을 걷도록 도와주고 글쓰기를 시작하도록 격려해준 켄트 구스타브슨Kent Gustavson과 돈 레이머Don Ramer에게 감사드립니다. 첫 책을 쓰는 작가를 맡아준 노련한 문학 에이전트인 리타 로젠크란츠Rita Rosenkranz, 편집장 조지아 휴즈Georgia Hughes, 편집자 제프 캠벨Jeff Campbell을 포함한 뉴월드라이브러리New World Library 편집팀 모두의 진정한 열정과 지속적인 지원에 감사드립니다.

이 책의 첫 베타 테스터가 되어준 엘레나 폰즈Elena Pons, 오잔나 아바네소바Osanna Avanesova, 리치 매커리Rich Macary, 메리앤 갓윈MaryAnn Godwin, 베스 산드리Beth Sandri, 귀한 시간을 내어주고 피드백을 해줘서 감사합니다.

넓은 마음으로 중간에서 연결자 역할을 해준 제시카 로빈슨Jessica Robinson, 게리 수Gary Su, 매슈 코언Matthew Cowan, 로라 가넷Laura Garnett, 앨릭스 제이미슨Alex Jamieson에게 감사드립니다. 창의적인 디자인을 제공해준 모잔 마노Mozhan Marno, 나이다 봉고Naida Bongo에게 감사드립니다. 추가 편집을 맡아준 스콧 도일Scott Doyle과 히서 험멜Heather Hummel에게 감사드립니다.

항상 든든한 버팀목이 되어주는, 사랑하는 남편 크리스 래버리Chris Lavery와 언제나 나를 굳건하게 믿어주는 부모님 나스린 타바콜리안 베헤스티Nasrin Tavakolian Beheshti와 사이러스 베헤스티Cyrus Beheshti에게 감사드립니다.

그리고 자기 발견, 더 나은 선택, 목적 있는 성장의 길을 걷고 있는 여러분, 이 책을 읽고 실천으로 옮겨주셔서 감사합니다.

멈추고 호흡하고 선택하라

초판 1쇄 인쇄 2022년 3월 25일
초판 1쇄 발행 2022년 4월 4일

지은이 나즈 베헤시티
옮긴이 김보람
펴낸이 유정연

이사 임충진 김귀분
책임편집 조현주 **기획편집** 신성식 심설아 김경애 유리슬아 이가람 **디자인** 안수진
마케팅 이승헌 반지영 박중혁 김예은 **제작** 임정호 **경영지원** 박소영

펴낸곳 흐름출판(주) **출판등록** 제313-2003-199호(2003년 5월 28일)
주소 서울시 마포구 월드컵북로5길 48-9(서교동)
전화 (02)325-4944 **팩스** (02)325-4945 **이메일** book@hbooks.co.kr
홈페이지 http://www.hbooks.co.kr **블로그** blog.naver.com/nextwave7
출력·인쇄·제본 성광인쇄 **용지** 월드페이퍼(주) **후가공** (주)이지앤비(특허 제10-1081185호)

ISBN 978-89-6596-505-3 03190